suhrkamp taschenbuch 2988

Léon-Paul Fargue, Schüler von Mallarmé und Verlaine, ist der »Dichter von Paris« genannt worden. Schon immer träumte er davon, einen »Plan von Paris« zu schreiben »für Spaziergänger, die Zeit zu verlieren haben und die Paris lieben«. Sein Buch ist eine Einladung, ihn auf der Wanderung durch seine Stadt zu begleiten. Er hat die Hauptstadt in allen ihren Winkeln und Eigentümlichkeiten, ihre Menschen, ihre Zivilisation, ihre Kultur mit leichter Hand und fast impressionistischer Genauigkeit geschildert. Wenn alle anderen Zeugnisse verlorengingen, allein aus seinen Skizzen könnte man rekonstruieren, was die Welt um den Montmartre einmal gewesen ist.

Léon-Paul Fargue ist am 4. März 1876 in Paris geboren und am 24. November 1947 dort gestorben.

Léon-Paul Fargue
Der Wanderer durch Paris

Suhrkamp

Titel der französischen Originalausgabe: *Le Piéton de Paris*
Aus dem Französischen von Katharina Spann
Umschlag: Michael Hagemann
Umschlagfoto: Dacqmine Developpement

suhrkamp taschenbuch 2988
Erste Auflage 1999
Copyright Editions Gallimard 1939
© der deutschsprachigen Ausgabe
Suhrkamp Verlag Frankfurt am Main 1967
Suhrkamp Taschenbuch Verlag
Druck: Nomos Verlagsgesellschaft, Baden-Baden
Printed in Germany

1 2 3 4 5 6 – 04 03 02 01 00 99

Der Wanderer

Von wo anders

Oft, und gerade erst gestern, sehe ich in mein Zimmer, das noch dazu von diesen gespenstischen Lichtern und diesem Donnergetöse erfüllt ist, mit dem die Lastautos der Hallen in Paris wild durcheinanderrasen, irgendeinen Kameraden oder Kollegen, Journalisten oder Dichter eintreten, der mich fragt, der mich manchmal auffordert, ihm einige Einblicke in meine Arbeitsweise zu gewähren. Sonderbare Frage. Wenigstens für mich. Für diesen Menschen, der ich am Morgen bin, der noch in seinen Bettüchern, in seinen Träumen umherirrt, gestützt auf Phantome, der mit früheren Leben Bockspringen veranstaltet. Meine Arbeitsmethode? Welche würde es sein? Und zunächst, würde ich eine haben? Würde ich der Sklave einer regelrechten Disziplin sein? Wäre es wirklich so, daß ich, um aus dem Wald herauszukommen immer den gleichen Pfad wiederfinden würde, daß mich meine Schritte immer wieder über die gleichen Blätter führten?

Die Frage bringt mich wieder zum Träumen. Ich verstehe, daß sie für gewisse Menschen ein gewisses Quentchen von Interesse hat. Sind wir, wir anderen Menschen der Meditationen, die Tinte wiederkäuen, nicht den Zauberkünstlern ähnlich, von denen man gern wissen würde, wie sie es machen, daß sie Forellen aus ihrer Kreissäge hervorholen?

»Sehen Sie, Monsieur«, sagte eines Tages eine schöne Frau zu mir, die wißbegierig war. »Wir befinden uns hier vor dem Kanal Saint-Martin, für den Sie eine krankhafte Vorliebe hegen. Wir beugen uns gemeinsam über dies reglose, dunkle Wasser. Aus diesem Schauspiel, das Ihnen so viele Dinge sagt, dringt keine Stimme zu mir. Morgen jedoch werde ich in irgendeiner Zeitschrift mit Ihrer Namensunterschrift Beobachtungen finden, die mich durch ihre Genauigkeit oder ihre Poesie verblüffen. Wie machen Sie das?«

Dieses »wie machen Sie das?« man weiß, daß es wie ein Engerling die Ohren von Racine, Baudelaire, von Père Hugo, von Mallarmé, Rimbaud, Cézanne und Debussy aufgewühlt hat; daß es die von Valéry, Picasso, Pierre Benoît, James Williams und Joe Louis strapazierte, die von Di Lorto, dem Mann, der das Roulette besiegt hat, ebenso wie die noch viel dehnbareren der Greta Garbo. Es gibt in der Kunst und im Sport Fragen der Dunkelkammer und der Retorte, für die sich die Massen begeistern. Und ich versetze mich in ihre Lage. Als ich jung war, träumte ich ganze Minuten über einem Bild, das einen Seeadler darstellte, der im Begriff ist unterzutauchen, den Kopf unter Wasser, seine Fänge im Nacken eines großen Hechtes. Ich stellte mir den Raubvogel vor, wie er in beträchtlicher Höhe über dem Fluß kreiste und sich plötzlich, sobald er den schlafenden, schwarzglänzenden Fisch bemerkt hatte, auf ihn stürzte wie ein Fallschirm, der sich nicht geöffnet hatte. Aber er mußte seine Beute noch ans Ufer bringen, das heißt, schwimmen, aus dem Wasser klettern, von Flügeln, Krallen, Schuppen und Flüssigem behindert. Es gab da für mich eine Reihe von bewunderungswürdigen Geheimnissen, Verkettungen und Gesetzen, in denen ich oft irgendeinen Schlüssel zur Welt erblickte.

Aber was sollte ich heute meinem Kollegen antworten, der zu wissen wünscht, wie ich in einer anderen Umwelt diesen Krallenhieb versetze, oder vielmehr diesen Ruck mit dem Netz vollbringe, wie mein alter Thibaudet sagte? Ich

*weiß nicht. Oder vielmehr ich weiß, daß ich keine Metho-
de habe. Es ist nur eine dunkle und boshafte Gewalt, die
mich plötzlich mondsüchtig macht und mich zwingt, die
beiden Ellbogen auf den Tisch zu legen. Ich halte mich
kaum an die Inspiration.*

*Man möge mir verzeihen, wenn ich einige Scheinparadoxe
wage, die ich hüte wie meinen Augapfel. Ich verlasse mich
nicht zu sehr auf die Inspiration. Ich sehe mich nicht zwischen den Schränken und den Fledermäusen meines Zimmers umhertasten auf der Suche nach diesem lauwarmen
Dunst, der, wie es scheint, plötzlich in einem verborgene
Quellen öffnet, aus denen der neue Wein hervorsprudelt.
Die Inspiration ist vielleicht im dunklen Reich des Gedan-
kens so etwas wie ein großer Markttag im Landkreis.
Es entsteht an irgendeiner Stelle der grauen Hirnrinde
freudige Bewegung, Willensanwandlungen rumpeln und
poltern wie Gemüsekarren, man hört die schweren Ideen-
kanten scheppern: die Bogenschützen und Husaren der
Phantasie stürmen das unbeschriebene Papier. Und zwar
würde sich dieses Papier wie durch magische Truppenver-
schiebungen bedecken, so, als verspürten wir zu gewissen
Stunden an dieser Küste, die von einer Schläfe zur anderen reicht, das Knattern eines Schreibgeschosses? In der
Kunst macht mir die Inspiration den Eindruck eines Pa-
roxysmus der Leichtfertigkeit. Und ich würde ihr die Absicht vorziehen, eine andere Mikrobe, die noch merkwür-
diger ist.*

*Zweiter Punkt: Die Literatur interessiert mich nur in dem
Maße, wie sie plastisch ist. Und, ebenso wie Thibaudet bei
einigen Autoren eine Romantik der subtileren Psycholo-
gie als derjenigen der Schicksalswende erkannt hatte, liebe
ich meinerseits eine gewisse Plastik der seelischen Zustän-
de. Verwechseln Sie mich bitte nicht mit den Parnassiens*,*

---

* frz. Dichterschule 1866, Leconte de Lisle (Anm. des Übers.)

die ich übrigens bewundere, weil ich eine Schwäche für die Goldschmiede im Gegensatz zu den Eisenwarenhändlern habe. Die Parnassiens hatten die Halluzination des Bas-Reliefs. Ich, ich ließ mich von den geheimen Geographien, den besonderen Materien anrufen, auch von den Schatten, dem Kummer, den Ahnungen, den gedämpften Schritten, den Schmerzen, die unter den Türen lauern, den wachsamen Gerüchen, die auf einer Pfote das Vorbeikommen der Phantome abwarten; von den Erinnerungen an alte Fenster, an Dünste, Gleitflüge, Spiegelungen und von den sterblichen Überresten des Gedächtnisses.

Wie oft haben wir von der Sache mit Charles-Louis Philippe oder Michel Yell gesprochen! Es ist notwendig, sagte ich, daß einer von uns sich entschließt, das zu schreiben, was man nicht schreibt. Denn, im Ganzen gesehen, außer einigen Meisterwerken, die ebenso notwendig für den Rhythmus des Universums sind wie die sieben Weltwunder und die schließlich vollkommen mit der Natur verschmelzen, mit den Bäumen, mit den Gesichtern, mit den Häusern, schreibt man nichts. Niemand macht wirklich Ähnliches. Etwas anderes auch beschwor unsere Todesangst. Das war das immer konstante, immer gegenwärtige Gewicht und auf einem einzigen Abdruck der ganzen Welt, Materien, Geräusche, Windhauch, seltsame Überschneidungen, Erinnerungen. Wir waren da, angeregte Spaziergänger des Boulevard de la Chapelle, gebannt auf einen einzigen Punkt des ewigen Lebens, auf ein einziges Furunkel des Wirbels. Und indessen starben Könige, ein Verbrechen wurde aufgedeckt, eine Brille glitt von einer Nase, die Aale zogen wie Messerschnitte den wärmeren Wasserparadiesen entgegen, der Kellner aus dem Café nebenan weinte in das Halbliterglas des teilnahmsvollen Gastes, eine Straßenbahn röchelte von der Gare de l'Est herauf, bei Madame de Jayme-Larjean spielte man

Bridge, hier war winterliche Nacht und da unten käferfarbener Frühling ... Die wirre, verschiedengestaltige Menge lebte in ihrem Gewimmel. Alles lebte gleichzeitig. Der Gedanke, für den Millionen und Millionen von Jahren notwendig waren, um den millionsten Teil dieses Augenblicks zu beschreiben, verwirrte uns, mißhandelte uns, ließ uns an Ort und Stelle erstarren. Und ich wiederholte, daß niemand sich entschied, das zu schreiben, was man niemals schreiben wird. Nun sagte Philippe mit seiner guten rauhen, ein wenig gepreßten Stimme, die unvergessen bleibt :»Entscheide dich«. Dann brachen wir wieder auf, den unendlichen Nächten unserer unbekannten Schicksale entgegen, ebenso schwer vorauszuahnen und zu deuten, wie die bestürzende Unermeßlichkeit der gesamten und gleichzeitigen Schicksale dessen, was uns umgab.

Immer hat meine »Arbeitsmethode« Rechenschaft abgelegt von diesen fernen Schrecknissen. Es erschien mir natürlich, daß es alle Arten von Schriftstellern gab und daß Unterschiede zwischen uns ebenso formaler Art sind wie jene, die Kirchenvorsteher und Tennislehrer trennen. Schon früh habe ich mich für alle interessiert, die, wenn ich so sagen darf, sich in den Bereichen des Köstlichen betätigen und Werkzeuge verwenden, die immer schwerer zu finden sind und mühevoll gebrauchsfähig zu erhalten. Der Schriftsteller reizt mich nur, wenn er mir ein physisches Prinzip enthüllt, wenn er mich sehen läßt, was er mit seinen Händen arbeiten könnte, als Maler, Bildhauer, Handwerker, wenn er mir den Eindruck des »Individuell-Konkreten« vermittelt. Wenn er seiner Arbeit nicht den Charakter eines Objekts gibt, und zwar eines seltenen, so interressiert er mich nur hinter den Kulissen.

Wenn ich manchmal sage, daß alles in Balzac, Stendhal, Dostojewski oder Tolstoi vorkommt, so bemerke ich, daß es wohl bei Rimbaud, Flaubert oder Valéry andere Dinge

gibt. Es handelt sich für mich nicht mehr darum, zu be-
schreiben, zu deuten oder Schlüsse zu ziehen. Ich habe eine
Abneigung gegen die »Auslegung«, wie gegen das »Erzähl-
te«, wie gegen das »Romantische«. Auch habe ich keine Ar-
beitsmethode. Ich habe vielmehr meine Art, den Berg zu
erklimmen, der das Tal des weißen Papiers von der Hoch-
ebene der geschwärzten Blätter trennt. Aber diese Fährten
bleiben geheim, selbst für mich. Alles was ich enthüllen
kann, ist, daß ich auf meine Weise einige Worte sagen
möchte über das, was sich zwischen unserer Seele und den
Dingen abspielt, deshalb möchte ich meinerseits vor dem
höchsten Gericht erscheinen und den Zustand meines Her-
zens offenbaren. Zweifellos gibt es einerseits Kontaktauf-
nahme. Materien, zuverlässige Bilder, unabweisliche Ge-
rüche, bestürzende Klarheiten kommen mir entgegen. Ich
schreibe darüber, sei es. Es ist ein erster Wurf. Ich bringe
diese Farben des Vorwortes auf einer breiten Filmlein-
wand unter. Ich webe einen Stoff. Das zweite Stadium be-
steht darin, mehr wahrzunehmen, vor dem gleichen Schau-
spiel zu verweilen, zeitiger zu schweigen, tiefer zu atmen,
vor der gleichen Bewegung. Wenn ich irgendeinen jungen
Schüler auszubilden hätte, so beschränkte ich mich wahr-
scheinlich darauf, ihm nur diese Worte zuzuflüstern: Sen-
sibel ... sich heftig bemühen, sensibel zu sein, unendlich
sensibel, unendlich empfänglich. Immer im Zustand der
Osmose. Dahin gelangen, das Betrachten nicht mehr nötig
zu haben, um zu sehen. Das Raunen der Erinnerungen zu
unterscheiden, das Raunen des Grases, das Raunen der
Türangeln, das Raunen der Toten. Es handelt sich darum,
schweigsam zu werden, damit uns das Schweigen seine
Melodien überläßt, Schmerz, damit die Schmerzen bis zu
uns gelangen können, Erwartung, damit die Erwartung
schließlich ihre Möglichkeiten spielen lassen kann. Schrei-
ben, das heißt Geheimnisse zu enthüllen verstehen, die

man noch in Diamanten zu verwandeln wissen muß. Verfolge lange die Spur des treffendsten Ausdrucks und hole ihn von sehr weit her, wenn es sein muß. Einer meiner ältesten Vorfahren hatte irgend etwas für das Palais du Louvre ersonnen und für die Fontaine des Innocents. Sein Urenkel (er sah gut aus) hatte ein Wörterbuch verfaßt. Mein Großvater hatte seine Instrumententasche aufs neue erfunden; mein Vater erfand sein Glas, seine Emaillen, seine Schiene*, seine Werkzeuge, sein Brennverfahren. Und ich, ich versuche so gut es geht weiterzumachen, indem ich meine poetisch-chemische Formel der Steinschleiferei meiner Vorväter hinzufüge ...

* zum Ausrunden von Keramiken (Anm. des Übers.)

Mein Quartier

Schon seit Jahren träume ich davon, einen »Plan von Paris« zu schreiben für sehr geruhsame Leute, das heißt für Spaziergänger, die Zeit zu verlieren haben und die Paris lieben. Und seit Jahren nehme ich mir vor, diese Reise mit einer Untersuchung meines eigenen Quartiers zu beginnen, von der Gare du Nord und der Gare de l'Est nach La Chapelle, und nicht nur weil wir uns seit ungefähr fünf-unddreißig Jahren nicht verlassen, sondern weil es eine besondere Physiognomie hat und weil es verdient, gekannt zu werden.

Vor fünfunddreißig Jahren heizte man hier noch Wärme-hallen, die nach Männerhosen und ausgedienter Lokomo-tive rochen, Wärmehallen, die kaum lauwarm waren, doch gepriesen in der Welt der Armen, um die sich die Gauner von der Zunft-der-Vogelfreien versammelten wie Fliegen um ein Stück Munsterkäse. Es war die Zeit, in der Bruant sang und singen ließ:

> Mais l'quartier d'venait trop rupin.
> Tous les sans l'sou, tous les sans-pain
> Radinaient tous, mêm' ceux d'Grenelle,
> A la Chapelle.
> Et v'là pourquoi qu' l'hiver suivant
> On n' nous a pas foutu qu' du vent,
> Et l' vent n'est pas chaud, quand i' gèle,
> A la Chapelle...

Diese Art Sprache ist verschwunden. Heute singen die

Burschen von La Chapelle und die Mädchen aus der Rue de Flandre oder aus diesen sonderbaren Quartiers, die von der Verwaltung Amérique und Combat genannt wurden, wie Grammophone. Durch das Radio und die Schallplatte gleicht das neunzehnte Arrondissement 1938 allen anderen. Die Kaldaunenhändler, die Advokaten, die bei Scheidungsangelegenheiten mit einem Kreditsystem arbeiten, die Kuppler, die durch kleine Gewinne in der »Nationale« langsam reich werden, die Statisten der Bouffes du Nord*, die Angestellten der Binnenschiffahrt, die Weinhändler vom Quai de l'Oise und die Garagenbesitzer von der Place de Joinville sind für den Komfort und verschmähen es nicht *Faust* oder die *Neunte* zu hören wenn ihr schmalziger, abgehackter Lautsprecher gute Musik von sich gibt.

Entgegen einer Legende, die von hinter dem Ofen hockenden Vätern im Hirnkasten junger Abiturienten wachgehalten wird, ist La Chapelle weder ein Verbrecherviertel noch ein Quartier mit Wanzen. Es ist ein charmanter und zugleich solider Ort. Aber solide in dem Sinne wie man das Wort auf einen Burgunder anwendet, auf ein Cassoulet oder einen Briekäse aus Melun. Das ist ein solides Essen.

Einen Beweis dieser Ehrbarkeit liefern uns die spießbürgerlichen Mätressen, mit denen sich Industrielle oder Bewohner des Pariser Zentrums in La Chapelle oder weiter unten in der Gegend der Gare du Nord und de l'Est treffen, in Restaurants für gute Esser, in verschwiegenen und geräumigen Brasserien, wo geliebt wird, um gleichzeitig Bourget, Steinlen und Kurt Weil zu inspirieren. Mit protzigen Ringen und Kreuzchen am Band geschmückte Mätressen, die Trauer anlegen, wenn ihr Geliebter irgendeinen Großvater verloren hat, und deren üppiger Busen eine Reihe von unechter Mütterlichkeit geweihten Meditationen heraufbeschwört. Solide Mätressen.

* Theater, heute Kino (Anm. des Übers.)

Gewiß, das Quartier ist auch dasjenige der Frauen für »Sidis*«, für Randalierer, die den Gegner nur mit halbgeschlossenen Lidern wahrnehmen können, Individuen auf der Suche nach »Corridas**«, die sich von einem Laden zum anderen an den Hauswänden entlang aufstellen, Rue de Tanger oder am Kanal de l'Ourcq, die die Kohlenlieferanten für den Wintersport kolonisiert, getauft, adoptiert haben, indem sie den Gäßchen ihre von den Kohlensäcken bekannten Namen gaben. Aber diese Fauna bilden Schmarotzer.

Sie hat sich in La Chapelle oder in La Villette eingenistet. Sie kehrt in der feuchten und verräucherten Atmosphäre des Kanals Saint-Martin wieder, in dem Saft der Schlachtbänke, aus Gründen, welche die Bürger dazu veranlassen, das Malerische des ›neunzehnten‹ zu meiden.

Wenn ich diese Ecke von Paris besonders zärtlich liebe, so deshalb, weil ich ungefähr dort geboren bin. Ich war vier Jahre alt als mein Vater sich in La Chapelle niederließ, dort, wo sich heute das Kino »Le Capitole« befindet und wo er beinahe reich wurde mit dem Verkauf von »Wunderfedern, die ohne Tinte schreiben«, die den Füllfederhalter vorausahnen ließen. Außerdem brachte er ein neues chemisches Verfahren für farbige Perlen auf den Markt. Ich kehrte in das zehnte Arrondissement zurück, nachdem ich die Rue Colisée kennengelernt hatte, um in das Collège Rollin einzutreten, wo ich Barbusse fand, der ein guter Schüler war. Wir wohnten in der Rue de Dunkerque.

Bevor wir in dieses weiträumige, imposante Quartier, das sich auf zwei Bahnhöfe stützt, zurückkehrten, wohnten wir vorübergehend in Passy. Aber das zweite Mal zogen wir für immer in das ›zehnte‹. Eine Art Begeisterung führte uns dahin zurück, zum Boulevard Magenta, danach

---

* Herren, im Marokkanischen   ** Stierkämpfe, im Spanischen
(Anm. des Übers.)

zum Faubourg Saint-Martin, und da wäre ich immer noch, wenn uns nicht die Compagnie de l'Est enteignet hätte ehe sie uns wieder nach der Rue Château-Landon hinaufziehen ließ, nach La Chapelle, in diesen wimmelnden, dröhnenden Zirkus, wo sich das Eisen mit dem Menschen mischt, der Zug mit dem Taxi, das Vieh mit dem Soldaten. Mehr ein Land als ein Arrondissement, gebildet aus Kanälen, Fabriken, den Buttes-Chaumont, dem Port de la Villette, der den alten Aquarellisten teuer war ...

Dieses Reich, eines der am meisten mit öffentlichen Bädern gesegneten von Paris, wo man wartet, wie beim Zahnarzt, und das von der Hochbahn beherrscht wird, die es krönt wie ein Stirnreif. Nach Norden beginnt die Rue d'Aubervilliers wie ein endloser Jahrmarkt, zum Bersten voll von Läden. Händler, die Schweinsfüße verkaufen, Spitzen nach Gewicht, Mützen, Käse, Salat, Stoffreste, gekochten Spinat, Gelegenheitsfahrradreifen, die übereinanderliegen, ineinandergehen, einander einschließen, ähnlich wie die Bauteile eines Stabilbaukastens in einem Alptraum. Man findet hier das Ei für sechs Sous, die »vorteilhafte« Hammelkeule, das Stück Briekäse, das irgendeine Stepperin in Zahlung gegeben hat, weil sie zu einer Hochzeit nach Charonne gerufen wurde, und gelegentlich einen Silberfuchs, der nicht viel mehr als ein Flederwisch ist und der für sechzehn Francs im Monat eine Existenz beendet, die auf Schultern angefangen hat, die sehr »Avenue du Bois« waren.

Das Geräusch der Linie Dauphine-Nation, dem Wehklagen eines Zeppelins ähnlich, begleitet den Fahrgast bis zu den von Fabrikschornsteinen eingekreisten Quartiers, Zinkseen, in die sich die Rue d'Aubervilliers wie ein Lackbach ergießt. Schreie umgeleiteter Züge übernehmen den Baßpart in dieser Landschaft. Zu jeder Stunde des Tages kommen und gehen Gruppen von Arbeitern an den Cafés mit niedriger Fassade vorbei, wo man »sein Essen mitbringen kann«, seine Gören »für eine Stunde« abgeben kann und manchmal schlafen, ohne etwas zu verzehren.

Die Kosten für den Lebensunterhalt sind hier sicherlich weniger hoch als sonst überall, aber die Händler verabscheuen das Anschreiben. Damit hängt zweifellos das Geheimnis ihrer opulenten Fleschereien und der braven Renaults zusammen, die man nur am Sonntag spazieren fährt, sowohl um sie zu zeigen, als um sich fortzubewegen. Man könnte noch über die Eitelkeit der Leute von La Chapelle diskutieren. Es ist ein ursprüngliches Quartier, reich und geizig zugleich, ein Feind Gottes und des Snobismus. Die Touristen vor der reizvollen Kirche von Joinville, so florentinisch in den Farben, ebenso die Feinschmecker, die mit langen Schritten durch die Straßen gehen, um ein kleines Restaurant aufzuspüren, lassen das gleiche geringschätzige Lächeln auf dem Gesicht der Einheimischen erscheinen . . .

Die Restaurants findet man in La Villette. Sie sind übrigens in guten Reiseführern verzeichnet. Was die »Sehenswürdigkeiten für Touristen« betrifft, wie den Kanal de l'Ourcq, der gleich einem Schwimmbad zwischen den Quais der Marne und der Oise schlummert, stimmt den Reisenden nicht poetisch, weil es zu schwierig ist sich in einer halb holländischen, halb rheinischen Landschaft wohlzufühlen. Der Kanal ist für mich das Versailles, und das Marseille dieser stolzen und kraftvollen Gegend. Die Kunst wagt sich kaum hierher, und doch sollten alle Schüler von Marquet und Utrillo hier ihr Domizil gewählt haben.

Es gibt hier ein Sammelsurium kleiner Häuser, windschief und sympathisch, Schaufenster mit Seesäcken, Ausrüstungen verstorbener Matrosen, Reklameschilder von Bauunternehmen und Wäschereien, eine Genossenschaft von Burschen aus Rotterdam, aus Turin, aus Toulouse, aus Dijon, aus Strasbourg, eine Schiffsehrentafel mit entzückenden Namen, deren Nachbarschaft und deren Vielfalt, deren Umrisse in jedem Haus hätten einen Dichter zur Welt kommen lassen können. Aber man meldete mir keinen einzigen »Intellektuellen« in der Gegend. Am wenigsten weit entfernt wohnt Luc Durtain, nämlich auf dem Boulevard Barbès, was für einen Mann aus der Rue de Flandre beinahe Savoyen oder Bulgarien bedeutet.

Das Prunkstück dieses Quartiers, wo die Signalmasten in Blüte stehen, und dessen natürliche Schönheiten sehr zahlreich sind, die Place du Maroc, die Rue de Kabylie, die Pompes Funèbres, zwischen Rue d'Aubervilliers und Rue Curial gezwängt, Speicher, Kliniken für Lokomotiven, das Prunkstück bleibt das große 106, das im Rücken des Hôpital Lariboisière errötet. Dieses Haus ist so sehr alt, so augenfällig für die Fahrgäste der Métro, ebenso für diejenigen der Taxis, daß man sich fragt, ob es nicht der Familienbesitz des Arrondissements ist...

Von ihm gehen die Legenden von La Chapelle aus. Die Pariser von Saint-Philippe-du-Roule oder der Rue de Varenne beheimaten hier zweifellos alle perversen Götter der Außenboulevards und kennen von dieser Provinz nur jenes Absteigequartier, von dem die Soldaten und die Obdachlosen träumen...

Am Sonntag streunen Knäuel von Fremdarbeitern unter dem hohen Baldachin der Métro, bleiben stehen und gruppieren sich um die Matten der Ringkämpfer und springen manchmal einander an die Gurgel, wegen eines Apéritifs oder einer Frau. Diese Kämpfe sind kurz und lautlos, denn seit einigen Monaten hat die mögliche Verweigerung der Arbeitserlaubnis oder der Carte d'Identité das Abenteuer mit dem Gendarm und selbst die Angst vor ihm in der Einbildungskraft derer, die leicht in Hitze geraten, abgelöst.

In La Chapelle ist der Sonntag wirklich ein Sonntag, und die Verwandlung des Quartiers vollkommen. Die großen Wagen, die von Industriellen mit Bürstenschnurrbart gefahren werden, kreisen um den Etoile oder verlassen Paris. Die Geschäfte sind geschlossen, mit Ausnahme der Fleischereien, deren Besitzer über das kalte Essen ihrer Untergebenen nachdenken. In Trauben, in Knäueln defilieren die Familien der Blumenhändler, der Milchhändler, der Schuster und Verzinker zwischen der Station Jaurès und der Eisenbahnbrücke der Gare du Nord, dem breiten Stück des luftigen Boulevards, der die Promenade des Anglais ersetzt, den Platz und Park von Saint-Cloud.

Der Gatte, der schon reichlich Vermouth getrunken hat, pfeift sich eins, dicht hinter seinen Söhnen. Die treue, standhafte Gattin setzt ihren ländlichen Tritt fest auf den Bürgersteig. Das heiratsfähige junge Mädchen schnuppert den Rauch des Engadin-Expreß oder des Expreß Paris-Bukarest, die ihr Herz weit über die geographischen Grenzen und über die Grenzen der Empfindung hinaustragen. Die Cafés hallen wider vom Jagdeifer der Kokotten, vom Wettstreit auf dem russischen Billard. Alle diejenigen, die aus dem einen oder anderen Grunde nicht dem Ruf der *Humanité* oder irgendeiner anderen Organisation gefolgt sind, geben La Chapelle eine bürgerliche Färbung, eine Atmosphäre der Beschaulichkeit, die man anderswo nicht findet ...

Denn nur am Abend schlüpft das Quartier in sein wahres Kleid und erhält dieses phantastische, verwahrloste Aussehen, das gewisse Romanschriftsteller als chic in Mode gebracht haben, wie man sagt, und ohne die Reise zu riskieren. Am Abend, wenn die D-Züge geradewegs in das Herz von Paris zu eilen scheinen, wenn die jungen Sportfreunde sich vor den Geschäften mit Zubehörteilen für Automobile treffen und sich über Radfahren und Tauchen

unterhalten, wenn die Matronen einwilligen, ihre Ehemänner für eine Partie Karten unter Kameraden freizu-
geben und die Kinos sich nach einem Rhythmus füllen,
ähnlich dem bei der kostenlosen Untersuchung in den Kran-
kenhäusern. Dann ist La Chapelle wohl jenes Land einer
finsteren, ergreifenden Schwermut, dieses Paradies der
Streitsüchtigen, der Bettelkinder und der Protzen, die die
Ehre im Munde führen und denen die Ehrlichkeit an den
Fingerspitzen klebt, dieses finstere, beengte Eden, in dem
die Soldaten so sehr an Heimweh leiden, daß sie den
Abend in ihren Mannschaftsstuben festlich begehen, um
der einsamen Langeweile ein Ende zu machen. Dieses
nächtliche La Chapelle kenne ich am besten und liebe es
am meisten. Es hat mehr Schneid, mehr Gemüt und mehr
Resonanz. Seine Straßen sind leer und ausgestorben, noch
wenn der Schrei der Luxuszüge ihm Storchenschwingen
schickt ... Der Gänsemarsch der Straßenlaternen ersetzt
die verschwundene Anhäufung der Läden nicht, wodurch
das Quartier am Tage den afrikanischen Märkten ähnelt.
Das ganze Quartier schwimmt in Tinte. Es ist die Stunde
der verzweifelten Rufe, die alle Menschen gleich und zu
Dichtern macht. In der Rue de la Charbonnière geben
die Prostituierten im Laden, wie in Amsterdam, auf ihrem Platz eine Schaustellung mit einem schmutzigen Kartenspiel. Akkordeonmelodien, dünn wie Zigarettenrauch,
schlüpfen aus den Türen, und der Bal* du Tourbillon
fängt an aus seinem harten Mund zu bluten ...
Ein bürgerliches Interieur, flüchtig im zweiten Stock eines Gebäudes wahrgenommen, abstoßend und starr, wie
der Sockel einer Pyramide, anstatt Selbstmordideen ein-
zuflößen und den Spaziergänger dazu zu zwingen, sich in
Traurigkeit zu vergraben, läßt im Gegenteil in mir eine
besondere Bewunderung für Tausende und aber Tausende

* Volkstüml. Ball (Anm. des Übers.)

von Wesen entstehen, die das Leben zu ungesunden Wohnungen mit Wuchermietpreisen und von Bazillen wimmelnden Treppen verdammt, eine Menschheit, die durch nichts getröstet werden kann.

Denn was in La Chapelle am meisten fehlt ist Geborgenheit. Man kann die Straßen und die Quartiers, aus denen es sich zusammensetzt, nicht erfassen: sie bestehen nur aus Menschengewimmel. Man erkennt niemanden, man bekommt keinen Kerl richtig zu Gesicht. Die Leute von La Chapelle stehen zu Diensten, sie sind darauf eingerichtet, Bestellungen entgegenzunehmen. Ihr Augenmerk ist auf den Schinken gerichtet, auf die Scholle, auf den Porree. Man arbeitet. Und man rasiert hier besser, glatter, zarter als auf den Boulevards, wo die ringgeschmückten Friseure englisch sprechen und keine Ahnung von der Haut eines Mannes haben ...

Obwohl ich jetzt nicht dort wohne – aber in jedem Augenblick dahin zurückkehre, um hier meine teueren Phantome wiederzufinden, und vielleicht eines Tages wieder hierherziehen werde, beschämt und reuevoll – halte ich das, was ich mein Quartier nenne, das heißt dieses zehnte Arrondissement, für das poetischste, traulichste und geheimnisvollste von Paris. Mit seinen beiden Bahnhöfen, riesigen Music-halls, wo man Darsteller und Zuschauer zugleich ist, mit seinem wie ein Pappelblatt glasierten Kanal, der so liebevoll zu den unendlich Kleinmütigen ist, immer hat es mein Herz und meine Schritte mit Kraft und Traurigkeit erfüllt.

Es ist gut ein stilles Wasser, wie eine Jadesuppe, auf deren Oberfläche Boote kochen, vor Augen zu haben, Fußgängerbrücken, gekrümmt wie verliebte Insekten, massige und trostlose Quais, Fenster, die entsetzliches Elend verschließen, Läden, für die die Hochbahn Wagner und Zeus imitiert, braune, schwere Beschläge wie Algen, schöne

Straßenmädchen, in diesem kargen Garten gewachsen, gebildet, anmutig wie Akeleiblüten, Kohlenhändler, Züge, von der Länge eines Augenblicks der Depression, Katzen, die streng nach Kaffeemühlen riechen, seßhafte Töpfer, hundertjährige Arbeitsscheue, Zahnärzte zu viert... Das Ganze vom Dampf der Züge und Schiffe umschäumt, die die Brücken mit Rasierseife bestreichen und an die ›Geographie‹ denken lassen. Basel, Zürich, Bukarest, Chur, Nancy, Nürnberg, Mézières-Charleville, Reims und Prag, all dies Spielzeug der Erinnerung kommt mir von der Gare de l'Est...

Und dann, es gibt Dramen auf den Schiffen, den weißen Flecken auf dem Zink, leuchtend wie Schienenstränge; es gibt die grünlichen Amoretten der ungesunden, behaglichen Zimmer, das Innenleben der Concierges, der Galopp der Brauerpferde, die Kämpfe der Lastautos mit den Märkten; es gibt die Laufkunden und die Eingesessenen, die Akkordeonvorstellungen, die Bälle, wie den Tourbillon, die Banken, die Speicher, die Treppen, die Sirenen, Labyrinthe von Empfindungen und ein Kommen und Geken, das mein Freund Eugène Dabit sehr fein empfunden hat, er, der aus meiner Ecke stammte, aus demselben Bau. Man hat wohl versucht, all das in einem Film wiederzugeben, den man seinem netten und traurigen großartigen Schmöker entrissen hat, aber »das ist nicht dasselbe...«.

Ich bin in diesem Quartier, bei dem meine Erinnerungen verweilen, noch mit Personen in Verbindung, die es gleich nach der Zeit der ersten Eisenbahnen gekannt haben; und das ununterbrochene Pfeifen auf den Bahnhöfen bringt sie darauf, mir einige Zahlen zu nennen, die für meine Einbildungskraft genauso viel Anziehendes haben, wie der Kampf gegen die Ameisen, den man gegenwärtig in den Vereinigten Staaten ankündigt. Sie erzählen mir von der Zeit, wo es 812 Kilometer Eisenbahnschienen in Frankreich gab, das Ganze hatte zweihundertachtzig Millionen Francs gekostet. Man fuhr mit Dampfschiffen von Paris nach Rouen, mit den *Etoiles* und den *Dorades*. Der Doppeladler der zehn Golddollars war 55 Fr. 21 wert. Die Postmeister vermieteten einem ihre Pferde zu zwanzig Centimes den Kilometer... Ist das nicht genauso schön wie die Märchen von Andersen? Wer erzählte mir das alles? Meine Mutter, geboren 1838, die alte Freundinnen hatte. Und wenn wir im Faubourg Saint-Martin oder in der Rue Château-Landon zusammenkamen, um zu plaudern, sei es mit den Patriarchen von La Chapelle, sei es mit den vornehmen Damen der Rue Lafayette, den Champs Elysées des Arrondissements, so war es, um von Paris als Hauptstadt der Zivilisation zu sprechen.

Wir waren dann von der Welt abgeschlossen, im Norden durch die Barriere von Saint-Martin, am äußersten Ende des Faubourgs. Das war ein schöner Rundbau aus vier vorgewölbten Pfeilern in toskanischem Stil, das Ganze wurde von einer umlaufenden Galerie mit vier verbundenen Säulen gekrönt, die zwanzig Arkaden stützten. Das machte einen großartigen Eindruck. Eine meiner Kirchen ist immer Saint-Laurent, enthauptet durch die Revolution. Zu unseren Kuriositäten zählten wir das Maison Royale de Santé in der Rue du Faubourg Saint-Denis, das Hospice des Incurables für Männer im Faubourg Saint-Martin, das Hôpital du Plat d'Etain 256, Rue Saint-Martin, von wo die Postkutschen abfuhren. Dann kamen nach und nach sich an diese alten Häuser anschließend das Hôpital Lariboisière, das Théatre Molière, das Maison de Santé Dubois, die Bahnhöfe, die großen Krämerläden, die schönen Fleischereien, die Métro, die Kinos, die Schwimmbäder, die Kliniken für unbemittelte Hunde, die ›Zähne für Alle‹, die Taxistationen und die Radiomasten. Ganz zu schweigen von der Überfüllung, über die ich nichts sagen werde in Gedanken an das Vorwort, das Pierre Véron 1884 schrieb: ».. . Die Straßenbahnen, diese brüllenden Mastodonte, die ganz geradeaus fahren ohne sich darüber zu beunruhigen was sie umwerfen, wen sie töten! . . . Die Reklame-Autos, die alberne Ankündigungen durch die Straßen schleppen . . . Keine fünf Jahre und der Verkehr wird seinen Höhepunkt erreicht haben, ich wette, daß sie den Boulevard de Strasbourg, den Boulevard de Sébasto-pol usw., nicht länger befahren können. Es wird materiell unmöglich sein. Wenn die Straßenbahnen achtundvierzig Stunden Verstopfungen herbeigeführt haben werden, dann wird man sich wohl entschließen müssen uns von diesen Flußpferden zu befreien! Das ist sicher! Ich sage nichts mehr! Man hat nur zu warten! . . .« Das bringt einen zum Träumen, nicht wahr? Nicht von dem was war, sondern von dem was sein wird . . .

Für mich ist das ›zehnte‹, und wie oft habe ich es schon gesagt, ein Quartier der Dichter und Lokomotiven. Das ›zwölfte‹ hat auch seine Lokomotiven, aber es hat weniger Dichter. Einigen wir uns auf dieses Wort. Nicht nötig zu schreiben, um Poesie in seinen Taschen zu haben. Da sind zuerst diejenigen, die schreiben und eine fliegende Akademie begründen. Und dann gibt es welche, die jene Geheimnisse kennen, dank denen die Vereinigung der Sensibilität mit dem Quartier Glück zustande bringt. Deshalb schmücke ich Stellmacher, Fahrradhändler, Krämer, Gemüsehändler, Blumenhändler und Schlosser der Rue Château-Landon oder der Rue d'Aubervilliers, vom Quai de la Loire, der Rue du Terrage und der Rue des Vinaigriers mit dem vornehmen Titel des Dichters. Sie zu sehen, ihnen im Vorbeigehen zuzulächeln, sie nach ihren Töchtern zu fragen, ihre Söhne als Soldaten zu sehen, erfreut mich bis in die verborgensten Falten meines alten, vom Haß unberührten Herzens.

Und dann fühlen wir bei uns, ich will sagen im ›zehnten‹, auch noch das Vorbeistreifen der echtesten Phantome. Aus dem kränklichen Grün der Buttes-Chaumont niedergestiegen, aus den schimmernden Schienensträngen wie eine Tränenspur hervorgesprüht, verscheucht aus den Schlachthäusern, geboren in dem geheimnisvollen Dreieck, das aus dem Faubourg Poissonnière, den sogenannten großen Boulevards und dem Boulevard Magenta geformt ist, sind unsere Phantome keineswegs gebildet. Sie sind keine Lieferanten von Poesie für Filme, Balletts, von Lastern, Kostümen, abscheulichen Modernitäten. Es sind Glockentürme der Erinnerungen, Botenjungen, Schnellzuggespenster, Kobolde aus Postämtern. Sie helfen uns zu leben, wie Steinpflaster, Schieferdächer und Dachrinnen. Sie haben teil an der gleichen Pastete, demselben Kaviar wie die Lebenden. Und wir sind da unter uns, die Lebenden und die Toten, wir genügen unserer Daseinspflicht, unserer früheren Lebhaftigkeit beraubt, steuern wir in die Leere der Bequemlichkeiten und der Bedrohungen ...

Unser Familienleben in dieser grauen Welt ist würzig wie ein großes Rosinenbrot, es ist das Leben mit alten Büchern, mit Blattpflanzen, mit der Küche ganz nahe dem Herzen, das Ohr, oh! das mütterliche Ohr in Reichweite euerer Zärtlichkeit, das einfache Nachtmahl, Schicksale von Freunden und alten Kumpanen, der Spektakel mit der Concierge, kurzum eine richtige Behaglichkeit wie mit Kaninchen und Reisig, mit jenen Musettemelodien, von den Lokomotiven aus dem Osten und dem Norden in den Himmel geschleudert, die, wenn sie bisweilen ein oder zwei Meter Verzweiflung nach der Schweiz oder nach Deutschland mitnehmen, uns bald zu den kräftigen und vertrauten Gerüchen der Rue d'Alsace und der Rue Louis-Blanc zurückführen. Liebes altes Quartier, mit echtem Feenzauber und sanft wie geliebte Geleise ...

Montmartre von einst

Ich habe entdeckt, sagte kürzlich ein Engländer zu mir, weshalb die Pariser nicht verreisten: Sie hatten Montmartre. Denn man reist zum Montmartre. Kanadier, Süd-Amerikaner auf Reisen, Deutsche oder Slawen kauften Koffer und besorgten sich Pässe, um nach Montmartre zu gelangen, der Heimat aller nächtlichen Heimatländer. Ein großer Romanschriftsteller sagte eines Tages, daß die vier Festungen der westlichen Welt der Vatikan, das englische Parlament, der deutsche Generalstab und die Académie Française seien. Er vergaß Montmartre, die fünfte Festung, noch uneinnehmbarer vielleicht als die anderen, und sie wird die Umwälzungen überdauern. Obendrein wird Montmartre ganz gewiß eine neue Blüte der Poesie zugute kommen, wenn die Welt sich gewandelt haben wird, wie man heute sagt. Man wird Verse schreiben und malen, sobald man weniger von Politik redet. Die Farbenkleckser und Dichter haben sich in den letzten Jahren darauf beschränkt zu streiten und revolutionäre Zirkel zu besuchen. Der Schriftstellerkongreß für die Verteidigung der Kultur ist gestopft voll von Bohème. Sie hat die Anhöhen der Rue Lepic geistig verödet, um sich am Zeitgeschwätz zu beteiligen. Und mit Montmartre verhält es sich so, wie vor dem Kriege mit diesen kleinen Staaten, die sich nur noch dem Operettengeschäft widmeten. Bosnien-Herzegowina zum Beispiel. Montmartre stirbt mit der Sorglosigkeit. Bald werden wir Hundertjahrfeiern veranstalten müssen, um die Pariser an diese verschwindenden Quartiers zu erinnern. Der Boden der Kabarettsänger und Karrikaturisten verkümmert; er bringt nur noch Zuhälter und Spießer hervor. Und was die Mädchen angeht, von denen früher manche Männer noch inspiriert wurden, und die anderen Modell standen, sie wollen heute das Wahlrecht, sie möchten an die Oper oder einen Garagenbesitzer heiraten, einen Freimaurer, dem man zutrauen könnte, daß er das Große Los gewinnt. Das zerreißt den alten Parisern das Herz, die, obgleich sie Montmartre nur durch Straßen und Gärtchen kannten, die Legenden dieses Gelobten Landes einatmeten und sich von Künstlern umgeben sahen, die ebenso lustig, so trinkfreudig, zum sterben bereit, wie gleichgültig waren. Für einen alten Pariser, eine sehr seltene Art, die zum Aussterben neigt (ich kannte einen, noch dazu einen berühmten, der behauptete, french-cancan sei ein französisches Wort), für einen alten Pariser war Montmartre, der wahre Montmartre, derjenige der Kabaretts und Dichter, zunächst im Lapin à Gill – viel später erst schrieb man Agile – wo Delmet, Hyspa und Montoya sangen und »vortrugen«. Man sprach ganz ernsthaft von Pierrot, von Mimi Pinson, von Belle Etoile und dem Chevalier Printemps, genauso wie man heute vom Kommunismus, der Stratosphäre und dem Sprechfunk im Taxi redet. Man lebte in einer Welt, zu der ein Bild von Watteau ebenso gehörte, wie ein Halbfasten-Tag. Studenten mit Monokel, gekleidet wie Notare, rannten manchmal durch die Straßen und schrien: »Nieder mit dem Boulangismus.« »Es lebe die Kommode*«! antworteten die Näherinnen und streichelten die Nüstern der Droschkengäule. Die Liebhaber hatten ›Melonen‹ auf. Man aß für nichts, erzählte mir Forain eines Abends, und sogar für noch weniger. Willette, einer der Mandarins der Butte, oder Mutterbrust von Paris, nach dem Wort von Rodolphe Salis, vergaß niemals, die Journalisten, die von ihm etwas über

* statt: Kommune (Anm. des Übers.)

seine Kunst wissen wollten, darauf aufmerksam zu machen, daß sich Sacré-Coeur zwischen Moulin de la Galette und Moulin-Rouge wie Jesus zwischen zwei Schächern erhebt. Der Bettler sang, der Concierge, der Vogel, der Baum, die Straßenlaterne sangen. Bei der Wäscherin und beim Wucherer wurde man gewöhnlich mit einer der Romanzen empfangen, die Eugénie Buffet wieder in ihr Programm aufnahm. Nur einige Börsenmakler und Kanonenhändler jener Zeit erzählten ihren Kindern, daß die Butte ihren Mann nicht ernährte und führten sie in *Louise,* ein topographisches Meisterwerk, eine musikalische Generalstabskarte, auf der man alles findet, was Montmartre Sentimentales, Charmantes, Langweiliges und Leichtsinniges, Lächerliches, Weibliches und Perverses hat. Ich habe *Louise* in einer Unterpräfektur gesehen, gesungen von einem Tenor der Omnibus-Plattform und einem reizenden Fräulein, das Montmartre niemals gesehen hat. Charpentier, der große Musiker, hat seine Sache wunderbar verstanden. Da ist die ganze Montmartre-Landschaft mit ihren eigentümlichen Lichtern, ihren Worten, ihren Schatten und Phantomen. Nichts beschwört Paris glücklicher, als diese gelungene Oper, die so leicht an der Rue des Martyrs oder Rue Tardieu hätte scheitern können, geometrischen Punkten, wo Kleinbürgertum und große Bohème sich begegneten und noch heute begegnen, an der Rue Lepic, einer der berühmtesten Straßen der Welt: Fleischer in der Rue Lepic gewesen zu sein ist ebenso ehrenvoll, wenn nicht von ebenso historischer Bedeutung, wie Kunsthändler in der Rue du Faubourg Saint-Honoré oder Kinobesitzer auf der Avenue des Champs-Elysées gewesen zu sein. Die Rue Lepic ist wie der Fluß von Montmartre, der das Land bewässert, Nebenflüsse in die Enge der Quartiers hineinschickt, die Flora am Leben erhält und Plätze entstehen läßt, die in der Geschichte der Dritten Republik mehr Bedeutung haben, als ein Schwarm von Ministern und ein Haufen Erlasse. Oben in der Rue Tholozé wird man Moulin de la Galette gewahr, Museum ein wenig prüder Bälle, trotz seines Rufes der ›Beine in der Luft‹. Moulin de la Galette, wo vor gar nicht langer Zeit noch wirklich Gebäck verkauft wurde, und Moulin Rouge, vor ihrer Kolonisierung durch Neger ohne Exotik, Russen ohne Rußland, durch Maler ohne Talent, die weder Palette noch Staffelei besaßen, parteilose Politiker und Diebe ohne Gelegenheit, sind noch wirklich von Künstlern bewohnt gewesen, von denen man in die erste Reihe Lautrec stellen muß und Maurice Utrillo, einen der wahrsten Bilderfabrikanten von Montmartre, den Maler der Geschichte dieser Butte, die sich heute in den Köpfen unserer verwunderten künftigen Abiturienten mit dem ganzen Reiz und dem Mysterium des Ägyptens der Pharaonen präsentiert. Ein geübtes Auge, ein liebevolles Gedächtnis, lassen sich indessen nicht durch äußerliche Veränderungen täuschen. Es gibt ein Montmartre, das nur dem Befehl des Dynamits gehorchen wird: Die Place du Tertre und ihr Coucou*, wo früher alle aus dem französischen Mutterland zusammenkamen; die Restaurants und Terrassen dieser zugleich künstlerischen, alpinen, politischen, katholischen, virgilischen und bürgerlichen Landschaft, wo ausnahmslos alle berühmten Europäer wenigstens ein Glas getrunken haben. Léon Daudet hat ganz recht, wenn er schreibt, daß Montmartre ein Paris in Paris ist, dessen Bürgermeister Clemenceau war. Als ich eines Tages mit einem Freund des Tigers, der zur Zeit der Kommune den Schuß abgegeben hatte, durch die Rue Lamarck schlenderte, wo man das ganze Puzzle-Spiel der Hauptstadt betrachtet, wurden wir von einer bedeutenden Persönlichkeit der Republik, die sich auf einer Dienstreise befand,

* ein Nachtlokal (Anm. des Übers.)

angesprochen, oben auf Montmartre. »Dienstreise? fragte der Freund Clemenceau's. Sind Sie gekommen, um eine Statue einzuweihen, eine Loge zu gründen oder einen verstorbenen Maler auszuzeichnen?

– Keineswegs, ich habe gerade einen Einheimischen aufgestöbert, den es nicht stört. Montmartre hat einiges mit dem Olymp gemeinsam und gerade hier habe ich meine schönsten Beziehungen angeknüpft: Zola, Donnay, Capus, Picasso, Utrillo, Max Jacob und sogar Vaillant . . .«

Und die hohe Person nahm uns mit auf die Butte, zu Steinlen, der mit fast ebenso vielen Katzen lebte, wie Léautaud. Steinlen war mit einem Empfehlungsbrief für einen unbekannten Maler nach Paris gekommen, von dem man nur wußte, daß er auf dem Montmartre lebte. Ein Droschkenkutscher hatte ihn schließlich im Schatten von Moulin de la Galette aufgelesen. Verführt vom Dekor, berauscht von der Liebenswürdigkeit der Bevölkerung, von der Farbe des Heiligen Berges, wollte er niemals wieder »bergab steigen«. Kurze Zeit danach, noch lange vor der Gründung der Freien Gemeinde der Butte, der Vache Enragée und anderer ›oberster Behörden‹ des achtzehnten Arrondissements, wurde Steinlen zum Bürger von Montmartre erkoren. Er schlief damals im Chat Noir, mit Bruant und Jules Jouy, denn das Chat Noir war zu jener Zeit als Nachtasyl ebenso bekannt, wie als Kabarett.

Heute Hauptstadt der Nachtlokale, war Montmartre lange Zeit die liebenswürdigste Kolonie von Cafés, die man sich vorstellen kann. Und eine von Franzosen bevölkerte Kolonie, fügte Jean Lorrain hinzu, der gekommen war, um im Rat Mort seine Freunde vom *Courrier Français* zu treffen, unter ihnen natürlich Raoul Ponchon, der für jedermann der Caféhaussitzer geblieben ist. Das Chat Noir und das Rat Mort empfingen vor allem berühmte Pariser, wie Forain, Chéret, Hermann Paul, wohingegen

die richtigen Bohémiens sich in weniger bekannten Winkel-
kneipen versammelten, wo man sie sogar in der Aufmachung bewundern konnte, die Murger ihnen vorschreibt:
Das Mirliton, das Carillon, der Ane Rouge, der Clou,
Adèle, Frédérics schon erwähnter Lapin Agile, das Clairon de Sidi-Brahim, in dem Mac Orlan in Träume ver-
sank, das Billard en Bois, das Café Guerbois, chez Père
Lathuile, einer Art Kunstakademie, wo Manet den Vor-
sitz führte, das Nouvelle Athènes und unzählige Kneipen,
wo vollkommen unbeachtet gebliebene Künstler Hungers
starben, von denen man niemals wußte, ob es Maler,
Bildhauer, Lithographen, Kabarettsänger, Dichter oder
Philosophen waren.
Montmartre existiert noch, weil es für die meisten unserer
Zeitgenossen eine Jugend ist. Marie Laurencin, Derain,
Mac Orlan, Salmon und so viele andere, die »da oben«
ihre festesten Freundschaften schlossen, wissen es sehr gut.
Aber die Jahre werden vorübergehen. Die Cafés müssen
eines nach dem anderen den Bankniederlassungen und Garagen weichen. Die Farbenkleckser, denn es lassen sich
noch welche finden, die von den Veränderungen keinen
Wind bekommen haben, werden davongejagt werden, wie
Juden. Modelle werden zum Film gehen, Dichter werden
Wäsche auf Pump kaufen und für Werbeagenturen arbeiten. Nichts wird es mehr geben. Die Jugend der Menschen,
und besonders der Franzosen, wird ganz anders verlau-
fen. Die Nachtschwärmer werden vielleicht zu Faschi-
sten . . .
Ich war erst kürzlich in einem ziemlich anrüchigen Café
des zwölften Arrondissements. Da saßen zwei junge Männer, wie sie unser Jahr 1938 fabriziert, eine Mischung von
Sport, Politik, sexueller Mäßigkeit und intellektueller Ex-
travaganz. Kein Alkohol, sondern ein Viertel Vittel, eine
große Frauenverachtung, vollständige Unwissenheit dar-

über, was Freiheit, Landstreicherei, Beobachtung, Faulheit bedeuten könnten. Der eine, der ein Auto zur Verfügung hatte, fragte den anderen, ob er ihn mitnehmen könne und zu welchem Platz in Paris. Nach Montmartre, war die Antwort. Weißt du, ich bin auch ein bißchen Künstler . . .

Nichts ist betrüblicher, als dieses Wort. Aber keins ist auch zutreffender. Die bloße Tatsache, in der Rue Caulaincourt oder Rue des Abbesses eine Wohnung zu haben, nur die Tatsache, das Théâtre de l'Atelier zu besuchen, den Gaumont-Palace, das Restaurant Marianne, das Studio 28, oder die Brasserie Graff, macht dich zum Künstler. Derart ist die Macht dieses Quartiers über die Menschen und ihre Formeln. Kann ein Minister in der Rue Lepic wohnen? Würde sich ein Konsulat damit abfinden, in der Rue Damrémont seine Pforten zu öffnen? Der Einfluß der Geschichte und der Legenden von Montmartre ist so stark, verliert sich so langsam, daß sogar die Geschäftsleute in diesem bevorzugten Quartier eine Art zu sprechen haben, eine andere Seele, einen wunderbar geheimnisvollen Blick, der sie ihren Kollegen an der Place de l'Opéra oder am Rond-Point der Champs-Elysées so überlegen macht. Ich weiß nicht mehr, wer der Zeichner war, der an einem schwärmerischen Tag, nach dem wir uns in der Frühlingsnacht schließlich auf einer Bank der Place du Tertre niederließen, zu mir sagte:

»Dieses Quartier hier ist nicht nur die Blume im Knopfloch von Paris, sondern die Krönung der Menschheit!«

Das läßt ein wenig an den ›Säbel‹ denken, der ›der schönste Tag im Leben‹ von Monsieur Prudhomme* war. Aber weshalb sollte man nach solchen Erklärungen nicht den

---

* populäre unsinnige Phrase aus: »Scènes populaires« (1830) oder »Mémoires de Joseph Prudhomme« (1857) von Henry Monnier. (Anm. des Übers.)

Stolz der Leute von Montmartre verstehen, selbst wenn sie, wie heutzutage, Beamte der P.M.U.**, kongolesische Tänzer, Zwischenhändler für Autos oder Besitzer eleganter Bars sind?

* Paris Mutuel Urbain, Veranstalter der Wetten beim Pferderennen (Anm. des Übers.)

Cafés von Montmartre

Mein Leben hat sich so abgespielt, daß ich alle Cafés von Montmartre kenne, alle Tabakläden, alle Brasserien. Vierzig Jahre Fußreise in diesem Land, gebildet aus den Grenzen des achtzehnten und des neunten Arrondissements, haben mich mit den Lokalen dieser Art dauerndem Festival, das Montmartre ist, vertraut gemacht, von der Eckkneipe ohne Stühle angefangen, in der man dem Besitzer Auge in Auge gegenübersteht, wo man nur zwischen drei Flaschen wählen kann, bis zu dem großen Kasten im modern style, mit Fernverkehr, Goldfischen, Stiefelputzer und eßbaren Meerestieren, von Nine's Café-Restaurant, das den Pariser radikalen und Marseiller Ministern lieb ist, von den Autobusgängen gleichenden Kneipen der Rue de Douai, bis zu den Tabakläden des Boulevard de Clichy, die zehnmal, hundertmal am Tag andere Kunden haben.

Verdreckte Cafés, Cafés für die aus der Unterwelt, für geschlechtslose Männer, für alleinstehende Damen, Cafés für Klempner, auf münchnerisch hergerichtete Cafés, Sklaven des Stahlbetons, der Havas-Agentur, alle diese ›Noyaux‹, diese ›Pierrots‹, diese Cafés mit den englischen Namen, diese Bistrots der Rue Lepic, diese halls der Place Clichy, dienen den besten Kunden der Welt als Zuflucht. Denn der beste Cafébesucher auf der Welt ist immer noch der Franzose, der ins Café geht, um ins Café zu gehen, um hier Trinkwetten zu veranstalten oder um mit Kameraden patriotische Lieder zu singen.

Am Abend lebt Montmartre nur durch seine Cafés, die in diesem Quartier das ganze Licht des Lebens erstrahlen lassen. An dem Boulevard-Fluß wie Boote aufgereiht, sind sie fast alle einem bestimmten Kundenkreis vorbehalten. Ein Café für beschäftigungslose Saxophonspieler, ein Café für armenische Schneider, ein Café für spanische Friseure, ein Café für nackte Frauen, Tänzerinnen, Oberkellner, bookmakers, Strichjungen, das geringste Lokal scheint darauf eingerichtet zu sein, bestimmten Berufszweigen oder solchen, die einwandfrei zu den Vagabunden gehörten, Getränke zu servieren. Eines Abends, als ich einen alten Freund nach Hause begleitete, der in verschiedenen Kneipen der Rue Blanche kräftig getrunken hatte, wurden wir von einem »Fremdenführer« angehalten, der uns für Fremde hielt und uns eine kleine Einführung in »Pariser« Örtlichkeiten vorschlug und dieses Wort besonders betonte. Wir machten ihm klar, daß wir pariserischer seien als er; dann folgten wir ihm auf seine Bitte in Cafés, wo sich nach Dienstschluß Kellner und Musiker treffen. Sie sind da unter sich, in vertrauter Umgebung, denn sie möchten auch als Kunden ins Café gehen. Man servierte uns »vom besten was es gibt«. Als der Morgen dämmerte, sagte mein völlig betrunkener Begleiter, während wir durch die immer noch erleuchteten Straßen schlenderten: »Montmartre ist eine Laterne mit tausend Fazetten.«

Für diejenigen, die um Mitternacht schlafen gehen, das Kabarett ablehnen, das man den »Liederlichen« oder auch den Fremden überläßt, ist das Meisterstück dieser festlichen Beleuchtung das Wepler, das seit Jahren von einer Holzwand überragt wird, die mit Plakaten beklebt ist und wo es wie unter einem Tunnel zu existieren scheint. Ich liebe diese große Spieldose, so gewichtig wie ein Dampfer. Das Wepler der Place Clichy ist voller Herrlichkeiten, wie der Concours Lépine*. Es gibt vor allem zu essen und zu trinken. Und überall Säle, offene, geschlossene, versteckte. Läßt man die Vorhänge herunter, so werden diese Säle im Nu behaglich. Die Frauen verteilen sich je nach ihrem Stammplatz, ihren Neigungen, vor dem Dekor der Holztäfelung von 1900. In der Mitte spielt das Orchester, alles Preisträger des Konservatoriums, sein gefühlvolles Repertoire, seine Potpourris aus *Samson und Delila, der Lustigen Witwe* oder *der Fornarina*, mit den großen Soli, die die Damen des Quartiers ihren Haushalt und ihre Socken vergessen lassen.

Diese, vom Geräusch der Zugluft und dem Herunterfallen von Gabeln unterbrochene Musik ergießt sich in wohligen Strömen über das besondere Publikum, das in den Sälen seinen Gedanken nachhängt: stattliche Rentner, Junggesellen, auf die es die Kokotte mit ihren Reizen abgesehen hat. Börsenjobber zweiten Ranges, Kolonialbeamte, Gruppen von Stammgästen, die sich treffen, um zu schweigen, Einzelgänger, Geschäftsreisende aus gutem Hause, ein paar Journalisten und Maler, die essen wollen oder im Quartier gegessen haben. Die Virtuositäten des Orchesters rauschen an den Molen entlang, unterbrochen durch das Aufprallen der Billardkugeln. Die Billardsäle bei Wepler sind berühmt, unermeßlich groß, wie die Rasenflächen eines Gartens angeordnet und aufgeteilt. Die Männer aus der Unterwelt, die das Wepler aufsuchen, haben überall in dieser Glaslandschaft ein bißchen ihren Platz. Aber mit Vorliebe versammeln sie sich beim Billard, wegen des Schauspiels . . . Aber es sind einige darunter, die zu einer Klasse, einem besonderen Stand gehören, sie lassen mich über ihre Vorgänger nachdenken, über Dutheil de l'Artigère, Gonzalès, Calvet, gemütliche Kerle, beleibt und

* Kleine Messe der Erfinder und Bastler, wo z.B. auch der allererste Reißverschluß vorgeführt wurde. (Anm. des Übers.)

schweigsam, mit blassen Wangen und sehr glänzenden Haaren, mit schweren Lidern, die allerlei vermuten lassen. »Die Liebhaber der Prostituierten sind glücklich, gut gelaunt und satt« ... Baudelaire dixit.

Der große Billardsaal des Wepler hat etwas von einer Börse. Gäste drücken sich die Hand, ohne sich zu kennen, doch seit Jahren kommen sie mit ihren Damen hierher, wie um einer bestimmten nächtlichen Pflicht zu genügen. Sie sind Kollegen, wie Börsenmakler oder Treuhänder. Ihr *Platz* zwischen zehn Uhr und Mitternacht ist die Place Clichy, und die ausgetrunkenen Gläser werden zu einem anderen Büroartikel. Abenteurer, die Paris niemals verlassen, Angestellte mit gutsitzenden Krawatten, mit amerikanischen Schulterpolstern, Bürokraten, die manchmal vor ihren alten Schulkameraden Latein zitieren, Mittelschullehrer, die noch keine Kunst verlocken konnte, Neurastheniker, die nur diese Stunde haben, um das Leben, die fehlende Gattin und den Mangel an Charme zu vergessen ... All diesen Seelen ist das Wepler zugetan, es beherbergt sie, es hegt und pflegt sie ...

Zur Zeit als Jules Lemaître entzückende Vorworte zu den Contes du Chat Noir schrieb, wurde Montmartre die Wiege der sogenannten berühmten Cafés, die für gewisse Eingeweihte reserviert waren, wo sich Künstler versammelten, Dichter und Maler, die Ideen austauschten und dazu beitrugen, das, was man den Pariser Esprit nennt, zu bewahren. Man arbeitete, man reimte, man komponierte im Café. Es erschienen Mappenwerke in denen die Malereien aus erster Hand, welche die Kabaretts schmückten, abgebildet waren. Heute hat diese Malerei den Weg in die einzelnen Sammlungen gefunden und die geistreichen Worte stammen von der Société des Nations ... Bei Graff gibt es noch Malerei (bei Farg, wie ein Kellner, der die Gewohnheit hatte, von rückwärts zu lesen, immer mit Bewunderung zu mir sagte...) Aber was für eine Malerei! Dennoch entspricht sie unserer Kriminalroman- und Kino-Epoche und die Mütter der Nacktänzerinnen des Tabarin, die vor ihrem Sauerkraut schnuppern, während sie auf ihre Töchter warten, betrachten sie mit rührender Genugtuung. Das letzte Künstler- und Literatencafé, das die Währungsreform nach dem Kriege überdauerte, war das Franco-Italien, wo Béraud jeden Abend in einer Gruppe von Journalisten, die sich gerade einen Teller Spaghetti servieren ließen, Beifall erntete.

Aber das wahre Café von Montmartre ist verändert. Es ist manchmal noch ebenso einladend wie früher, und die Luft, die man hier atmet, ist noch immer die eines Bohème-Lebens. Aber sein Dekor hat große Veränderungen erfahren. Das Café von Montmartre mit seinen Verlosungen, bei denen man Ferngläser und Schweizer Taschenmesser mit einem kleinen Kran aus einem Kasten herausholt, seinen Zehntellosen der Loterie Nationale, seinen Karamelbonbons, seinen Brioches, seinen kleinen Spielen, seinem Russischen Billard, seinen Feuerzeugen, hat etwas von Garage und Bazar. Man kauft hier genauso viel wie man trinkt und Boubouroche* würde sich hier nicht mehr wohlfühlen.

Ich habe eines Abends einen alten Manillespieler, der zugleich ein eifriger Zeitungs- und Kursbuchleser war, ein Stratege und Hahnrei, gefragt, warum er seine Tage jetzt an gewissen Bahnhofsbuffetts zubrachte, anstatt, wie seine Vorfahren, ein ganz ruhiges Café an einem idyllischen Platz zu wählen. Dieser Stammgast antwortete mir, daß es gerade diese ganz ruhigen Cafés, wo mürrische, keifende Hausfrauen ihre Ehemänner suchten, wie es in den Novellen von Courteline vorkam, nicht mehr gab. Jetzt

* Held des gleichnamigen Romans von Courteline, 1892 (Anm. des Übers.)

37

gehen auch die Damen ins Café, sei es, daß sie am Alkohol Gefallen gefunden haben, sei es, daß sie Musik hören wollen oder wetten, oder an Diskussionen von Frauenvereinen teilnehmen möchten. Sie haben die rein männliche Atmosphäre der Cafés von früher getrübt. Dann sind es die Jugendlichen, die allmählich die Sitzbänke für sich beanspruchen, um hier über Sport zu diskutieren oder um sich beim Kartenspiel gegenseitig zu überbieten. Schließlich sind es die Besitzer, die aus Mangel an Tradition in ihren Lokalen moderne amerikanische Mixgetränke eingeführt haben, deren Geschmack oder deren Namen das Traditionsbewußtsein der alten Kunden empfindlich verletzt haben.

Der moderne Montmartrebewohner, der so viele Illustratoren gefunden hat, fand seinen wahren Maler noch nicht. Ich denke an Chas Laborde, an Dignimont, an Utrillo. Alle sind so geblieben, wie sie unmittelbar nach dem Kriege waren. Da schien das Café, wenigstens noch auf dem Montmartre, einer Elite von Künstlern vorbehalten zu sein. Heute sind es Vertreter aller Bevölkerungsschichten, die sich Zink, Samt und Leder erobert haben, angefangen mit den Besitzern kleiner Renaults, Gelegenheitskäufen, die eines schönen Tages genug davon hatten, vom Vergnügen ausgeschlossen zu sein. Ein richtiges Montmartrecafé, ich will keines nennen, steht 1938 unter dem doppelten »Zeichen« des Gewimmels und des Alltäglichen. Man sieht hier eine Fleischermeistersfamilie, die gut gekleidet ist und deren Söhne das Abitur machen wollen, einen Garagenbesitzer mit seiner von einem Silberfuchs umschlungenen Mätresse, einen Fremdenlegionär auf Urlaub, einen angehenden politischen Kabarettsänger, Radrennchampions, Sonderberichterstatter großer Zeitungen, die kümmerlich von einem Zeugenverhör zum anderen in dem Quartier ihr Leben fristen, einige saarländische Juden, ei-

nen Professor, einen armen Schlucker, einen Clown, einen
Boxer, eine Weißnäherin, einen zukünftigen Dramendich-
ter und einige etwas verbrauchte leichte Mädchen vom
Theater, die versuchen, wie Bürgersfrauen auszusehen.
Wer wird aufstehen, um Text und Noten eines traurigen
Liedes oder irgendwelche Couplets zu verkaufen, die später aus ihrem Verfasser ein Mitglied der Akademie machen würden? Niemand. Derjenige, der aufstünde, würde
nicht ernst genommen werden.

Weiter entfernt das echte Künstlerviertel, mit seinen malerischen Cafés, zum Bersten voll von Kleiner Geschichte,
diese Häusermasse, die aus der Rue Saint-Vincent, Saint
Rustique oder des Saules besteht, das alte Dorf, die Rue
Lamarck und les Moulins sind ihrerseits »modernisiert«
worden, seit dem Durchbruch der Avenue Junot. Dara-
gnès, einer der Großen dieser neuen Straßenzeile spürt
ganz genau, daß die Zeit der Brasserien von Montmartre
vorbei ist, daß ein anderer Krieg darüber hinweggegangen
ist, der des Zements, des Jazz, des Lautsprechers, und
wenn er ins Café geht, dann an das andere Ende von Paris, an die ewige Rive Gauche, zu Lipp oder zu den Deux-
Magots, wo er sich seine Vitamine holt.

Die Cafés von Montmartre sind tot. Sie sind durch Geschäfte ersetzt worden, durch Bars oder Grills. Doch ich
kenne ein kleines Bistrot, einen Holz- und Kohlenhandel,
wo das Glück und das Malerische noch begriffen werden.
Die Besitzer, Vater und Sohn, die aus der Auvergne stammen, haben früher berühmte Leute gekannt und sich ihren
Gästen gegenüber ein Wohlwollen bewahrt, das bei den
Emanzipierten der modernen Stadt nicht mehr zulässig
ist. Hier hängen noch Landschinken, keine Schinken für
das Hotelgewerbe. Einige Prostituierte flüchten sich hierher, nachdem sie ihren Beruf, ihr Gewerbe auf der Tür-
schwelle zurückgelassen haben. Man empfängt hier noch

Pinselhelden mit Klappzylinder, die an den Freibrief der Kunst und an das Elend der Maler glauben, Losgelassene, deren Gemeinheit maniriert ist, wie diejenige der Kerle von Steinlen und Charles-Louis Philippe. Schließlich eine köstliche Einzelheit, ein Plakat, das der Wirt 1925 angebracht hatte, ein Plakat, das er nicht mehr aufzustellen wagt, ein Plakat, das deutlich zeigt, daß die Lebensfreude wie ein Tau im Dunst aufgegangen ist, ein liebenswürdiger Hinweis, den er zwischen einen Geranientopf und ein Dame-Spiel in sein Schaufenster stellen wollte, ein Text der allein die Würde von Montmartre rechtfertigte: »Der Wirt spielt Karten.« ...

Heute ist er gezwungen abzuwarten, bis die Streitigkeiten beigelegt sind, ehe er es wagen kann, mürrische, ängstliche oder geizige Passanten aufzufordern ...

Der »Bœuf sur le Toit«

Wenn ich eine Nachkriegsgeschichte Frankreichs zu schreiben hätte, würde ich dem »Bœuf sur le Toit« einen besonderen Platz einräumen, als einer Art Akademie des Snobismus, der außerdem der Schlüssel ist zu einer Menge Liaisons, Kontrakten und Strömungen, sowohl literarischer als auch politischer Art oder im Bereich des Sexuellen.

Der Bœuf sur le Toit stammt von 1920. Der vom Kriege arg mitgenommene Moyses, der in den Ardennen mühsam seinen Lebensunterhalt verdiente, hier und da Pariser Artikel, Bänder und Schmuck verkaufte, war auf seinen Fahrradkastenwagen geklettert und kam in aller Eile nach Paris, um schnellstens einen Erwerb zu finden. Auf der Suche danach machte er in der Rue Duphot ein ganz kleines Bar-Lavabo ausfindig, das sich Gaïa nannte. Gaïa, das seinen Portwein äußerst schlecht verkaufte. Moyses schraubte seinen Füllfederhalter auf und machte beinahe im selben Augenblick die Bekanntschaft einer Gruppe von Künstlern: Arthur Rubinstein, Picasso, Germaine Tailleferre, Cocteau und zehn anderer, die sich sofort alle miteinander begeistert auf ihn stürzten.

Moyses war, was er geblieben ist, groß, stämmig, rotbäckig, beleibt, herzlich, jederzeit zu Freundschaft bereit, mit festem Händedruck. Er regte sich auf, lachte und redete allerlei Unsinn, war überall zugleich, immer kameradschaftlich, gewitzt, zuvorkommend, auf dem Laufenden, taktvoll, keineswegs ohne Lebensart. Wenn das Lokal zum Platzen voll war, ließ es sich immer einrichten, daß der Stammgast, der Freund oder Unbekannte, der spät kam, noch ein Tisch, eine Ecke, eine Nische fand. Wie durch Zauberei war Gaïa in Mode.

Der Ort verjüngte, strahlte überallhin Frohsinn aus, spritzig, neu, anziehend, und Paris eilte herbei.

Ein ›tout Paris‹, das es nicht verschmähte, mit Hand anzulegen. Der Reihe nach eroberten ein Maler und ein Dichter den Jazz. Die Frauen, die damals die Mode bestimmten, tanzten wie zu Hause, frech geschminkt, den Körper in heimlicher Bereitwilligkeit. Ah! wenn ich es wagte von einigen Glücksfällen dieser schönen Zeit ausführlicher zu werden! Aber schon splitterten die Fensterscheiben des Lokals, zur gleichen Zeit, als sein Ruf in die unzugänglichsten Winkel der Stadt drang. Die Groupe des Six hatte sich unter dem Patronat von Eric Satie gebildet, einem wahren Meister und Schöpfer einer »Hausmusik«. Die Sechs waren Auric, Poulenc, Honegger, Germaine Tailleferre, Durey und Darius Milhaud. Eine erlesene Gruppe, in deren Kielwasser sich eine Art Gymnasiast mit Genie bewegte, when they are so clever, they never live long, Raymond Radiguet. Über diesem Brodeln von glücklichen Einfällen, Sonaten, englischen Saucen und flüchtigen Ehebrüchen ging Apollinaires kleine Sonne des Ruhmes auf.

Eines Tages wurde es notwendig umzuziehen. Moyses, der ein großer Rutengänger geblieben ist, entdeckte eines schönen Tages in der Rue Boissy-d'Anglas, zu beiden Seiten eines Torweges, wo ein provisorisches Zeltlager für ... Jugendliche aufgeschlagen war, ein anrüchiges Lokal mit dem Schild »Paris bei Nacht«. Man fing an es wie ein Maultier auszuweiden, den Boden zu besprengen, bevor man hier Leute von Welt empfing, die den künstlerischen Juckreiz hatten. Der wahre »Bœuf« war geboren. Der wahre »Bœuf« war der der Rue Boissy-d'Anglas. Man hatte es hier etwas geräumiger, etwas weniger eng als im

Gaïa und stieß kleine Schreie aus, als man das Neue an den Dekorationen entdeckte, was heute in Saint-Jean-Pied-de-Port oder in Mareuil-sur-le-Lay üppig gedeiht: Wandbeleuchtung und Pergamentlampenschirme. Auf geistigem Gebiet folgte die Dada-Schule der Groupe des Six und die versnobten Schönen mit den geschmeidigen Hüften sangen:

Buvez du lait d'oiseau,
Mangez du veau!

Der »Bœuf« der Rue Boissy-d'Anglas bestand aus zwei kleinen Räumen, einem Restaurant und einem dancing, so etwas wie kommunizierenden Gefäßen, zwischen denen man durch den dunklen Hof hin- und herpendelte, sich umarmte und sich rein finanziell ›anzuhauen‹ versuchte. Das ›Tout-Paris‹, das nicht stillsitzen kann, das sich langweilt, das zehnmal an einem Abend woanders hingeht, um zu flüchten, um vor irgend etwas davonzulaufen, dem es niemals entfliehen wird, machte jedesmal Halt im »Bœuf« und ging nicht mehr weg. Man sah hier le ›Bottin Mondain‹, le ›Sport‹, ›l'Annuaire des Artistes‹, ›la Banque‹, ›le Chantage‹, die sich zulächelten. Es war jedesmal wie in einem schönen Saal bei einer Generalprobe. Marcel Proust wagte sich oft hierher, amüsiert und freundlich. Als ich eines Abends mit Raymonde Linossier, der Advokatin schwatzte, bemerkte ich Proust, der ausgezeichnet in Form war. Ich weiß nicht mehr, ob ich ihn ansprechen oder einen Schritt auf ihn zugehen wollte, aber gerade in diesem Augenblick wurde meine Begleiterin plötzlich von einem Gigolo der Bar, einem gewissen Delgado, beiseite genommen, der sie wie eine Oberlehrerin behandelte und sie grundlos beschuldigte, Zugstiefel anzuhaben. Ich stürzte mich auf den Kerl, dem Proust, ganz Edelmann, sofort seine Karte überreichen ließ. Aber Delgado bekam es mit der Angst zu tun und schlich sich kläglich davon. Am folgenden Tag erfuhren wir, daß er noch in derselben Nacht an einem Magengeschwür verendet war.

Der Jazz des »Bœuf«, der einer der allerersten von Paris war, lockte die verschiedensten Gäste in die Rue Boissy-d'Anglas. Eugène Merle machte hier die Bekanntschaft der späteren Surrealisten, Henry Torrès diejenige Cocteau's. Beucler vernahm hier, daß man ihm in Hollywood für ein Drehbuch den ersten Preis zuerkannt hatte, Joseph Kessel bezahlte dicke Rechnungen. Wenn ich meinerseits hineinging, hatte ich den Eindruck eines unwirklichen Raumes, eines Balletts der Hemdbrüste, Schultern, Orden, Monokel, künftiger Akademiemitglieder, Minister, Schieber und schöner Huren, das von einem sympathischen Neger, der Vance hieß, dirigiert wurde, einem Mäzen, der in seinen Mußestunden komponierte. An der Seite von Vance hielt sich ein anderer Zauberer auf, der Sänger Barrams, in den einer unserer Freunde so verliebt war, daß er darüber Tränen auf die Weste seines Nachbarn vergoß. Barrams, der eigentlich nur daran dachte sein Beefsteak zu verteidigen, warf, als er, und noch dazu wie! davon erfuhr, wütende, kohlschwarze Blicke nach allen Seiten und auf irgendein Mädchen, das ahnungslos hinter ihm saß. Und jenes Tout-Paris tuschelte. Moyses hatte recht: Es war eine schöne Zeit!

Nun, es sollte nicht lange dauern bis alle Bars des Quartiers, angefangen mit Maxim's und den Eifersüchtigen von der Konkurrenz, Klage gegen den »Bœuf« erhoben, unter dem Vorwand, daß Moyses keine Nachtkonzession habe. Der Polizeikommissar, Peyrot des Gachons, unverkennbar aus Berry und ein Schützling des Präsidenten Forichon, erschien bald auf der Schwelle des Hauses zu einem ersten offiziellen Besuch. Es wurden zunächst nur einige Worte gewechselt. Aber von diesem Tage an kam der Kommissar alle Abende wieder. Das war gerade zu der Zeit, als der »Bœuf« nicht nur keine Ahnung von der Polizeistunde hatte, sondern auch keine Morgenstunde, Beschränkung und Ruhe kannte. Eines Tages, gerade als Monsieur Peyrot, des Gachons einen Blick in diesen »Bœuf« riskieren wollte, mußte er sehen, wie Jef Kessel einem unverschämten Gecken den Zylinder mit einem Faustschlag bis zum Adamsapfel herunterdrückte. Dieser, der plötzlich mit einem Lokomotivschornstein maskiert war, schlug auf der schönen Tanzfläche mit den Flossen um sich und ließ sich von seiner Frau wie ein Blinder führen. An einem anderen Tage war es die Gruppe Picabia, die jenes »Œil Cacodylate« ausstellte, das die Besucher, wenn auch etwas beklommen, uneingeschränkt bewunderten, angefeuert durch ein Bataillon englischer Ästheten, montenegrinischer Bildhauer und vorsichtiger Kokainhändler. Dies ist zu notieren. Der »Bœuf« war immer untadelig: Schmuggler mit Rauschgiften oder Perlen, Scheckfälscher, hatten im allgemeinen so viel Geschmack, ihre Ware in ihrer Tasche zu behalten.

Die Schwierigkeiten mit der Polizei hörten erst beim Eingreifen Monsieur Baders von den Galeries Lafayette auf und Moyses erhielt schließlich die Nachtkonzession. Aber das bürgerliche Haus, in dem sich die Kneipe eingeschlichen hatte, gab sich nicht geschlagen. Nachdem es von der Außenwelt seine Befreiung erhofft hatte, wandte es sich plötzlich an die Hausbewohner. Das läßt an die letzten Patronen von Bazeilles* denken. Die Witwe eines bekannten Notars versammelte die Mieter des Hauses um sich und beklagte sich im Namen eines Vereins, seit Jahren kein Auge geschlossen zu haben und erpreßte von der Behörde den Räumungsbefehl für Moyses. Es drohte eine Krise. Der »Bœuf« ließ sich in der gleichen Straße nieder, mit seinen eigenen Erinnerungen als Gegenüber. In einer Bar, die eine Pechsträhne hatte und sich nicht halten konnte. Zu diesem Zeitpunkt machte man sich auf den Weg

* 1870 (Anm. des Übers.)

nach der Rue Penthièvre, mit dem großen Chobillon, ehemaligem Saint-Cyrianer*, als Geschäftsführer.

Der »Bœuf« der Rue Penthièvre war noch der »Bœuf«. Aber schon mischte sich unter die Stammgäste des mondän-künstlerischen Typs eine neue Kundschaft, zusammengesetzt aus Gigolos, die noch auf dem Gymnasium waren und kaufmännischen Angestellten, welche die Stirn hatten, in den Kellerräumen Vereinsbankette zu veranstalten. Gewiß, man sah bei diesen Festen Damia und noch andere, aber ein Bankett bleibt ein Bankett und die ursprüngliche Gruppe gab nur noch Gastrollen in dem Quartier. Sie war entsetzt über die jungen Cocktail-Mädchen, die mit ihren Autos in rasendem Tempo durch Paris sausten, und über diese Geschäftsführer, die, seitdem es Kneipen gibt, die Angewohnheit haben, ihre Zigarettenstummel in die Untertassen anderer zu werfen. Auch aus der Rue Penthièvre hieß es eines Tages ausziehen. Moyses, dessen Schwester Henrion geheiratet hatte, der den »Grand Ecart« übernahm, machte sich eines Tages auf die Suche nach einem neuen Platz und blieb in der Avenue Pierre-Ier-de--Serbie stehen, wo, wie man mir sagte, Snobs verkehrten, die den Smoking ablehnten, die sich immer etwas über die ausländischen Filmstars erregten, welche die benachbarten Hotels bevölkerten und sich manchmal in den »Bœuf« verirrten, um ein Glas zu trinken, mit dem Gefühl, in schlechte Gesellschaft geraten zu sein und mit dem Pariser Laster in Berührung zu kommen und von denen sich Moyses noch befreien sollte.

Und die von der Bande Boissy-d'Anglas, die haben Kinder, Schulden, einen Posten. Ich treffe manchmal einen von denen an der Straßenecke oder im Salon irgendeiner alten Dame. Kaum daß wir eine Handvoll Erinnerungen austauschen ...

* Militärschule Saint-Cyr (Anm. des Übers.)

Cafés der Champs-Elysées

Es gibt Cafés, die vor Atmosphäre strotzen, selbst wenn sie leer sind. Cafés, die so, wie sie sind, versöhnlich stimmen und die wohltuende Ausstrahlung einer Statue oder Landschaft haben. So ist heute noch das Café Lipp, ganz warm von Leben und Geborgenheit. So waren früher auch das Clairon de Sidi-Brahim der Place du Tertre, oder das Chat-Noir zur Zeit, als Narcisse Lebeau reimte:

> Dans le passage Vivienne,
> Elle me dit: Je suis d'la Vienne,
> Et elle ajouta:
> J'habite chez mon oncle,
> C'est le frère à papa,
> Je lui soigne un furoncle,
> C'est un sort plein d'appas.
> Je devais r'trouver la donzelle
> Passage Bonne-Nouvelle.
> Mais en vain je l'attendis
> Passage Brady . . .
> . . .
> Les voilà bien, les amours de passage! . . .

Wie man sieht, die Pariser der damaligen Epoche kannten keine Ängste und solche kleinen Gedichte waren äußerst beliebt. Die Cafés sehen anders aus, aber die flüchtigen Liebschaften bleiben . . . Ich verdanke es sogar auch ein bißchen einer Frau, alle Cafés der Champs-Elysées gekannt zu haben, die von den anderen so verschieden sind und die es nicht aushalten würden, ohne Besucher zu sein, eher müßten sie sterben. Mein vortrefflicher Kollege François Fosca hat geschrieben, daß die Pariser Cafés zu zahlreich wären und daß man sicherlich Jahre brauchen würde, sie alle zu besuchen und in ihre Geheimnisse einzudringen. Das stimmt genau, wenn man die große Zahl der Unternehmen, ihre Verschiedenheit, ihre Eigenart betrachtet. Jedoch mehr als einen Tag braucht man nicht, um ein bestimmtes Quartier gründlich zu erforschen. Es ist eine Frau, ich wiederhole es, der ich die Bekanntschaft mit den großen Fensterscheiben der Champs-Elysées verdanke. Und wenn ich sage, einer Frau, so ist das, wie man sehen wird, nur so dahingesagt.

Nichts an den Champs-Elysées deutete besonders auf die Rolle eines Rummelplatzes der Cafés hin, zu dem sie in wenigen Jahren geworden sind. Rummelplatz der Cafés der manchmal zum Tummelplatz* der Schieber wird. Hier werden tatsächlich alle Handelsgeschäfte von Paris abgewickelt. Doch die vom Rond-Point bis zum Etoile am meisten gefragte Ware ist in erster Linie das Kino. Sind es die Cafés der Champs-Elysées, die das Filmgeschäft ins Leben gerufen haben? Ist es der Film, der so viele Terrassen aus dem Pflaster gestampft hat? Das ist die doppelte Frage, die ich mir eines Morgens im Select stellte, während ich vor einem Viertel Vichy auf eine, sagen wir Verehrerin, wartete. Diese, die ich nur durch ihre Handschrift kannte, hatte mir aus der Provinz geschrieben, um sich mit mir in der Avenue des Champs-Elysées, genau im Select zu treffen. Sie wünschte meine Meinung über einige bestimmte Probleme zu erfahren, deren erstes deutlich hervortreten ließ, daß es für sie dringend notwendig sei zum Film zu gehen, um glücklich zu sein. Weshalb wandte sie sich an mich? Gern will ich glauben, da sie es mir genau ausein-

---

* acheter à la foire d'empoigne = klauen (Anm. des Übers.)

48

andersetzte, daß es deshalb war, weil unsere Großmütter sich früher im Berry gekannt hatten und weil sie selbst einige Prosa-Gedichte verfaßt hatte, bevor sie vom Dämon der Leinwand heimgesucht wurde. Kurzum, davon unterrichtet, daß man mich mit Hilfe des Photos leicht erkennen würde, wartete ich vor meinem Viertel Vichy und wälzte in meinem Kopf die klugen Ratschläge, die ich einer jungen Provinzlerin geben könnte.

Das Select belebte sich. Im hinteren Raum, der dunkler und sozusagen verschwiegen war, hatten sich schon Müßiggänger ins Kartenspielen vertieft, das bis zum Frühstück zu dauern pflegte. Keine Kartenspieler wie die in Toulon oder in den Kneipen von Ménilmontant, alles vergnügte Nichtstuer, korrekte Rentner oder echte Gelegenheitsarbeiter, sondern ausnehmend seriöse Leute, Nachdenkliche, Zecher ohne Geld, Verächter des Snobismus oder Zaungäste des Wohllebens, die dank weisen Dosierungen von Café-crème leben konnten. Sie spielten schweigend wie Verschwörer, mit bürokratischer Hingabe. Allmählich füllte sich der große Raum mit Gigolos, die, ein Büchlein in der Tasche, vor der Schule davonliefen, mit Journalisten ohne Journalen und jenen Söhnen von Vätern die sich abrackerten. Sie erwarteten, daß ihnen vom Pariser Himmel passende Stellungen fertig gebraten in den Mund fliegen würden. Man bestellte die ersten Cocktails. Ich hatte das Gefühl, mich in dem Wartezimmer eines beliebigen Professors zu befinden oder auf einem kosmopolitischen Bahnhof, wo jeder einen Wunderzug mit dem Endziel Glück erwartete.

Ein Eindruck, den das Erscheinen des *Paris-Midi*, auf den man sich wie auf eine amtliche Meldung stürzte, noch verstärkte. Was meine Provinzlerin betrifft, so war weit und breit nichts von ihr zu erblicken. Frauen gab es sehr viele, sie waren wie Ornamente auf die Tische gestickt und

sicherlich träumten alle vom Film, der sie aus ihrer Mittelmäßigkeit erlösen würde, aber keine sah nach Provinz
aus, keine war zu einem Rendezvous gekommen ...

Die Stunde des Apéritifs war für einige Bridgespieler das
Zeichen zum Aufbruch und der Augenblick des Erschei-
nens einer führenden Persönlichkeit vom Film, in Begleitung, die von Erwartungsvollen aller Art unauffällig ge-
grüßt wurde. Die wichtige Persönlichkeit vom Film, die
allem Anschein nach gerade ausgeschlafen hatte, schien
schlecht aufgelegt. Die Bestellungen wurden in einem zö-
gernden Französisch aufgegeben, dessen Akzent bald den
Russen, bald den Engländer, bald den Deutschen oder Un-
garn verriet und bald ein unbekanntes Idiom. Der Café-
crème siegte eindeutig über Vermouth, Picon, Süßwein
oder Schnaps. Das war an diesem Ort ein regelrechtes
Nahrungsmittel. Bald erschienen die korpulenten Ehe-
frauen mit dem auffälligen Schmuck, etwas grau, wie die
Vorkriegsautos, um sich mit den Generalstabsmitgliedern
des Films zu treffen. Man sprach von Millionen, von Hun-
derttausenden, Filmstreifen, der Geschichte Frankreichs,
von Studios. Bei alledem war es mehr als gewiß, daß die
bedeutendste dieser Persönlichkeiten weder Büros noch
Angestellte, noch einen festen Wohnsitz hatte. Das große
Geschäft war, eine Gesellschaft zu gründen. Man fängt
damit an, prinzipiell Schauspieler zu engagieren, man
telefoniert mit Filmverleihern, man schildert den Kino-
besitzern in verlockenden Farben mutmaßlichen großen
Gewinn und verschafft sich so an die zehn Tausendfrank-
scheine, die dazu dienen, Hotelrechnungen oder wartende
Taxis zu bezahlen. Dann sucht man das, was man ein
Drehbuch nennt, man schreibt an Künstler, die Verleiher
werden abbestellt: man gerät ganz munter in einen Alptraum von Café-crème, Telefonbüchern, Projekten, man
glaubt an das, was man sagt, man sagt nicht was man

glaubt, man berauscht sich an Worten, an Versprechungen, man bestellt neue Cafés-crème, man telegrafiert an nicht existierende Wesen, die dadurch zu einer Art Existenz gelangen, man wartet auf Antworten, man liebäugelt mit Filmideen, die geeignet sind Paris auf den Kopf zu stellen, und schließlich merkt man, daß es vier Uhr nachmittags ist. Deshalb bricht man seine Zelte ab, man schlägt sein Unterhaltungs-Camp in einem anderen Café auf und fängt wieder mit solcher Hemmungslosigkeit zu faseln an, daß sich die Sorge um den nächsten Tag niemals in der Brust zu regen wagt . . .

Im Select ist, wie woanders, auch ein Publikum von vernünftigen Parisern, die gerade so viel Zeit haben, um vor dem Frühstück in dem Quartier einen Apéro hinunterzustürzen. Pariser, die arbeiten, ohne sich falschen Hoffnungen hinzugeben und auf die dennoch diese Hirngespinste, diese eintönige Angeberei und diese Blödologie, »wie man im Dorf sagt«, Eindruck machen. Fräuleins, die noch unbescholten sind, starren unablässig zu dem Bataillon von Russen, Bayern, Wienern, Polen, Amerikanern hinüber wegen ländlicher Tanzereien, wo vielversprechende Dünste aufsteigen. Es sind nun bald fünf Jahre, daß diese falschen Bankiers, diese falschen Produzenten immer und immer wieder von den gleichen Dingen reden, ohne sich von der Stelle zu rühren und es finden sich immer noch Gäste, die sie um ihr Los beneiden. Nicht einer, der einen Film auf die Beine gestellt hätte, wenn man so sagen kann, und den trotzdem der Mut, weiter im Select zu ›café-crèmen‹, nicht verläßt. Mein Nachbar zur Linken streicht mit seiner von Ringen überwucherten Hand über ein Päckchen, auf dem ich die Adresse irgendeines kalifornischen Prominenten entziffere. Das Päckchen wird ins Unbekannte entschwinden und der Absender wird monatelang von erhofften Einkünften leben. Es sind sicherlich wenige Betrüger unter dieser Kundschaft der Champs-Elysées. Verrückte. Die Betrüger sind beschäftigt, sie drehen wirklich. Diejenigen, die sitzenbleiben, sind auf ihre Weise Infizierte. Das Kino hat für sie die Stelle der aussterbenden Mystik ihrer Heimat eingenommen ...

Ich beabsichtigte, meiner Provinzlerin alle diese Dinge zu offenbaren. Aber diese zeigte sich nicht. Schon machten sich die seriösen Leute des Quartiers, die aus Gewohnheit hierherkamen, wieder auf den Weg, um ihren Beschäftigungen nachzugehen. Die Autobusse beförderten die Pariser der ›Couture‹ oder der ›Automobilbranche‹ wieder zu ihren Werkstätten oder Büros. Alleingeblieben saßen die großen Kinokranken an ihren Tischen. Ein Schauer der Beunruhigung durchzog bisweilen das Lokal. Die Verpflichtung, gewisse Rechnungen bezahlen zu müssen, war von den Gesichtern der Filmhersteller abzulesen. Bewunderungswürdig unempfindlich gegenüber diesen Hoffnungen oder diesen Befürchtungen, glitten die Kellner höflich und mechanisch zwischen den Tischen hindurch.

Verärgert, wie einer, der unter den Augen der Menge vergeblich auf eine hübsche Frau gewartet hat, faßte ich plötzlich den Entschluß, wegzugehen und zu frühstücken. Wenn man aus irgendeinem Gebäude der Champs-Elysées hinaustritt, hat man den Eindruck der offenen See. Ich promenierte lange, wie an Deck eines Dampfers, bevor ich das Fouquet betrat, den unbestrittenen Mittelpunkt des Platzes. Wenn das Select wie eine Behörde alles aufnimmt, was im Quartier das Verdächtigste ist, das Vergänglichste, so gewährt man dagegen bei Fouquet allem Obdach, was in Paris als am wenigsten anfechtbar gilt. Man geht ins Select, sieht aber so aus, als würde man bei Fouquet empfangen werden. Die bedeutende Filmpersönlichkeit, die von Zeit zu Zeit das Bedürfnis nach Luftwechsel hat, wählt, wenn sie zu Fouquet kommt, mit Vorliebe den Abend und vergräbt sich in den Winkeln. Aus Koketterie, sagt sie, hält sie draußen auf der Terrasse aus, bis die erste Kälte spürbar wird. In Wirklichkeit ist sie zutiefst gedemütigt durch die lebensfrohe Kundschaft des Fouquet, unter der sie diejenigen erkennt, die ernstlich wirklich filmen und die nach drinnen weitergehen. Sie sieht Tourneur*, prädestiniert durch seinen Namen, Raimu, der nicht unbemerkt vorbeigeht, Murat, Pierre Benoît, der Dialoge macht, alles Leute, die nicht träumen. Noch andere, die zur Welt der Börse oder zu der des Rennsports gehören und für die das Fouquet mit der hervorragendsten Küche einen herrlichen Auftakt bildet. Fouquet ist, man muß es betonen, einer dieser Plätze, die nur infolge eines Bombardements aus der Mode kommen würden. Und noch! Mit anderen Cafés, anderen Restaurants steht es schlecht, sie verlieren ihre Kundschaft, schließen ihre Türen und gehen pleite. Das Fouquet bleibt bestehen, wie ein unentbehrliches, gut funktionierendes Organ der Pariser Gesundheit. Es ist ein Ort für männliche Klatschbasen, denn die Männer sind ebenso Concierges, wie die Frauen. Dahin gehen die Männer, wenn sie aus dem Urlaub zurückgekehrt sind und erzählen einander ihre glückhaften Ferienerlebnisse. Da betteln sie um Tips für die Börse oder die Rennen, die fast alle gar nicht brauchen, denn das Fouquet kann sich rühmen, die Begüterten zu beherbergen, aber, wie andere sagen, man muß eben leben, wie man in Paris lebt... Welcher Paul Bourget wird uns den Roman des Flugzeug-Menschen, des Cocktail-Menschen der Jahre 1930–1938 schenken, zugleich sportlich und mondän, affektiert und kultiviert, unerträglich und liebenswürdig? Wenn er existiert und er zu wenig Beweismaterial hat, so gehe er zu Fouquet, der ›Bibliothèque Nationale‹ des eleganten Parisianismus.

* Tourneur = Dreher, deutet auf: Filme drehen (Anm. des Übers.)

Wen erinnert es noch an die Zeiten, in denen die Champs-Elysées im Bereich der Cafés nur mit dem Fouquet glänzten? Da waren sie vornehm und kahl. Plötzlich sind Cafés wie eine Gruppe von Schnelläufern aufgetaucht! Das »Berry«, aus dem das »Triomphe« geworden ist, das »Colisée«, das »Marignan«, das »Lomgchamp«, das »Normandy«, das »Florian«, flankiert von den Staffeln des »George V«, des »Champs-Elysées«, des »Marly«. Eine wahre Flut. Es scheint, daß es in der Vergangenheit einmal eine Nacht gegeben hat, während der die Pariser diese neuen, schimmernden Cafés, riesengroße oder winzige, die eines nach dem anderen aus dem alten Pflaster emporschossen, im Sturm eroberten... Woher kommt diese Kundschaft, die sich an Sommerabenden wie eine Wählerschaft bis dicht an die vorüberfahrenden Taxis ausbreitet? Zwischen dieser Zurschaustellung von Apéritifs und diesen Kaskaden von Café-crème erstrahlt das Feuerwerk der Kinos, die Autofahrer entfesseln die Wunder einer Feuersbrunst. Die Avenue wird eine der belebtesten von Europa. Die Kundschaft ist aus allen Hauptstädten zugleich herbeigeeilt, um unsere Austern zu schlürfen, sich unter unsere Mannequins und unsere großen Modeschöpfer zu mischen, eine Kundschaft, die leider in ihrem Innersten faulig ist, wie eine wurmstichige Pflaume, durch die Rotte umherirrender Kineasten, die seit zwanzig Jahren vom Select ins Fouquet, vom Fouquet ins Triomphe und vom Triomphe ins Select überwechseln, in der Hoffnung, nicht etwa die hunderttausend Francs zu finden, die noch bis zum Beginn der Dreharbeiten fehlen, nicht wegen des Stars, vor dem das Provinzpublikum voller Wohlbehagen erschauert, sondern wegen des Zufalls, der ihnen das Filmgeschäft verleiden wird...
Als ich an diesem Tage das Fouquet verließ, konnte ich mich nicht entschließen das Quartier zu verlassen, ohne,

um mein Gewissen zu beruhigen, einen Blick in die Cafés geworfen zu haben. Die Angst, zu erfahren, daß meine Provinzlerin im Vorbeigehen von dem Ungeheuer Kino hätte weggeschnappt werden können, quälte mich ebenso wie die sehr menschliche Erwartung, ihre Bekanntschaft zu machen. Konnte ich Besseres tun, als mich den Blicken der Cafébesucher auszusetzen? Ach, niemand stand auf und erkannte mich. Als ich mich schließlich von der Avenue entfernte, sah ich sie an diesem Herbstabend plötzlich wie einen großen Badeort, gebildet aus der Vereinigung aller Cafés, wohin die Pariser gehen, um nach dem Essen in Frische und Mondschein zu baden. Und man spürt es genau, daß abgesehen vom Fouquet, alle diese Lokale, wo niemand sich kennt, wo man manchmal seine Verabredungen verfehlt, wo man sich wie zu einer Zeremonie zusammendrängt, stehen »unter dem vergänglichen Zeichen« der Badeorte. Es würde genügen, daß sich die Kundschaft geschlossen an eine andere Stelle von Paris begibt, damit sie sich in Nichts auflösen. Einzig das Fouquet würde lebendig wieder aus dem Nebel auftauchen und weiter unten einerseits das Francis, andererseits das Rond-Point, die durch die Theater, die Modeschöpfer, und Journalisten leben und am Leben bleiben. Heute gehören die Champs-Elysées den Cafés. Andere werden in einigen Monaten zweifellos auf dieser in der Welt einmaligen Strecke Weges entstehen. Aber morgen?

Passy-Auteuil

Ein alter Freund, den ich leider aus den Augen verloren habe, von dem ich nie vergessen werde, daß er durch den Handel mit einer ausgezeichneten Schokolade zu Wohlstand gelangt war, faßte eines Tages den Entschluß, in seinen Möbeln, mit einigen Renoirs und einem mit echten Teppichen bedeckten Lager, eine prächtige Mätresse unterzubringen, die er in einer Pâtisserie des Quartier Latin aufgegabelt hatte. Ein schönes Mädchen mit aprikosenfarbenem Teint, mit fettigen Haaren, in der Farbe von Füllfedertinte, und die, glaube ich, den Boulevard Saint-Michel niemals verlassen hatte, es sei denn, um ihre Beine in den Folies-Bergère zu zeigen. Das Paar stellte seine Nachforschungen in Richtung der ihm unbekannten Gegend an, die es mit einer gewissen Bewunderung Passy-Auteuil nannte. Ein guter Wagen, wie ihn gesicherte Bürger besitzen, die keine Angst vor dem Alter zu haben brauchen, fuhren sie zunächst in die Avenue Mozart. Doch kein Appartement schien in ihren Augen das rechte zu sein. Was sie sahen, war entweder zu klein oder zu groß. Um die Wahrheit zu sagen, die junge Dame war enttäuscht. Dieses große, schmucke und ruhige Dorf, das sie hinter dem sonderbaren Trocadéro entdeckte, gefiel ihr nur halbwegs. Sie bemerkte weder dancings noch Kinos, noch Kneipen, noch Restaurants. Und unversehens verzichtete sie auf die Glückseligkeit, die man ihr in Aussicht gestellt hatte: sie befürchtete, sich allein zu sehen, in Stich gelassen, verloren in einer neuen Menschenmenge, die nur sehr wenige echt pariserische Elemente aufzuweisen hätte. Man fuhr sie zur Ecke Rue des Ecoles und Boulevard Saint-Michel zurück, wo sie noch in der Atmosphäre von Geschrei und Gerenne des Boulevard Saint-Michel lebt. Viele Pariser machen denselben Einwand. Passy-Auteuil ist »zu weit, zu still, zu neu ...«

Ich habe einst in Passy gewohnt, damals, als ich in das Lycée Janson ging. Meine Eltern hatten ein Appartement in der Rue Gustave-Courbet. Zu jener Zeit war die Avenue, die vom Trocadéro zum Rond-Point de Longchamp führt, beinahe noch vollständig freies Gelände, ohne Einzäunungen, und man konnte hier Gesteinsadern mit ihren Fossilien entdecken. Die heutige Avenue Victor-Hugo hieß damals Avenue d'Eylau. Dieser Namensänderung ist kaum ein verändertes Aussehen gefolgt. Dieselbe große Pâtisserie schickt immer noch ihren warmen Hauch bis zur Ecke der Rue de la Pompe, als Willkomm für die wohlgeborenen Damen, die sich an Schlagsahne oder Parmesanröllchen gütlich tun, vor oder nach den raschen Ehebrüchen unserer Zeit. Das Haus Thominet, so gut versehen mit Farbtuben, Pinselbehältern, diversen Bürsten, mit Feilen, Insektenmitteln, Katzenfellen, besteht immer noch, sehr würdevoll. Es gibt darüber hinaus zwei oder drei Juweliere und Fischhändler, die in dieses Viertel der Rentenverzehrer nichts Neues hineingebracht haben. Denn es fehlt hier wirklich nur das Haus Victor Hugos, das kleine zweistöckige Haus, geborgen unter seinem flachen Dach. Die Rue de Passy selber, ist durch die modernen Studios gegangen. Sie hat den Wochenschaukameramann Modell gestanden. Sie schickt die guten und beruhigenden Gerüche von Eisschränken und Masten des T.S.F.*, die Moskau und Washington »empfangen«, in den Pariser Himmel. Sie ist von der phantastischen Masse der großen buildings-columbariums erobert worden, von einigen Bistrots und

* Radiomasten

57

Tabakläden, die mit der Mode gegangen sind und die kein Holz und keine Kohlen mehr haben, sondern russische Billards, Zehntellose der Loterie Nationale, Feuerzeuge, Gilletteklingen, Stempelpapier usw.; von einigen großen, kreideweißen Reihenbauten, die sich in die alten Vorgärten von Auteuil einzunisten beginnen, mit ihren Mätressen der Pianisten und der Exportkaufleute. Die Rue Boislevent spürt den kalten Hauch der Betonmühlen. Avenue Mozart, die Rue de la Source, das ist nur noch Erinnerung. Der Autobus hat schon die Straßenbahn ersetzt. Hier, wie anderswo auch, eilt man der Perfektionierung entgegen. Man »verwandelt« ohne Unterlaß, seit dem glorreichen Tag, an dem Franklin, der in Paris, I, Rue Singer, von 1777 bis 1785 lebte, zum ersten Mal in Frankreich an einer Dependance des Hôtel Valentinois* einen Blitzableiter installierte . . .

An der Straßenkreuzung von Passy, die um 1891 ein Treffpunkt der Damen und der bürgerlichen Welt war, ist die alte Pâtisserie Petit, wo die Familien ihren Sonntagskuchen kauften und ihn den Schülern des Lycée Janson de Sailly vorsetzten, verschwunden, nach einem Artilleriegefecht mit den Pralinenbomben der Pâtisserie Coquelin. Monsieur Bauer, früherer Einkaufschef der Galeries Lafayette und Vetter von Monsieur Bader, dem Leiter der besagten Galerie, hat nicht weit von diesem Platz ein großes Haus für allermodernste Konfektion eröffnet, das immer besucht ist und an die ersten Erfolge der La Fayette denken läßt . . . Zu meiner Zeit, was für Eindrücke hatte man auf dieser kleinen Place de Passy, wieviele junge Mädchen mit Wangen, so rein wie Mandeln, die erröteten, wieviele Erstkommunionen, wieviel Stolz, in Latein der Beste zu sein, wieviele Aufregungen, wieviele Gedanken, schon nach der ersten Kommunion, über Heiraten, die sich

* frz. Grafengeschlecht (Anm. des Übers.)

eines Tages in der Opéra-Comique, bei Mignon, anbahnen würden...

Denn das Quartier »Passy-Auteuil« ist das der großen Hochzeiten, der Photographien für Vogue, der großen Aufträge bei Cook, für die Hochzeitsreise. Ein einziger Unterschied macht sich bei dem Bewohner dieser bevorzugten Gegend bemerkbar: das Fräulein in Passy ist »freimütiger« als das Fräulein in Auteuil. Anna de Noailles wohnte in Passy. Die Prinzessin de Polignac, die große Förderin, der geistige Minister der modernen französischen Musik, wohnt in Passy. Auteuil hat weniger Kunst, weniger Lebensart. Meinen alten Freund Jacques-Emile Blanche sehe ich nur als Mann aus Passy, obwohl man hier in diesem europäischen Museum der Intelligenz, das er sich als findiger, geistreicher Kopf zu seinem persönlichen Gebrauch eingerichtet hat, eine kleine Grenzfrage diskutieren könnte.

Auteuil ist wie das Land von Passy mit seinem Boulevard de Montmorency, seinen Quais, seinem Viadukt neben der Kirche, seinem Restaurant du Mouton Blanc, einer historischen Kuriosität, dem einstigen Treffpunkt von La Fontaine, Molière und Racine. In Passy gehen die Leute nach Auteuil, ebenso wie die Leute aus der Rue Etienne-Marcel am Sonntag nach Brunoy gehen. Wenn sie nichts zu essen mitnehmen, so hat es seinen Grund. Gegen vier Uhr leert sich Passy-Auteuil von einer beträchtlichen Menge seiner Bewohner: denn man nimmt den Apéritif immer noch in Paris, man geht im Zentrum ins Restaurant, man bleibt im Kino auf den Champs-Elysées, Boulevard de la Madelaine oder Rue d'Athènes. Einmal unterwegs, verweilt man noch zwei weitere Stunden bei Florence oder im Melody's und man kommt erst in der Nacht nach Hause...

Passy, Auteuil, sind Gegenden, wo die Wagen und die Taxis quietschen und sich bis zum Morgengrauen abhasten, um diejenigen vom Montmartre abzuholen, die nicht vor Mittag aufzustehen pflegen.

Passy-Auteuil ist eine große Provinz, wo die Familien sich kennen, sich überwachen und zuweilen hassen, wenn die eine zu ihrem allwöchentlichen, monatlichen oder jährlichen Tee mehr Gäste, mehr Politiker oder Poeten empfangen hatte; wenn der Sohn Soundso das Abitur mit oder ohne Erwähnung bestanden hatte. Pâtissiers, Fleischer, Färber oder Concierges sind über Zank im Haushalt, Ehescheidungen und Erbschaften im Bilde.

Sie sind beinahe Milchbrüder, beinahe Vettern, weinen zu Begräbnissen, erfreuen sich an den Kindtaufen, schicken ihre Töchter in Englischkurse, genau wie ihre Kunden, und ziehen am Sonntag Handschuhe an. Weder das Proletariat noch der Arme haben Platz auf dieser unaufhörlichen garden-party, die jahraus jahrein von der Place Victor-Hugo bis hin zur Seine stattfindet. Alle Festlichkeiten in Passy-Auteuil sehen den gleichen Schwarm geladener Gäste zur Kirche oder zu den lunchs gehen, die den mondänen Veranstaltungen des sechzehnten Arrondissements einen kleinen Hauch von Operette und von »*Kongreß tanzt*« verleiht, der nicht ohne Charme ist, bisweilen unvermutetem. Ein Freund von mir, Gelegenheitsdichter, zu einer Trauung der Haute Volée in der Kirche Saint-Honoré d'Eylau eingeladen, fand sich zur besagten Stunde an der Place Victor-Hugo ein, um dem jungen Paar seine Glückwünsche auszusprechen. Die zahlreichen Anwesenden, deren Gesichter er alle kannte, drängten sich im Kirchenschiff. Er trat näher, drückte jemandem die Hand, lächelte nach allen Seiten und bemerkte, daß er weder Bräutigam noch Braut kannte, da er sich ganz einfach im Tag geirrt hatte. Er sah in der Kirche nur dieselben Pariser Persönlichkeiten, gewissermaßen vertraglich verpflichtet, an allen Feierlichkeiten der kleinen Heimat Passy-Auteuil teilzunehmen. Weil er nun einmal da war, dachte er keinen Augenblick daran kehrtzumachen und mischte sich unter die Vettern, Onkel und Großmütter, um das Brautpaar sehr herzlich zu küssen, ebenso eine Anzahl von Damen, die ihm anziehend zu sein schienen. Die Chronique scandaleuse oder dramatique von Passy-Auteuil ist ziemlich dürftig. Die Verbrechen werden hier nur unter nicht endenwollenden Vorsichtsmaßnahmen begangen. Polizei ist hier selten zu sehen. Alles spielt sich in einer unirdischen Atmosphäre ab, in der die Dicken keine Beute machen. Dabei kommt mir ein Vorfall ohnegleichen in den Sinn, er hätte Edgar Poe inspirieren können, aber einen von Rowlandson beeinflußten Poe. Eine ziemlich scheußliche Geschichte, wenn er aus Passy gewesen wäre, wie Abel Bonnard oder Pierre Louys, Bergson oder der Doktor Boucard. Sie würde es wert sein, in die Geschichte des Arrondissements einzugehen, dem es manchmal ein wenig an Farbe gebricht. Ich habe einst eine amerikanische Dichterin gekannt, eine Adoptivtochter von Paris, die nur das weiße, weibliche Fleisch liebte. Was das Kapitel der Ernährung betrifft, so konnte sie nur den Anblick, den Geruch und Geschmack des ganz roten, und mit Vorliebe rohen Fleisches vertragen, bis zum Übermaß. Da sie ein schwaches Herz hatte, verordnete ihr Arzt strenge Diät. Aber die Leidenschaft für Fleisch war so stark, sie war daran so sehr gewöhnt, daß die Vorschriften des Arztes nur unter tausend Schwierigkeiten eingehalten werden konnten. Der Arzt bestand aber darauf. Die Dichterin wurde ganz elend davon. Und des Kampfes müde, beschloß sie eines Tages, in Schönheit zu sterben... das heißt, künstlerisch, das heißt, als... Chateaubriand. Sie tränkte ihr Bett mit Benzin, türmte ungefähr zehn Kilo Butter darauf, fünf oder sechs Pfund Petersilie, streckte sich erschöpft auf ihren Bettüchern aus, legte kokett ein

Stück Butter auf ihren Busen, wie es die guten Köche machen und zündete ein Streichholz an. Eine knappe Stunde später roch das ganze Quartier nach Gebratenem. Die Nasenlöcher von Passy-Auteuil fanden schließlich heraus, woher der grill-room-Geruch kam, der sich bis zum Bois de Boulogne ausbreitete und führte die Hausangestellten zum Bett ihrer Herrin, auf dem sie ein Mammutbeefsteak sahen. Historisch.

Passy-Auteuil nimmt jedes Jahr zahlreiche Emigranten der Neuen Welt auf, die sich plötzlich dazu entschließen, nach Paris zu kommen, um hier zu wohnen. Man hat mir die Geschichte einer Amerikanerin erzählt, die sich in der Rue La Fontaine niedergelassen hatte, um bei uns die Sitten der Hausangestellten zu studieren. Sie verfolgte sie auf der Straße, nagelte sie in den Cafés fest, fragte sie aus, belästigte sie. Chauffeure und Oberkellner wußten nicht recht mit was für einer Art von Verrückten sie es zu tun hatten und schlichen sich verstohlen auf die Straße, mit hochgeschlagenem Mantelkragen, bereit, auszureißen. Sie hofften das alte Fräulein, das sie wie eine von der Heilsarmee behelligte, kleinzukriegen. Aber die Moralistin behauptete sich. Die ersten Ergebnisse ihrer Untersuchung erfüllten sie mit Freude. Gewisse Geschichten, die mit Zucker zu tun hatten, mit Schnürsenkeln, Trinkgeldern, berauschten sie. Eines Abends stürzte sie sich auf einen reizenden Küchenjungen, der einem Apotheken-Gehilfen seinen kleinen, nächtlichen Besuch machte. Sie stieg ihm nach, verfolgte ihn in einer Geschicklichkeit, in fledermausartigem Zickzack. Vollkommen verwirrt flüchtete der junge Mann in eines der Örtchen, die nur für Männer sind und verharrte hier drei Stunden. Dann verschwand er, ohne sich umzudrehen. Am nächsten Tage lasen radfahrende Polizisten auf einer Bank der Quais eine arme Irre auf, die eingeschlafen war und der es gelang, nachdem sie einige Monate in ärztlicher Behandlung war, sich wieder in die Vereinigten Staaten repatriieren zu lassen. Das Abenteuer ist nicht in die Öffentlichkeit gedrungen. Trotzdem erzählen manche Hausangestellte ihren Kindern bisweilen vom Phantom von Auteuil ...

Auf den Quais

I

Au temps où je dansais la gigue,
J'aurais pu faire un bel enfant.
Mais à présent, ça me fatigue,
Je ne suis plus qu'un ci-devant.

J'en ai marre de l'élégance,
Des romans d'analyse et des chansons d'amour.
Adieu, Messieurs! Vive la France!
Moi, je remonte dans ma tour.

Forschen sie nicht nach, von wem diese Verse sind, in denen Sorglosigkeit und Träumerei triumphieren. Ganz gewiß sind sie von einem berühmten Unbekannten, im edelsten Sinn des Wortes. Ich habe vergeblich versucht, mich diesem Dichter vorstellen zu lassen, der mir sein halbes Leben im Duft seiner Gedichte im Freien zu verbringen schien. Es ist ihm lieber, anonym zu bleiben. Alles was ich weiß, ist, daß dieser unbekannte, scheue Poet ein Mann der Quais ist, ein Bouquiniste, berühmt unter seinen Kollegen, aber dem Ruhm aus freien Stücken so abhold, daß er ihm niemals seinen Namen preisgegeben hat.

Das, was man nicht bestreiten sollte ist, daß die Quais ihn aufs Glücklichste inspiriert haben, denn er ist der Verfasser von zweihundert Gedichten dieser kecken, charmanten Art, von zweihundert Gedichten, die man leicht schlürft, wie den Wein von Vouvray, den gelben, der nur am Ort ausgeschenkt wird ...

Als poetisches Meisterwerk von Paris haben die Quais die meisten Dichter, Touristen, Photographen und Bummler der Welt entzückt. Es ist ein in seiner ganzen Länge einzigartiger Bereich, eine Art geschwungenes Band, eine Art phantastische Halbinsel, die aus der Einbildungskraft eines bezaubernden Wesens hervorgegangen zu sein scheint. Ich kenne den Spaziergang so genau, weil ich ihn hundertmal gemacht habe, und er den Wanderer vom Quai du Point-du-Jour zum Quai des Carrières in Charenton schaukelt, oder den, der mich, als ich noch ganz jung war, vom Quai d'Ivry zum Quai d'Issy-les-Moulineaux trieb, so daß ich das Gefühl habe, als machten meine Absätze eine wahre Weltreise. Allein diese Namen: Orsay, Mégisserie, Voltaire, Malaquais, Gesvres, aux Fleurs, Conti, Grands-Augustins, Horloge, Orfèvres, Béthume und Place Mazas genügen mir als Geschichte und Geographie. Haben sie bemerkt, daß man »seine« Quais nicht besser kennt als seine Unterpräfekturen? Was diesen Punkt betrifft, so warte ich immer auf einen echten Pariser: wo endet der Quai Malaquais, wo beginnt der Quai Conti? Wo befindet sich der Quai de Gesvres? Je nach ihrer Antwort klassifiziere ich die Leute. Bei diesem kleinen Spiel stellt man fest, daß es nicht viele echte Pariser gibt, nicht viele Taxichauffeure mit Kultur und erst recht keine kenntnisreichen Polizeibeamten. Jedermann täuscht sich über die Frage der Quais.

Und trotz allem, nichts ist so sehr Paris, wie ein Seinequai, nichts ist so sehr am Platze in seinem Dekor. Léon Daudet widmet in seinem *Paris vécu* mehr als fünfzig Seiten allein den Quais, seinen Bouquinistes und seinen Buchantiquariaten. In bezug auf das von Champion le Père macht er jene Bemerkung, die noch in hundert Jahren für die letzten Bibliophilen den Hauch der Träumerei haben wird: »Die Atmosphäre war erasmisch, verteufelt sechzehntes Jahrhundert und von hoher, herzerwärmender Intellektualität. Wenn er sah, daß einem ein Buch gefiel, so sagte Champion leise: »Nehmen sie es ... Aber nein, aber nein, bezahlen können sie es ein anderes Mal.«

In dieser Landschaft, in der wie zum Spaß die schönsten Bauten entstanden sind, der Louvre der Valois, die erstaunlichsten Baudenkmäler, wie der Eiffelturm, die verdächtigsten, wie die Chambre, die glanzvollsten, wie das Institut de France, das den Mittelpunkt bildet, das das berühmteste und zugleich am meisten besuchte ist, und ganz gewiß sind es die Quais Conti und Malaquais, die ex-oequo an der Spitze des Wettlaufs bleiben. Ich habe zerlumpte Kerle, Obdachlose allererster Güte gefragt, weshalb sie diese beiden Quais den anderen vorziehen, noch dazu, um auf den Uferböschungen, mitten im Gestank von Stroh und Absinth und Fußbekleidung, welche die Seine zärtlich spazierenfährt, zu schlafen. »Weil, so wurde mir geantwortet, wir es hier bequemer finden und uns wie zu Hause fühlen. Außerdem sind auch die Träume hier vornehmer.« Eine von Interessantem strotzende Überlegung, bei der mir eine Anekdote einfällt. Es kommt öfter vor, daß ich in einer Winkelkneipe der Halles, die ich übrigens nur finde, wenn ich mich bei Nacht hintaste, ein Glas Weißwein trinke. Ich finde da nächtliche Gäste, die sich dann, nach dem Austausch von allerlei Gedanken, unter irgendeiner Brücke hinlegen. Unwillkürlich beteilige ich mich an ihren Gesprächen. Wir drücken uns sehr höflich die Hand. Eines Tages wurde ich mit einer Art lebendem Flickenbündel bekannt gemacht, bärtig, gelehrt und würdevoll, das unmittelbar unter dem Pont des Arts logierte und das man mir folgendermaßen vorstellte: Monsieur Hubert von der Académie française. Nur Paris ermutigt zu diesen prächtigen Abkürzungen.

Die Quais werden ständig von zwei Bevölkerungsschichten heimgesucht. Ich spreche weder von den Touristen, noch von den Neugierigen, noch von den Durchreisenden, sondern von Wesen, die in der Seineatmosphäre geboren werden, träumen und sterben: die der Uferböschungen und die der eigentlichen Quais, die Freiluft-Schläfer und die Bouquinistes, die von unten und die von oben. Die Bewohner der Uferböschungen räkeln sich zwischen Auteuil und Charenton, die Beine in der Luft, das Gesicht unter der ›Melone‹ aus dem Mülleimer versteckt, den Zigarettenstummel für die erste Morgenzigarette, die beste, in Reichweite. Auf dem Quai kann man immer noch, das heißt, ein wenig unter der Pariser Oberfläche, in einer düsteren, schimpflichen Bleibe, in dem Sinne, den Shakespeare diesen Worten verlieh, die Bekanntschaft mit den letzten kümmerlichen Berufen machen, von denen sich einst Chansonsänger, Karikaturisten und Dichter inspirieren ließen: mit dem Hundescherer, dem, der die Kater kastriert, und mit dem, der Kohlen aufklaubt, dem Sammler kleiner Gegenstände, wie gebrauchte Rasierklingen, Bierflaschenverschlüsse, Gurtschnallen, Sicherheitsnadeln, Schuhknöpfer und Tonpfeifenscherben, mit dem Lumpensammler, der am Ende des Tages mit gesenktem Kopf am Rinnstein entlangschleicht. Fundgrube mit einem Küstenstreifen, diese Welt der Uferböschungen, von denen man Hornhaut auf dem Buckel bekommt, wenn man mit dem Pflaster in Verbindung gerät, die eine der größten Freuden genießt, die unsere Epoche kennt: Vollständige Unkenntnis der Tageszeitung. Manche überfliegen mitunter Rennzeitungen, die hier wahrscheinlich von irgendwelchen Selbstmördern zurückgelassen wurden. Aber die Rennzeitung gehört ein bißchen mit zu der Geschichte. Als ich mich eines Nachts zwischen diese langen Kerle wagte, die so gesund sind, so starken Bartwuchs haben, daß ich sie gern mit den Höhlenmenschen vergleiche, hatte ich Gelegenheit, die echte Stimme des Traumes aus dem Munde einer dieser Schatten zu vernehmen. Nachdem ich über einige die »mit bis zum Kinn hochgezogenen Knien kauerten«, einige freimütig hingestreckte Oberkörper geklettert war, ließ ich mich meinerseits auf einem Prellstein nieder, um am vorbeiziehenden Wasser eine Zigarette zu rauchen. Gewaltig und geduldig glitten schwarze Lastkähne, Tieren gleichend, über den Krepp des Flusses. Ich hatte das undeutliche Gefühl, eine Sekte zu stören. Ich täuschte mich nicht. Plötzlich war hinter mir eine Stimme zu hören: Willst du wohl deine Tür zumachen!« Offenbar hatte ich es mit Voltaire's › einäugigem Lastträger‹* zu tun ...

Ganz anders sind die oberen Bewohner. Es sind Gelehrte. Ich halte die Bouquinistes für die köstlichsten Wesen, denen man begegnen kann, und, ohne Zweifel haben sie mit Geschmack und Umsicht teil an diesem Ruf der Intelligenz, dessen sich Paris rühmen kann. Das Land des antiquarischen Buches hat gleichfalls seine Grenzen. Es reicht auf der Rive Gauche vom Quai d'Orsay bis zum Jardin des Plantes und von der ›Samar‹**, wie man sagt, bis zum Châtelet, auf der Rive Droite. Die Kästen sind von der ›Stadt‹ hauptsächlich den Kriegsversehrten und den Vätern, die Familien haben, zuerkannt, gewöhnlich für fünfundsechzig Francs im Jahr, auf eine Länge von acht Metern. Wenn ein Bouquiniste das würdige Alter von siebzig Jahren erreicht hat oder erkrankt, so kann er sein Geschäft jemandem, der ihn ersetzt, untervermieten und sich so bis zu seinem Tode vertreten lassen. Aber er kann seine Sache nicht aufgeben, wie es ein Börsenmakler tun würde. Ist einmal der letzte Atemzug getan, so greift die

---

* »Le Crocheteur borgne«, Erzählung von Voltaire zuerst 1774 in einem Journal des Dames »La Samaritaine« erschienen
** »Samaritaine« Kaufhaus (Anm. des Übers.)

›Stadt‹ ein. Das Volk der Bouquinistes ist weder organisiert noch in der Gewerkschaft, veranstaltet keinen Ball, kein Jahresbankett. Es lebt vom intellektuellen Geschwätz, von den sterblichen Resten des Ideals und von der Indifferenz. Es erhielt jedoch vor kurzem einen Doyen, den man in dieser Eigenschaft aufrichtig bewundern muß, einen Doyen, der niemand anderes ist als Monsieur Dodeman, Charles Dodeman, ein bekannter Schriftsteller. Es ist noch mit der Pariser Vergangenheit verbunden durch Mademoiselle Poulaillon, eine Bouquiniste, die nicht weit von der Ecole des Beaux Arts angesiedelt ist und die mit Wehmut die Zeit heraufbeschwört, in der die Buchhändler gezwungen waren, ihre Kästen jeden Abend mit nach Hause zu nehmen ...

Aber über die Quais fegte, wie überall, der Sturmwind des Modernen hinweg. Es gibt heute junge Bouquinistes, die beweglich sind und über alle Konjunkturschwankungen des Marktes auf dem Laufenden. Die etwas schulmeisterliche Steifheit von früher ist verschwunden. Im Sommer, wenn es warm ist, springen die weiblichen Bouquinistes ungesäumt in die Seine. Manch einer bummelt wegen seiner Bücher über die Quais und oft auch, um die triefende Sirene aus dem Wasser auftauchen zu sehen. Und er schreit: »He, kleine Dame, was kostet der Taine?« Mit ein paar Stößen erreicht die kleine Dame die Uferböschung, nimmt ihren Bademantel und steigt wieder zu den Bücherregalen hinauf, während sie sich die Hände und die Hüften abtrocknet, überläßt den Kunden den Taine, den Flaubert oder den Jean Lorrain und kehrt in das kühle Wasser zurück ...

Ich habe einen Händler, der mir aufrichtig zu sein schien und wohlunterrichtet, gefragt, ob der Bücherverkauf unter freiem Himmel einträglich sei und ich vernahm, daß die meisten der alten Bouquinistes ziemlich leicht zu ein wenig Wohlstand gelangen, zu einem zitronengelben fünf PS, manchmal sogar zu einem Haus. Und das Überraschende ist, das keiner von ihnen einen anderen Beruf hat. Wo sollten sie übrigens die Zeit hernehmen Chauffeure oder Privatdetektive zu sein? Ein Bouquiniste, der verpflichtet ist seine ›Geschichtskenntnisse‹ zu haben, seine Texte, seine Daten, seine Verleger zu kennen, ebenso gut, wenn nicht besser als ein Buchhändler, hat tagsüber kaum so viel Zeit übrig das, was er macht, gut zu machen.

Die Bücherquais sind wie ein Katalog eingeteilt. Es gibt das Regal der Klassiker und das der ausländischen Bücher. Die Kästen sind im allgemeinen recht gut beliefert und es ist üblich zu fragen, wo sich diese Händler mit Ware versehen. Entsprechend einer alten Gewohnheit kauft der Bouquiniste nicht gern was man ihm anbietet. Er zieht es vor, selber in das Hôtel des Ventes zu gehen, auf seine Weise zu feilschen, zu Leuten, die ihm »empfohlen« sind ins Haus zu kommen, oder aber in Frankreich umherzureisen, nach Perpignan in das Puy, nach Lille, wo er immer sicher ist, gute Beute zu machen. Jedoch sein Nachschub, der so gut vorausgeplant ist, bleibt ziemlich rätselhaft. »Nicht wahr, darin liegt das ganze Geheimnis!« sagte einer von ihnen zu mir.

Auf rein literarischem Gebiet spielt der Quai die Rolle eines Barometers und stellt Ruf und Ansehen wieder her. Man kann noch so viele Literaturnachrichten lesen, die kritischen Feuilletons, die Spalten der redaktionellen Ankündigungen mit der Lupe untersuchen, Mandarins oder Experten interviewen, man muß immer wieder zu den Quais zurückkehren, um ein Stückchen von der Wahrheit zu erlangen. Denn die Frage, genau wie für den Zucker oder das Zigarettenpapier, bleibt die gleiche: »Was verkauft sich, was verkauft sich nicht?« Rätsel, das Monsieur Robert Ganzo, Bouquiniste auf den Quais und Buchhändler Rue Mazarine, vor einem mit Sachkenntnis und Feuer auflöst. Ich wage nicht, die Namen meiner Kollegen aufzuzählen, deren Bücher keinen Käufer finden, trotz des Spektakels, der Pfiffe des Snobismus oder des Einflusses der Behörden. Ich ziehe es vor, meinen Freunden Paul Valéry, Valery Larbaud, Claudel, Gide, unter anderen, und, über den Wolken und den Schatten, dem teueren Proust kundzutun, daß sie sich bewunderungswürdig verkaufen. Mag dieser Hinweis einigen, die unverkäuflich sind, ermöglichen, sich wiederzuerkennen.

Man muß die Gesundheit einer alten Eiche haben, um auf den Quais Bücher zu verkaufen, denn es gibt nicht ein Element, das nicht darauf aus wäre, einen zu ärgern: der Wind, die Hitze, der Frost, der Lärm, das Feilschen der Kunden, da es selbstverständlich ist, daß man ein Buch niemals kauft, ohne zu feilschen. Aus diesem Grunde bewundere ich die Widerstandskraft und die gute Natur der Bouquinistes, und unter allen die göttliche Laune des unbekannten Dichters der Quais, der noch die Möglichkeit findet, Verse zu schreiben . . .

Auf den Quais

II

Die Quais sind für die Pariser von gutem Stamm immer ein Lieblingsplatz gewesen. Die ganze Seine entlang, in einer Atmosphäre hohen Ranges erhalten, durch die Nachbarschaft der erhabenen Bauwerke, die ihn königlich und künstlerisch zugleich erscheinen lassen, durch das Dasein der Bouquinistes, das Vorübergleiten der Lastkähne und plötzliche Auftauchen finsterer Poeten am Rand der Kästen, ist das Bummeln hier stets beheimatet. Als ich jung war und mich die preiswerten Romane interessierten, trafen wir uns, einige Freunde und ich, hier, auf dem Brunnenrand des Quai Malaquais, um Anatole France zu sehen, den Fürsten der Wühler und Freund der Händler, Jules Lemaître, der seinen Kneifer umherwandern ließ. Faguet, der niemals etwas kaufte, den jungen, wunderbar aschfahlen Barrès, dem der Staub mißfiel, der aber die leichte Luft dieses Quartiers liebte, Albert Besnard, Rostand, der einem Salontenor ähnelte, Forain, Barthou, Bourget oder Capus, die von charmanten Salonlöwinnen umringt waren, Lügnerinnen und Betrügerinnen, wie alle anderen, und ganz besonders diese Marquise de Sauve, Heldin von *Cruelle Enigme*, die damals die französischen Departements erschauern ließ.

Aber neben diesen berühmten Persönlichkeiten, deren Profil schon in der Literaturgeschichte oder Kunstgeschichte der Nation zu Ehren gelangt war, nahmen wir oft alte, unbedeutende Pariser aufs Korn, ganz flott in Gamaschen und grauer Hose, den Backenbart sorgfältig gekämmt, die

Angströhre tadellos, den Spazierstock unter dem Arm, eine breite, grelle oder durchsichtige Krawatte unter einem Kragen von gutem Schnitt, die Blume im Knopfloch, ein Lächeln auf frohen Lippen. Alte Herren, die ihre Rente verzehren, gepflegt, verwöhnt, die genießerisch langsam an den Himmelskarten, Briefmarken, pornographischen Radierungen und Originalausgaben vorbeigingen während sie auf den Augenblick warteten, wo sie im Bois zu irgendeinem Tee, obendrein in irgendeinem Boudoir, irgendeine kleine Frau treffen würden, die meistens von einem Dompteur oder Flohzirkusbesitzer dressiert war.

Sie wußten es ganz genau, die Schufte, daß sie wieder und wieder von jungen Kerlen mit wiegenden Hüften und dünnem Schnurrbart betrogen wurden, aber sie hatten eine solide Vernunft und forderten von der Liebe nur, was sie geben konnte. Zahlreich waren jene, die noch bei der vertrauensvollen unsteten Jugend Freuden zu finden glaubten. Diesen Typ des untadelig großzügigen und geistreichen Mannes findet man nicht nur in den Stücken der Epoche, seien sie von Tristan, de Flers, d'Hervieu, von Feydeau, Courteline oder Hermant, sondern auch in den Zeichnungen von Fabiano, Guillaume Bac, von Gerbault, oder Préjelan.

Er kam auch in den Texten von Sarcay, von Lemaître, von Donnay, von Allais, von Franc-Nohain, von Vaucaire, von Willy vor, der in diesem Zusammenhang Verse reimte, die berühmt geworden sind:

Mais un juge, plus preste, ou plus tendre, l'a prise
Et la loge en garni près la gare de l'Est.
Morale: Grammatici certant, sub judice Lise est.

Graziöse Epoche. Die Quais drückten für uns, die wir noch kein Anrecht auf die Salons, die Klubzimmer, auf die

»verschwiegenen Boudoirs« hatten, diese Art freudiger
Erregtheit aus, die in Paris vibrierte, und Paris wurde damals für uns zu einer Synthese, in der wir eine hübsche
Frau sahen, eine Droschke, einen Laufburschen, einen alten General, ein Blumenmädchen oder einen jungen Offizier zu Pferde. Die Straße von Paris war nichts anderes.
Auf den Quais, an den Eingängen der Académie war ein
Rauschen von Röcken und Raunen von Stimmen, daß der
Zukunft eine starke Würze gab und uns gegen unser ju-
gendliches Alter aufbegehren ließ. Von ferne haben wir
an den Empfängen bei Barrès, bei Rostand, bei Lemaître
oder France teilgenommen. Es entfaltete sich vor uns ein
Feenzauber von Düften und Geflüster, ein leises Geräusch
von Wagenachsen, die mit dem Parfum der Damen ver-
schmolzen und das unsere Einbildungskraft bis in unend-
liche Träume hinein verlängerte.
Dann starrten wir vor der Tür bei Gougy oder bei Champion auf die vorbeikommenden Gelehrten, sehr würdevol-
le Herren, die dem Rat von Anatole France folgend »die
Frauen und die Bücher mieden, weil sie weich sind und einen zum Hochmut verführen«. Auf diese Weise zogen es
die Gelehrten vor, mit den Händlern, mit den Buchhändlern zu schwatzen und sich ihren verstaubten, ungefähr-
lichen Heften zuzuwenden. Man gab in der damaligen
Zeit Kredit und ich frage mich, wieviele Bände Pierre
Louys oder Marcel Schwob mit dem Versprechen, sie später zu bezahlen, mitnahmen. Wie oft ließen diese wohlge-
füllten bezaubernden Vitrinen das Gesicht von Charcot,
dem jetzigen berühmten Gast des Hauses Chimay umherwandern, das von Doumic, die von Goyau, von Hermant,
von Poincaré oder Hanotaux, von Lockroy oder Frédéric
Masson! Es war die schöne Zeit der Konferenzen, damals
viel anziehender, als es die berühmtesten Tennismatches
jemals sein werden, sensationelle Erstkommunionen,

Hochzeiten, die ganze Faubourgs in Freudentaumel versetzten. Das geringste Ereignis gewann Bedeutung und wir spürten, daß Paris wohl an dem äußersten Rand der Zivilisation war, daß es die moderne Welt vervollkommnete, wie ein Bukett manches Feuerwerk beschließt, daß es »auf dem goldenen Punkt des Verglühens« vibrierte, hätte Paul Valéry gesagt.

Sanfte, ferne Aktualität der Quais, zu jener Zeit, als die Bouquinistes alles wußten, und die Académie française in ihrer goldenen Majestät alles beherrschte. Schon rund um den berühmten Bau und wie eine Herausforderung der Kästen, in denen man »Originale« fand, von Balzac, von Daudet, bedeutende Blätter von Gide, von Barrès, damals noch nicht sehr bekannt, gab das Reklameplakat der Hauptstadt dieses Gepräge, das sich kaum geändert hat. Schon wurden wir von Wunderapparaten zur Verbesserung der Haltung beherrscht, von ultra-sensiblen Hellseherinnen, den auswechselbaren Absätzen, Verjüngungskuren, die man den Pfarrern* verdankt, Liebeszauber und die unzähligen Mittel zur Beseitigung überflüssiger Haare. Stern, französischer Jockey, gewann mit Sunstar das Derby von Epsom. Ein gewisser Orphée siegte beim Wettlauf Lyon-Troyes-Paris in 75 Stunden 8 Minuten. Man trank *Porto-flips* und *Whisky-cocktails* in Dekorationen, die Bobino** zum Lachen brachten. Die Comtesse de Kersaint, oder der Baron de Coubertin machten aus einem Fest im Palais Royal etwas viel Gewagteres und Ausgefalleneres als die gegenwärtige ›Exposition‹. Laguillermie, Hélène Picard, Gabriel Trarieux, Paul Gasq oder Miguel Zamacoïs errangen, die einen Literaturpreise, die anderen Eh-

---

* bezieht sich auf das allbekannte Plakat »Jouvence de l'Abbé Souris«
** dessen bekanntes Lokal altmodisch eingerichtet ist (Anm. des Übers.)

renmedaillen. Diese Ereignisse gelangten bis zu den Quais, die mich immer an irgendein Forum denken ließen, wo über die hervorragendsten Meister des künstlerischen und literarischen Augenblicks diskutiert werden würde.

Die Académie française, der Loti und France in jener Epoche mehr Glanz verliehen, als alle ihre Kollegen zusammen, dann Rostand, der eher zu einer Nummer wurde, als zu einem Wesen, und die Deutsche Botschaft, ganz dicht neben den Quais und ihr den Rücken kehrend, sind die beiden wesentlichen Gebäude dieses Quartiers, das Bücher und Bilder schmücken. Ich begebe mich hier wohlverstanden auf das Gebiet des rein Malerischen und kann die Gare d'Orsay oder die Chambre, deren Poesie ganz anders ist, nicht berücksichtigen. Wenige Männer, die aus den Stücken von Lavedan weggelaufen waren, vertrauten ihren Mätressen oder Begleitern an, daß sie gerade durch die Korridore der Chambre oder die Halle der Gare d'Orsay gebummelt wären. Dagegen war es pikant, zwischen zwei Komplimenten einzuflechten: »Eben habe ich mich mit Bourget unterhalten, immer jugendlich, immer durch die Frauen verwirrt, wir schlenderten bis zum Institut und, wahrhaftig, ich konnte durch eine kleine Tür hineinschlüpfen. Ich fand Zeit, diesem köstlichen Hervieu, den wir morgen zum Essen sehen werden, guten Abend zu sagen und ich konnte sogar Francis Charmes die Hand drücken.« ...

Ebensowenig war es verboten eine Dame in eine Ecke zu ziehen und ihr ins Ohr zu flüstern: »Meine liebe Freundin, es ist mir eine seltsame Sache passiert. Sie kennen diese kleine Zozy, die mich gern manchmal nach Longchamp begleiten möchte? Also stellen Sie sich vor, sie hat die besten Beziehungen der Welt. So, wie Sie mich hier sehen, komme ich von einem Tee in der Deutschen Botschaft, wo ich die Ehre hatte von diesem verflixten Radolinsky von

Radolin und von der Gräfin Kessler ausgefragt zu werden. Es scheint schlecht zu stehen mit Europa ... usw.«

Unnötig hinzuzufügen, daß die Quais den Parisern jederzeit als Entschuldigung gedient haben, wenn ihre kleine Freundin sie allzu lange bei sich behalten hatte und die mit einem Spinoza unter dem Arm nach Hause kamen, in schönem Einband, irgendeinem unauffindbaren Marmontel oder irgendeinem der Bände der Comédie Humaine, von jenen, die von den besten Liebhabern von Paris gesucht sind.

Ich habe sogar einen Bouquinisten gekannt, der eine ganze Reihe Romantiker zur Verfügung eines Kunden in Vorrat hatte, der angelaufen kam, zahlte und im Galopp nach Hause rannte. Wenn man ihm einen Gautier oder einen Hugo abkaufen wollte, diesem braven Händler, so antwortete er:

»Unmöglich, dies ist für den Comte, der um fünf Uhr vorbeikommen wird und der so tut, als würde er seit dreiUhr nachmittags in meinen Kästen wühlen ...«

Place du Theatre-Français

Es sind die Autobusse, die den Platz des Théatre Français verwandelt haben. Eine Revolution, selbst eine Feuersbrunst – und es gab hier eine denkwürdige – hätten es
nicht besser gemacht. Die Place du Théatre Français, zu
der man mich einst als zu einem stillen, ein wenig feierlichen Platz an der Hand hinführte, ist heute ein Rangier-
bahnhof. Ein bewegliches Alphabet. Sie ist das Corbeil*
des Leitungsnetzes der Compagnie des Transports en
Commun.

Man verliert kostbare Zeit, um vom Finanzministerium
zu Molière zu gelangen und von den Grands Magasins
du Louvre zum Koffergeschäft, das die Ecke der Avenue
de l'Opéra bildet. Einstmals konnte man auf offener Straße plaudern; die Schachspieler und die Schauspieler, die
Mitglieder des Conseil d'Etat und die Schatten des Palais-
Royal fürchteten kein Hupen, kein Schleudern, keine po-
lizeiliche Verwarnung. Man war frei.

Doch hat dieses Quartier nichts Malerisches eingebüßt,
nichts von seinem pariserischen Aussehen, von diesem auf
der Welt einmaligen Gepräge und von seinen sehr französischen Gepflogenheiten. Es gibt keine Stadt in Europa, in
der sich diese Mischung von Prachtbauten und Läden, von
Ministerien und Restaurants, von Bourgoisie und Prosti-
tution, von Ernst und Ausschweifung vorstellen ließe, die
den Charme des Théatre Français ausmacht. Sie ist klein,
zusammengedrängt, ohne Anfang und Ende, ohne Achsen,
ohne gut gekennzeichnete Grenzen und unterdessen wissen

* Stadt, (Seine-et-Oise) (Anm. des Übers.)

der Spaziergänger oder Fremde nicht, wie sie es anstellen sollen, wenn sie um die Stadt herumgehen wollen.

Zudem ist jeder Meter vom anderen verschieden. Der Kunde der Civette* ist nicht der der Librairie Stock. Derjenige, der im Hôtel du Louvre absteigt, geht niemals in das Café de la Régence, zieht die Opéra der Comédie vor und kauft seine Bücher in den Bahnhöfen. Der Beamte, der seinen Apéritif im Rohan nimmt, würdigt das Univers keines Blickes. Der Blumenhändler des Theaters, der seinen Stand unter der Büste von Larroumet aufgebaut hat, inmitten von Göttertrümmern und Dekorationsbruchstükken, kennt die Frau vom Kiosk nicht und hat zweifellos noch nie seinen Fuß in den Saal gesetzt.

Ein ausgezeichneter Ort, um das Kommen und Gehen auf diesem Platz zu beobachten, der wie eine Manege erscheint und die Majestät eines Museums hat, ist das Café de l'Univers, das sich donnerstags durch seine Brandade** empfiehlt. Man kommt sich hier vor wie im Theater, nicht nur weil die Schauspieler vom Français hier rund um ein Sauerkrautgericht geheime Zusammenkünfte abhalten, sondern weil man von seinem Platz aus ein Schauspiel beobachtet, das niemals aufhört.

Im Hintergrund zeichnet sich die Fassade der Magasins du Louvre ab. Im Vordergrund erscheint der Boy des Hôtel du Louvre wie ein Souffleur. Links bemerkt man eine Muse, die Alfred de Musset auffordert, freundlichst von seinem Sockel zu steigen und darin einzuwilligen, einen Abend im Théâtre Français zu verbringen. Falls sie nicht als wütende Mätresse ihren Geliebten, der auf einer Bank seinen Rausch ausschläft, beschwört, sich beim Apotheker an der Ecke ein »antialkoholisches« Mittel zu besorgen. Man fragt sich, wieviele Architekten an diesem wohlgelungenen Komplex aus Palästen, Kolonnaden, Statuen,

* Tabakwarengeschäft   ** Stockfisch-Gericht (Anm. des Übers.)

Medaillons und Giebeln mitgewirkt haben. Die Bistrots, die Sattlereien, die Kupferstecher, das Café Gobillot, das ganz langgestreckt ist, wie in Autobusgang, das Haus für Pelzwerk und Strickwaren, das schon für die Schauspieler bestimmt zu sein scheint, beleben, ohne es unruhig erscheinen zu lassen, ohne den Frieden des Ortes zu stören, das Erdgeschoß dieses Platzes.

Im hinteren Raum des Restaurants frühstücken einige junge Autoren und machen unaufhörlich Glossen über den Beruf und rufen die Komödianten, die sie dort getroffen haben, zu Zeugen auf, wenden sich manchmal an die Kellner, die das Théatre Français in und auswendig kennen. Manche Gäste heben den Kopf, um mit dem Schoppen in der Hand oder der Zigarre zwischen den Lippen die zu sehen, die *La Parisienne, Hernani,* den *Médecin malgré lui, le Secret, le Cid* oder *Andromaque* spielen.

Seitdem es besteht, ist das Café de l'Univers mit Vorliebe, im Gegensatz zu den anderen, die nur Zuschauer empfingen, der Treffpunkt der dramatischen Autoren gewesen. Ich habe dort berühmte Männer gesehen, von denen man nicht mehr spricht. Ich habe wie auf einer vertraulichen Probe famose Stichworte gehört, welche die Beteiligten unter sich probten, bevor die Stücke in das Repertoire aufgenommen wurden.

Die jungen Autoren besuchten immer das Univers und die Schauspieler auch. Hierher kommen auch diejenigen, die auf dem Boulevard spielen und die der Schatten des Théatre Français anzieht, denn das Haus gehört ihnen ja auch ein wenig. Ich habe hier Stève Passeur gesehen, oder Marcel Vallée, der mich über Littré nachsinnen läßt, oder Alcover. Aber die jungen Autoren, über denen das Füllhorn des Kinos schwebt und die viel stärker an der Politik und den sozialen Mißständen Anteil nehmen, als man es früher tat, scheinen mir weniger Zecher, weniger starke Esser zu sein, weniger gewissenhafte Kerle, als ihre Vorgänger.

Dieses Café ist, was die Kundschaft betrifft, zu gewissen Stunden sehr sonderbar. Wieviele Provinzlerinnen, wieviele Pariserinnen gedulden sich hier vor einem Crème oder einem kleinen Portwein, um sich im Augenblick des Schlusses einer Vorstellung unter die Arkaden des Theaters zu stürzen. Es handelte sich unlängst darum Bartet zu sehen, de Max, Berthe Cerny, von deren Hüften Generationen von Sorbonnards und Polytechniciens träumten. Heute handelt es sich darum, Pierre Bertin, Marie Bell, Mary Marquet, Jean Weber oder Madeleine Renaud auf einen Meter, einen Daumen breit nahe zu sein. Wenn man lange genug zu Ehren eines berühmten Pensionärs* oder einer Pensionärin auf und ab spaziert, so ist der Schauder, der die Gaffer überläuft, der gleiche, der Bewunderungsäußerungen bei jenen ankündigte, die Mounet-Sully erwarteten ...

Mounet-Sully war ein Gott, eine Art Victor Hugo des Volkes, ein Schauspieler, der oberhalb der Menschen lebte. Arquillière drang eines Tages mit einem Empfehlungsschreiben versehen in seine Loge ein. Es war die schönste Minute seines Lebens. Er traf den Meister beim Schminken an.

»Wie heißen Sie? fragte Mounet-Sully.

– Arquillière.

– Arquillière!« wiederholte der große Schauspieler, indem er fortfuhr sein Kinn vorzustrecken und vor seinem Spiegel einen langen Hals zu machen.

Die Unterhaltung des Genies und des Debütanten war nichts weiter als anhaltendes Schweigen und eine Folge von kleinen Bewegungen. Der Jüngere wünschte sich zehn

---

* Die Schauspieler und Schauspielerinnen des Théatre Français erhalten eine Pension (Anm. des Übers.)

Klafter tief unter die Erde. Schließlich, als man es ihm nicht ermöglichte, zur Sache zu kommen, faßte er den Entschluß, sich unauffällig zurückzuziehen. Er hatte kaum zwanzig Schritte gemacht, als er hörte, wie er mit Donnerstimme gerufen wurde:

»Arquillière! Arquillière!«

Der junge Mann nahm vier Stufen auf einmal und stürzte in die Loge, die er gerade verlassen hatte, unglücklich darüber, daß er so schnell und ohne sich zu entschuldigen weggegangen war.

»Wer sind sie? fragte Mounet-Sully.

– Ich bin Arquillière ... sie haben mich gerufen ...

– Aber nein, murmelte Mounet-Sully, ich mache Stimmübungen. Arquillière, das ist sehr klangvoll.«

Und er fuhr fort, den Namen Arquillière in allen Lautstärken auszusprechen.

Die Schauspieler von heute hegen nicht die gleiche, mit Furcht gemischte Bewunderung für ihre großen Vorgänger. Es ist wahr, daß es keine großen Vorgänger mehr gibt und daß die Filmstars Verwirrung gestiftet haben und sonderbarerweise die Zahl der bewunderungswürdigen Schauspieler vergrößerten. Allein die Masse, eine ehrfürchtige Masse, die Achtung vor der Tradition bewahrt, die nur ein Auge für das Kino hat, ein Ohr für das Konzert, bewundert weiter heimlich diejenigen, die klassische Verse zu sprechen wissen, und mit Leidenschaft die Szenen des modernen Theaters verkörpern. Man hätte den Empfang sehen sollen, der Féraudy bereitet wurde, als er *Les Affaires sont les Affaires* spielte.

Diese Gaffer hegen für die Komödianten die fast sektiererische Bewunderung, die Amateurradfahrer für die Champions des Vel d'Hiv'* oder des Tour de France-Rennens haben, die jungen Boxer des Faubourg Saint-De-

* Vélodrome d'Hiver (Anm. des Übers.)

nis für die Asse des Ringes, die das Flugzeug nehmen, um miteinander zu kämpfen, die Rennplatzbesucher für die Jockeys, die Bürgermeister auf dem Lande für den Deputierten des Kuhdorfes, der Minister wird.

Ich bewundere diese Gefühle, weil sie ungemischt sind, wie die der Concierge des Théatre-Français, welche die Ehre hat, der Ankunft und dem Aufbruch der großen Hauptdarsteller des Etablissements beizuwohnen und zu sehen, wie sie ihren Schlüssel in das Fach tun oder ihre Perücke auf den Tisch, damit man ihr für den nächsten Tag eine Wasserwelle legt.

Diese ganze Seite des Platzes steht »im Zeichen« des Louvre, die Fahnen, die man bemerkt, sind die der Magasins du Louvre und diese harmlosen Aufrührer, die man in der Ferne sieht, das sind die Bataillone der Kundschaft des Louvre.

Stock hat auch seine glühenden Verehrer und die Civette* die ihren. Diese blättern begierig in irgendwelchen Sexual-Ratgebern für die Jugend oder in den ›Dix Commandements du Constipé‹** während sie so tun, als interessierten sie sich für die *Voyage en Orient* von Gérard de Nerval. Jene prüfen die Zigarren und schnuppern daran, bevor sie sie in den Mund stecken, jeder versucht zu zeigen, daß er ein größerer Kenner ist, als sein Nachbar.

Aber biegen sie um die Ecke der Comédie, gehen sie an diesen Grenzbahnhofseinzäunungen vorbei, wo man, wenn man pleite ist, Schlange stehen muß, um *Electre*, *Ruy Blas* oder *Monsieur de Pourceaugnac* zu sehen, lenken sie ihre Schritte zur Rue Montpensier, eng und gespenstisch wie ein Graben, wo sie ein anderes Schauspiel erwartet. Es hat äußerlich nichts mit dem Théatre Français gemeinsam und doch ist es ohne dieses nicht zu denken. Bei

* Tabakwarengeschäft   ** Zehn Gebote bei Verstopfung (Anm.
                             des Übers.)

Tage, wenn selten ein Spaziergänger kommt, bei Nacht, wenn die Vorübergehenden zahlreich sind, aber nun im verständnisinnigen Schatten der Säulen und beinahe unter dem Schutz des Institut de Coopération Intellectuelle, werden sie von den Liebesverkäuferinnen in einer Sprache angesprochen werden, die etwas bühnenmäßiges hat. Sie versprechen kein Vergnügen, das ›klassischer‹ wäre als jene von Notre-Dame-de Lorette oder von der Gare Saint-Lazare, und doch kann man nicht umhin, bei ihnen ein gewisses Etwas, eine Würde zu finden, die auf den Einfluß der ersten Nationalbühne hindeutet. Die spöttischen Reden, die sie führen, um ihrem Ärger Luft zu machen, wenn das Geschäft schlecht geht, die Leidenschaften erkalten läßt, sind aus dem Wortschatz des Hauses übernommen und die Worte: Vollpensionär, Four*, M'as-tu-vu**, kommen in ihren Zornausbrüchen vor...

Diese Damen sind es übrigens nicht allein, die den Ort malerisch erscheinen lassen, der seinen ganzen Reiz und seine Würze den Geschäften verdankt. Man entdeckt, gewissermaßen in Anlehnung an den Theaterzettel, der uns im Collège in Aufregung versetzte, die verschiedensten Gewerbezweige, die unerwartetsten: Neben einem Hersteller von Toupets und falschen Bärten, dessen Anwesenheit nicht zu erörtert werden braucht, hier ein Händler mit Apparaten zur Herstellung von Joghurt im eigenen Heim, ein Künstler, der Pfeifen und Zigarettenspitzen im Barockstil anfertigt, ein Laden mit Armblättern, Slips, Cache-sexe, Hérissons japonais***, Strumpfbändern und diversen Produkten.

Die Illusion, sich irgendwo in der Provinz aufzuhalten und zwar in einem Kurort, ist sekundenlang so stark, man

---

* durchgefallenes Stück, Mißerfolg   ** eitler, schlechter Mime
                                           (Anm. des Übers.)
*** durchlöcherte Keramik zum Halten der Blumen in der Vase

entdeckt im Garten des Palais-Royal, von Kapitälen bedrängt, die der Abrißarbeiter gerade hinunterwerfen will, Düfte, eine Stille, eine Art Gleichschritt bei dem Spaziergänger, die nur aus Pougues oder Uriage sein können. Die automatische Waage macht diesen Traum vollkommen.

Man muß sich beeilen zu der wunderbaren Waffenhandlung der Rue Montpensier zu kommen, um in die Wirklichkeit zurückzufinden. Die Luxuskarabiner, die griffigen Messer für Landjunker, die Brownings für vornehme Unruhstifter, die Klingen, die Dolche für die Wildschweinjagd, die hier wie im Museum ausgestellt sind, können nur aus Paris sein, der Stadt der Verbrechen aus Leidenschaft, der Messerstechereien. Sie geraten in Ekstase vor diesem Verkaufslager von Mordinstrumenten und der Händler steigert diese Erregung noch, indem er ihre Aufmerksamkeit auf Schießscheiben lenkt und sie darauf hinweist, daß das Haus das Ausstopfen der verschiedensten Tiere übernimmt und die Ehre hat, die ›Anciens Combattants‹ zu beliefern.

Am Anfang der Rue de Richelieu, die uns zur Avenue de l'Opéra zurückführt, und von wo man aufs neue die ganze Place du Théâtre Français mit ihren rasenden Autobussen überblickt, ist es ein kleines Geschäft mit Orden, genauso prächtig wie ein Album, was die Aufmerksamkeit des Gaffers erregt. Die Schauspieler und die Angestellten der Comédie denken also nur an die Légion d'honneur, an den Milan d'Or, an die Etoile noire de Bénin? Aber aus welchem Grunde nennt sich dieses reizende kleine Museum, wo alles zu sehen ist »A Marie-Stuart«?

Die Kreuze und die Medaillen haben als Nachbarschaft bei dem Händler nebenan alle Einzelteile der Ausrüstung! Den Sattel und das Beiwerk, den Dreispitz, die Offiziershose der Garde républicaine und das Pferd aus Stahlrohr, das einem modernen Bürosessel ähnelt, entzünden ein

Feuerwerk in der Straße und geben ihr einen kleinen Anstrich von Music-hall. Endlich das, was den Bummler, für den das Théatre Français von einer gewissen Atmosphäre umgeben sein muß, zuhöchst entzückt, der Händler mit Zeltausrüstungen, Gerätschaften für Boy-scouts, Missionare, Siedler, Pioniere verschiedener Art, der sich nicht scheut, die Passanten mit der Ausstellung einer Lampe für Tunnel, Stollen oder Vulkane zu beunruhigen, die sich »La Lumière pour toute la Vie« nennt.

Diese Schaufenster sind es, die diesem Platz seinen unschätzbaren Wert verleihen, in einem Paris, das sich heute ohne Methode verwandelt. Die Bevölkerung läßt es über sich ergehen, obwohl sie reich an sonderbaren Gestalten ist, die man sich in den oberen Rängen des Theaters vorstellen könnte, in den Kellern des Finanzministeriums oder in den Grands Magasins du Louvre: Wächter, die mit der Wartung der Fontänen betraut sind, Souffleure, Maschinisten, Oberkellner, Angestellte in Buchhandlungen, Apothekerlehrlinge.

Diese kleinen Leute trinken ihr Glas im Stehen und tauschen Geheimnisse aus, die man nicht überall zu hören bekommt. Schrullen des Verwaltungsdirektors der Finanzen, Liebschaften der Hauptdarstellerin, Projekte für neue Spielsachen zum nächsten Weihnachtsfest. Diese Gespräche überraschen den Fremden, der sich manchmal in die Kneipen des Platzes wagt und ärgern ihn, er hat das Gefühl, nicht an der richtigen Stelle auf die Welt gekommen zu sein. Ich hörte eines Tages einen von ihnen, als man in seiner Gegenwart nicht aufhörte von der Sorel zu sprechen, ausrufen:

»Was denn? Eine Frau ist immer eine Frau!«

Pariser Ghetto

Es ist, um es genau auszudrücken, kein Ghetto, das sich mit denen in Polen, Rumänien oder Holland vergleichen läßt, es ist ein kleines Gebiet, begrenzt von der Rue du Roi-de-Sicile, der Rue Ferdinand-Duval, der einstigen Rue des Juifs und der Rue Vieille-du-Temple, und dessen Zentrum sich an der Ecke der Rue des Ecouffes und der Rue des Rosiers befindet, wo die Librairie Speiser geöffnet ist, der Treffpunkt aller Juden der Welt. Stefan Zweig reiste niemals über Paris, ohne dieser Buchhandlung einen Besuch abzustatten. Trotzky hat hier öfter gesessen. Ich bin gerade hereingekommen, um hier vom Tode Zuckermanns zu hören, der an dieser Stelle vor dreißig Jahren ein ausgezeichnetes Restaurant besaß, wo wir vor dem Kriege hingingen, Charles-Louis-Philippe, Michel Yell, Chanvin und ich selbst, von einem Eau-de-Vie angelockt, das nach Veilchen schmeckte und das der Sohn des Besitzers uns zuvorkommend wie ein kleiner Herr servierte.

Heute scheint die Librairie Speiser dem Quartier mehr zu nützen, als das Restaurant des Père Zuckermann. Sie bietet einer andersgearteten Kundschaft die größte Auswahl jiddischer Platten an, die sich in Paris befindet, Porträts des rätselhaften Rambam, eines Sprachgelehrten, der in Spanien lebte und dessen achthundertsten Geburtstag die jüdische Welt demnächst feiern wird, Photographien von Intellektuellen und Schriftstellern, mit seinen zehnprozentigen Gewinnanteilen der Loterie Nationale, die man aus allen vier Ecken von Paris unter dem Vorwand, daß sie durch israelitische Hände gegangen sind, zusammengekauft hat, eine gute Auswahl hebräischer Literatur, aus den U.R.S.S. importierte und garantiert handgearbeitete Hauswäsche, schließlich eine Limonadenpalette, purpur, seladon, chromgelb, zinnoberrot, salatgrün, große Glasröhren in denen man sich ein Ludion* wünschen würde, und die von weitem aussahen, als drehten sie sich kindlich, wie ein Karussell für Zwerge . . .

Dieses Geschäft, das unter freiem Himmel sein könnte, erinnert mich an diese Unterpräfekturstationen, wo jeden Abend zur Zeit des Apéritifs die Honoratioren, die Müßiggänger und Beamten zusammenkommen. Hier sammelt man sich auch für den Feierabend. Alte Juden, wie man sie nur in Bydgoszcz, Zlatana oder Milowek trifft, schleichen sich am Abend zu den Büchern. Man wundert sich, sie in Paris zu sehen, in Schafpelze gehüllt, die am Boden schleifen, mit der Schläfenlocke, dem öligen Haar, der zitternden Hand. Diese, die in Frankreich freier sind als überall sonst, verachten den Anzug der Christen. Überbeschäftigte und Träumer, wandeln sie im Schmutz des Ghettos auf und ab, kleine Käppchen mit kurzem Schirm auf dem Kopf, in Lumpen gewickelt, in lange Rabenflügelgehröcke, finstere Leviten. Mit tiefliegenden, traurigen, verlorenen Augen, rosigem Teint, erschreckend manchmal, die Ohren riesengroß, der Körper gebeugt, hinkend, einäugig, neun von zehnen tuberkulös, so trödeln sie von einem Laden zum andern, flüstern, schleichen, sind grenzenlos faul, gehen vor den Pâtisseries und den nach Salzlake stinkenden Gemischtwarenhandlungen dieses Quartiers hin und her, wo sich einst die Musketiere duellierten.

Journalisten aus London oder Berlin strengen sich manchmal sehr an, um sie zu photographieren. Aber die Greise

* Physikal. App. zur Beobachtung der verschiedenen Lagen von Körpern unter Wasser (Anm. des Übers.)

werden sogleich erstaunlich beweglich. Wie Hyänen muß man sie umzingeln. Einem besonders erfolgreichen Journalisten gelang es, ihn ganz zufällig zu schnappen, ihn zwischen zwei Bücherberge zu quetschen und ihn mit Leicablitz zu »knipsen«. Der Alte bewegte sich sofort, warf seine Arme nach vorn, versuchte, sich den Apparat anzueignen und ließ sich auf die Straße fallen, wobei er alle seine gleich alten, gleich verdreckten Genossen mit dem Geheul eines verendenden Ungetüms herbeilockte.

Aufgeputzt mit Perücken aus Seide oder Haaren, geschminkt, oft tätowiert, kränklich, fett, zum fürchten häßlich, heben und senken rätselhafte Frauen ihre breiten Lider über diese vermischten Nachrichten, die auf dieses Stück jüdische Erde in Frankreich nur die Blitze Israels herabrufen können. Man bemerkt jedoch hin und wieder in diesem Magma alter Körper irgendeine strahlende Schönheit. Wahre Gazellen mit Wangen, wie aus duftendem Wachs, Töchter der Shéhérazade, Sultaninnen mit den Augen junger Adlerweibchen, die den Passanten in Träume versenken. Man dreht sich um: sie sind schon in ihrer schwerfälligen Familie untergetaucht. Diese fremdartigen Jungfrauen sind ebenso von den Literaten der Begegnung als charakteristische Typen gesucht, die als Buchillustrationen geeignet sind, aber sie fliehen, wie die Chassidim, vor dem Objektiv, sie würden eher sterben, als gegen die Vorschriften zu verstoßen, die in den Gesetzesrollen eingezeichnet sind.

Es gibt keine Judenfrage in Frankreich, wenigstens nicht im Bereich des Ghettos, dessen Bewohner zu sehr damit beschäftigt sind, die wechselseitigen Vorzüge und die Einzelheiten in der Heiligkeit ihrer Sekten miteinander zu vergleichen. Die meisten von ihnen sind übrigens liebenswürdige, überaus angenehme solide Geschäftsleute, verurteilen die Faulheit und den Schmutz der aus Galizien und der Ukraine eingewanderten aufs schärfste, deren Aufzug und deren Gewohnheiten für ihr Empfinden dem ›Auserwählten Volke‹ erheblichen Schaden zufügen. In der Rue des Rosiers gilt die Regel, *sich* täglich etwas *zu okzidentalisieren.* Die Polizei in Warschau, wo der Jude sehr häufig ist, verfügt augenblicklich über geschickt konstruierte Spritzenautos, die schnell, staatlich und antisemitisch sind. Sie läßt es sich nicht entgehen, die Studenten oder jüdischen Gewerkschaftler triefend naß zu spritzen, bei dem geringsten Anflug von schlechter Laune. In Frankreich gibt es nichts dergleichen. Antisemitische Kräfte haben wohl kürzlich versucht, das Quartier der Juden zu besetzen. Aber der Pariser Jude ist beherzt und hat es anläßlich dieses Überfalls deutlich gezeigt.

Sicherlich gibt es eine jüdische Minderheit, die das Ghetto in Paris, genau wie in Wilno oder Cracovie, eines Tages verläßt, die jene schmutzigen Lager meidet, sobald sie reich geworden ist, Equipagen kauft, sich in London kleidet, diverse Trains Bleus benutzt und sich in den Spielkasinos zeigt. Aber sie wird diesen glänzenden Dekor der ersten Schritte bald über haben und kehrt oft zu jenen Energiequellen zurück, die Chirurgen, Pianisten, Bankiers und bisweilen große Wähler hervorbringen, wie Baruch, den Finanzminister der demokratischen Partei in den Vereinigten Staaten, den Mann Roosevelts. Weshalb sollte man nicht wirklich Heimweh nach einem Ghetto verspüren, wenn man aufrichtig Jude ist, wenn dieses Quartier auch winzig wäre, wie das Pariser Ghetto, dessen malerische Zurückgezogenheit den großen Zentren in nichts nachsteht. Hier, wie wo anders auch, heißen die Fleischer Simon Klotz, die Tuchhändler Hirschfeld, die Matze der Rue des Ecouffes ist die beste des Kontinents, die einzige echte, weil sie unter der Aufsicht des Großrabbiners hergestellt ist, der sich von einem anderen Rabbiner helfen läßt.

Abfälle faulen in den Gräben zwischen schwächlichen Kindern und räudigen Katzen. Ein Geruch von Krapfen, warmen Lendenstücken und Porrée zieht in der Höhe der Erdgeschosse vorbei. Gestalten, in Gewändern, die mit Tressen garniert sind, huschen durch die engen Straßen und versorgen sich in den Librairies-Restaurants mit Fruchtsäften oder den Filzschuhen der Muschiks. Selten sind die Taxis, die sich in diese lärmende, unordentliche Gegend wagen. Alle Juden eines Ghettos kennen sich, belauern sich, verbringen ihr Leben mit dem vorsichtigen Spiel auf dem Felde der Habsucht: Keiner von ihnen würde seinesgleichen den Beweis eines Verrates, einer Schwäche liefern. Derjenige, der den Wunsch äußert, sich fahren zu lassen, ist schon für den Aufbruch zu den Champs-Elysées, zur Politik oder zu großen geschäftlichen Unternehmungen gestempelt.

In der Erwartung dieses Wunders hockt die Bevölkerung geduldig und in ihr Schicksal ergeben auf den Bürgersteigen, träumt vor den Schaufenstern mit Gebetbüchern, Mysterien des Talmud, die unter dem Glas der Vitrinen an Teppiche erinnern, mit den Romanen über Liebe oder Sport in hebräischer Sprache, deren Buchstaben Zeichnungen von Gittern ähneln, Formen von zweischneidigen Beilen, von Artischocken, von Degengriffen. Die eifrigsten kaufen bei dem Händler mit Fetischen und Räucherpfannen diese Amulette, die Zahnstochern gleichen, Mezuzas genannt, die man zu Hause neben der Eingangstür anbringt, so daß man sie immer vor Augen hat, jederzeit, und vor allem, wenn man zu später Stunde in eine elende Behausung zurückkehrt, wo das Geld und die Liebe mangeln.

Am Morgen machen sich bärtige, faltige Greise ohne sich umzublicken auf den Weg zur Synagoge, halb Genie, halb Ängstlichkeit, große, gebückte und in Gedanken verlorene

Wanderer, die man für boshaft und schlau hält und die zugleich so aussehen, als schleppten sie Heimwehlasten und als bewahrten sie Geheimnisse, als seien sie ehrwürdige Händler, die aus irgendeinem holländischen Museum entlaufen sind, wie Oberhäupter, und das jüdische Proletariat der Rue des Rosiers betrachtet sie mit Neid und Bestürzung, weil sie weise und reich sind.

Für den Christen, den die Sache der Juden beunruhigt, ist ein Ghetto immer voller Rätsel. Dasjenige von Paris ist mit entzückenden Ladenschildern geziert, mit Anpreisungen jiddischer Pensionen in Deauville, Plakaten, die sich auf irgendein jüdisches Theater beziehen, hervorgehoben durch Eisenbeschläge und Bauornamente. Es ist ein menschlicher Bereich voller Schmutz und Glanz, farbig, grell, gemustert, gestopft voll von heimlichen Schätzen, sonderbaren Ansammlungen, von wo Höfe und häßliche, kotige Gäßchen ausgehen, Stiegen stinkender Häuser von Geschäften gesäumt, deren hebräische Aufschriften eine ebenso vertrackte wie dunkle graphische Landschaft bilden. Aber das Pariser Ghetto, so wie eine Räude in das Arrondissement, das es umgibt, eingefressen, erträgt auch muffige Gerüche der Geschichte.

Die Rue du Roi-de-Sicile, mit diesem Namen für balzac'sche Verbrechen, setzt sich fort und gleitet in einen fernen Horizont der Trübsal. Hinter der berühmten jüdischen Bäckerei, wo die Liebhaber und Eingeweihten aus allen Quartiers von Paris hingehen, um Kuchenspezialitäten zu kaufen, die besten, die man bekommen kann, und in den seltsamsten Formen, werden die Geschäfte und die Restaurants seltener. Es sieht so aus, als gähnte die Straße vor Erinnerungen. Sie biegt ganz plötzlich, in einer Art Todesangst ab, und stürzt sich in die Rue Malher, die sich Rue des Balais nannte, als sich die Septembriseurs* eines

* Mörder in den Schreckenstagen v. 2.–6. Sept. 1792 (Anm. des Übers.)

Morgens vor der Prison de la Force versammelten, die sich an der Ecke des Faubourg Saint-Antoine befand, alle Gefangenen niedermetzelten, die Prinzessin de Lamballe köpften, ihren Kopf auf eine Pike spießten, ihn manchmal in den Ecken bei den Schankwirten, wo sie rasteten, vergaßen, zum Palais-Royal marschierten, ihn bis zu den Fenstern eines Saales hinaufhoben, wo ihr Geliebter mit seinen Freunden Karten spielte.

Die wunderbaren, degenerierten Mädchen der jüdischen Masse, die in der Rue Pavée auf der Lauer liegen, träumen vielleicht von dieser entsetzlichen Erinnerung, während sie mit ihren länglichen grünen Augen nach den Geflügelplatten irgendeines israelitischen Bistrots schielen, wo alte Trunkenbolde sich nur das Eine wünschen: in einem freien, unbelasteten Vaterland zu sterben, das die Pogrome nicht zuläßt ...

Das Marais

Ganz jung habe ich erfahren, was der Glanz des Marais bedeutete, als ich eines Tages einen alten Literaten in das Hôtel Soubise, wo heute die Archives Nationales aufbewahrt werden, begleitete, der dem Oberaufseher die Hand drücken wollte und einen Blick auf einige unvergleichlich schöne, unvergleichlich hoch bewertete Stücke werfen wollte. Es ist einem nicht genügend bekannt, daß Frankreich durch den Etat zur Förderung seines öffentlichen Inventariums an der Spitze der anderen Länder steht. An jenem Tage wußte ich das noch nicht und ich wußte ebensowenig, daß ich in den Sälen des Musée Paléographique et Sigillographique von Paris eine Sammlung von Dokumenten finden sollte, die mich erschauern lassen würden.

Die Erinnerung an diesen ersten Choc ist meinem Gedächtnis noch gegenwärtig. Um meine Verwunderung und seine Überlegenheit besser auskosten zu können, da er die Vorliebe hatte, wohlüberlegte Erläuterungen zu geben, zeigte mir der gute Mann in Bausch und Bogen und wie aus nächster Nähe die Kostbarkeiten dieses Ortes: das Edikt von Nantes, die Erklärung der Menschenrechte, das Testament von Louis XVI., den letzten Brief der Marie-Antoinette, das Protokoll der Hinrichtung von Louis XVI., das berühmte Décret de Moscou, das immer noch gültig ist; Briefe, Testamente, die Merowinger betreffende Dokumente, das Grand Siècle, die Révolution: der Tisch mit Bronzebeschlägen, auf den der verwundete Robespierre gelegt wurde. Durch diesen Überfluß auf den Geschmack gebracht, bat ich, das Kodizill zum Testament Napoléons sehen zu dürfen, von dem ich Freunde meines Vaters hatte sprechen hören. Aber der Panzerschrank der Archive öffnete sich an jenem Tag nicht für uns. »Weil Du dafür noch zu jung bist«, flüsterte der greise Literat.

Die beiden ovalen Salons des Hôtel de Soubise und das Zimmer der Prinzessin dienten dem ganzen einstigen Europa als Modell: Das sind übrigens die reinsten Dokumente, die wir über den französischen Geschmack und über die ornamentale Kunst der Renaissance besitzen. Es gibt nicht eine Wohnung der alten Welt, würdig dieses Namens, die nicht durch irgendein Detail an die Zeichnungen von Boffrand, die Fassade von Delamair, die Scherenschnitte von Lemoyne, die Feinheiten van Loo's oder Boucher's erinnert. Indem wir die Rue Francs-Bourgeois verließen, sagte mein alter Archivar zu mir, daß er das Hôtel de Soubise als das bewunderungswürdigste Haus der Welt betrachtete. Da er jedoch aus »dem Marais« stammte, mußte er dieses Kompliment vor einer beträchtlichen Anzahl von Häusern wiederholen, die aus diesem Quartier eine Art Kunststadt in Paris machen.

Das Marais besteht aus dem östlichen Teil des dritten Arrondissements und der Place des Vosges und ihrer Umgebung, die zum vierten gehört. Es ist eine Provinz, deren Grenzen hinlänglich bekannt und ganz augenscheinlich sind: die Kirche Saint-Gervais und die Archives de l'Est, die Seine, der Boulevard Henri-IV im Süden; im Norden die Kirche Saint-Denis, du Saint-Sacrement und der Boulevard Beaumarchais. Bevor es ein echtes Museum alter Häuser war, eins immer glänzender und vornehmer als das andere, bevor es das einzige Quartier von Paris war, das den Vorzug hatte, Stilproben aus allen Epochen Frankreichs zu vereinigen, war das Marais ganz einfach ein Marais*. Am Ende des XVI. Jahrhunderts bestand das

* deutsch: Sumpf (Anm. des Übers.)

Gebiet aus Gemüsebeeten, welche die Seine mit Schlamm bedeckte, wenn sie nur im geringsten über ihre Ufer trat. Dieser Teil von Paris war mit Binsen, langstieligen Gräsern, Weiden und Vermouth bedeckt. Ein starker Geruch von Minze ging hier den Puderdüften der Marquises des XVII. Jahrhunderts und der Muffigkeit, die hier seit der III. Republik herrscht, voraus. Zwei große, von den Römern gebaute Straßen teilten diese sumpfige Kolonie, die Straßen de Senlis und de l'Est, welche die Pariser eines Tages die Rue Saint-Martin und die Rue Saint-Antoine nennen sollten. Doch der Platz war liebenswert, heiter, die Erde erschien fruchtbar. Die ersten Bewohner zögerten nicht, sich am Küstensaum der Seinearme niederzulassen, Häuschen zu bauen und hier eine Kirche zu errichten, die keine andere war als Saint-Paul. Der frühere Pfuhl sollte in wenigen Jahren ein aristokratisches Quartier entstehen lassen, wie man wenige in Europa sieht, und die Geschichte Frankreichs hierherlocken, von der Galanterie bis zum Meuchelmord.

Es brauchte dicke Wälzer und Bibliotheken, um die Geschichte des Marais zu erzählen, das durch alle seine Steine so zutiefst französisch ist, so verbunden mit den Launen der Geschichte, daß die Nachlässigkeit der Menschen und der Fortschritt des Städtebaus hier nicht den geringsten Schaden angerichtet haben. Nichts hat sich weniger verändert, als die Häuser der Rue des Guillemites, der Rue de L'Ave-Maria, der Rue Barbette oder der Rue des Lions. Heute wie gestern könnten die Besitzer in ihre Häuser zurückkehren, ohne allzu sehr überrascht zu sein. Es scheint so, als hätte man hier den Fortschritt mit Tropfenzählern verteilt, aus Scham, aus Angst vor dem Modernen. Jemand, der das Hôtel de Villedeuil erworben hatte, das im XVIII. Jahrhundert lange von einem merkwürdigen Doppelgänger Louis XIV. bewohnt wurde, dem Marquis de Dangeau, sagte zu mir: »Da ist so wenig Elektrizität, daß es offen gestanden besser sein würde, für immer bei den Kerzen zu bleiben.«

Ich habe kurze Zeit nach dem Kriege eine sehr hübsche amerikanische Dame, die von seinen prunkvollen Wohnsitzen begeistert war, ganze Tage im Labyrinth des Marais begleitet: Hôtel Lamoignon, Hôtel Lefèvre d'Ormesson, Hôtel de Châlons-Luxembourg, dessen Tür unvergeßlich ist, Hôtel d'Antonin d'Aubray, Hôtel de Fleury... Kurz, sie träumte davon. Aus dem Traum machte sie einen Sprung zu den Grundstückmaklern und erklärte ihnen in meiner Gegenwart, daß sie unbedingt ein Haus »mit Rampen, Bas-reliefs, Eingangstürmchen, Gesimsen, Steintreppen, Kerzenputzer usw.« kaufen wollte. Das Unglück ist, daß die Häuser, auf die sie ein Auge geworfen hatte, meistens von Schulen der Stadt Paris eingenommen wurden, von Pfandleihern, Museen, Bronzierern, krummen, kurzsichtigen Notaren, von Gesellschaften, von Behörden oder Privatleuten, die um nichts in der Welt ihren alten Plunder aufgeben wollten. »Aber, sagte sie, weil ich nun einmal die Absicht habe, weil ich mir vorgenommen habe, alle Welt zu mir einzuladen? Ich will Empfänge geben, wie im Grand Siècle. Wie la Reine Margot.« Sie hatte beschlossen, mit ihrem Charme und ihrem Geld alles zu erreichen, sogar in einer Stadt wie Paris, wo die Behörden langsam und gleichgültig sind, sie faßte den Entschluß, dem Marais von oben her zu Leibe zu gehen, das heißt, durch die Regierung, und machte sich daran, Minister, Archivare und Botschafter an ihre Tafel in einem Palast zu bitten, wo der förmlichste der Menschen mit Vergnügen hingeht.

Eines Abends sagte ihr ein Diplomat, der über die inständigen Bitten der Dame erbost war, die nicht aufhörte ein Haus im III. Arrondissement zu beanspruchen, weil sie damit in ihrer Familie »Histoire« machen wollte, mit der ernsthaftesten Miene der Welt: »Ich habe endlich ein Haus gefunden, das zu verkaufen ist. Es ist einer der am meisten mit Vergangenheit erfüllten Wohnsitze, die Sie erwerben könnten. Das Beste Frankreichs hat hier geschlafen, geliebt, gespielt, gemordet. Könige, Prinzessinnen, Herzöge. Alles was Paris Hochtönendes, Vornehmes, Edles, Kostbares hat, findet sich hier wie durch Zauberei vereint. Schließlich möchte ich hinzufügen, liebe Freundin, daß ich den Verkauf dieses Schatzes vermitteln würde. Wir könnten uns jetzt gleich in einem kleinen Salon über den Handel einig werden.« Rot vor Genugtuung erklärte die junge Amerikanerin, die glaubte, daß es zwischen einem Perlenhalsband, einem Wagen und einem alten Pariser Wohnsitz nicht allzu viel Unterschied gab, daß sie bereit sei einen Scheck auszuschreiben und daß sie beabsichtigte, schon am nächsten Tage einzuziehen. »Es sind zweihundert Milliarden«, sagte der Diplomat sehr ernst zu ihr. Seit diesem Tage hat meine arme Freundin niemals wieder den Wunsch geäußert, in einem Haus des XVI. Jahrhunderts zu leben ...

Das Meisterwerk des Marais der hundert Häuser, den tausend kleinen verschachtelten Straßen, so finster, so gewunden, so seltsam benannt, so feindselig gegenüber dem modernen Verkehr, daß die Taxis sich hier nur fluchend herwagen, das Meisterwerk dieses alten, so vollendeten Paris ist die Place Royale, heute Place des Vosges genannt, zu Ehren des ersten französischen Departements, das im Jahre VIII seine Steuern entrichtete. Es steht ein großer Gedanke hinter dieser Belohnung, und, wegen dieser für den Staatshaushalt schwierigen Zeit, sollte man wohl daran denken, eine Medaille oder einen Tabakladen für den ersten Franzosen zu stiften, der jedes Jahr seine Steuern bezahlte, ohne zu mogeln ...

Das erste Haus der Place Royale stammt von 1605 und diente den Unternehmern der Seidenmanufakturen als Behausung. Als Henri IV. eines Tages hier vorbeikam, hatte er den Gedanken, neben dieser ersten Wohnung andere, vollkommen gleiche Bauten aufführen zu lassen, die als Ganzes einen viereckigen Platz bilden würden. Zuerst befaßte sich Henri IV. damit, über die Konstruktion der beiden Gebäude zu wachen, die die Achse des Platzes bilden würden und keine anderen waren, als der Pavillon du Roi und der Pavillon de la Reine. Dieser hübsche Komplex rosafarbener, stiller, einladender und vornehmer Häuser nimmt den größten Teil der einstigen Gärten des Hôtel des Tournelles ein, noch eines berühmten Hauses, in dem Henri II. von Montgomery tödlich verwundet gestorben ist ... Marie de Médicis, die Florentinerin, die den Sinn für Harmonie und Größe hatte, weihte 1612 die Place Royale ein. Von einem Tag zum anderen stürzte sich das elegante Paris darauf, ließ sich häuslich nieder, promenierte hier und gab hier Feste.

Nichts ist heute weniger elegant als diese Landschaft aus Dachziegeln in Verbindung mit Steinen, als diese verheißungsvolle Säulenanordnung, die weder zum Füllfederhalter, noch zum Bugatti, noch zu der wenig verhüllenden Wäsche der Mondänen von 1939 paßt. Die Gaffer müssen ihren Kopf mächtig anstrengen, um ohne Schauder zu begreifen, daß Madame de Sévigné Place des Vosges geboren ist, daß später Marion Delorme, Richelieu, Dangeau, Victor Hugo diese kleine Stadt in der Stadt, die feine, zarte Arkaden stützen, bewohnen würden. Kann man sich heute vorstellen, daß Louis XIII. sich hier hat trauen lassen, mit einem Zeremoniell, einem Glanz und in einem Aufwand von Farben, Waffen, Helmbüschen, die uns im einzelnen und in ihrer Genauigkeit nur noch durch ein im Carnavalet aufbewahrtes Bild sichtbar werden? In unseren

Tagen ist die Place des Vosges nur noch die Zuflucht der Kartenlegerinnen, der kleinen Waffenfabrikanten, der Wucherer und Anwälte. Die Wohnung, der Zahnarzt, der Kohlenhändler sind hier für jeden Geldbeutel erschwinglich. Wenige Orte jedoch haben sich so viel Charme bewahrt. Jeden Nachmittag, an schönen Tagen, untersuchen Großbürger, die frisch aus der Plaine Monceau gekommen sind, sorgfältig den rosa und grauen Platz, tasten die Arkaden ab und lassen den Blick über das Mauerwerk schweifen, in der Hoffnung, eine Wohnung mit langen, schlanken Fenstern, mit schmalen Türen ausfindig zu machen, eine »lekkere« Wohnung, wie sie sagen, und die man vortrefflich für »Cocktails« umbauen könnte. Auch sie träumen von Mademoiselle de Scudéry, vom ›Pays du Tendre‹, dessen Hauptstadt dieses Quartier einstmals war, von der Elite der Preziösen, von Ninon de Lenclos, von den Estrade, von Rotrou, von den Chabot, von Cyrano de Bergerac. Die Nachkommen dieser verfeinerten Gesellschaft wohnen jetzt Avenue Foch oder in Neuilly und bekunden unaufhörlich ihr Bedürfnis nach frischer Luft, nach Golfspiel, nach Garagen. Die Place Royale und die Straßen des Marais hat man den Mittelschulklassen überlassen. Der Schatten der Herumtreiber wandert über die Mauern, dort, wo sich einst der Umriß der Kutschen abzeichnete. Mädchen mit kräftigen Schultern und dicken Knöcheln, die mit ihren Stühlen und ihrem Strickzeug zum Bürgersteig herunterkommen, haben den charmanten Platz eingenommen, wo man Verse schmiedete, wenn man sich nicht gerade duellierte, wo weder von Rennen noch vom Sport, noch von Wahlen die Rede war, sondern von Liebe und Intrigen. Sollte nun alles, was zu dieser zerbrechlichen, einmaligen unbegreiflichen Vergangenheit gehört, ausgestorben sein? Nein. Manchmal tritt aus irgendeinem alten Haus der Rue du Pas-de-la-Mule, der Rue Geoffroy-l'Asnier oder der Rue Barbette ein alter verkrüppelter Aristokrat, eine Art Capitaine Fracasse*, mit der Légion d'Honneur geschmückt und »durch einen Apparat Franck und Braun gestützt«, der anscheinend den ›Feind‹ seines Quartiers, in dem die Könige Frankreichs gewohnt hatten, vertreiben wollte...

* Roman von Théophile Gautier, erschienen 1863 (Anm. des Übers.)

Jardin des Plantes. Halle aux Vins

Wieviel Geduld, wieviel geistiges Fluidum, wie viele Phantome, gesammelt in diesem Pariser Viereck, dessen Hauptstadt in gewisser Weise der Jardin des Plantes bildet! Mediziner, Wissenschaftler, Schriftsteller haben dort gearbeitet, haben dort meditiert: Fagon, Tournefort, Buffon, Bernardin de Saint-Pierre, der blinde Lamarck, Cuvier, Geoffroy Saint-Hilaire, die Jussieu de Lyon, Daubenton, der als guter Republikaner den »König« der Tiere nicht duldete, Claude Bernard, La Bruyère, Michelet, Balzac, die Goncourt, Bourget... Wenige Plätze wahren die Erinnerung an so viele Menschen. Man hat das Recht Berlin, Batoum, Hamburg, Cadix unserer bescheidenen republikanischen Institution vorzuziehen, wie wenig verwöhnt von den Behörden, aber wie »erregend für den Geist«, nach dem Wort von Barrès! Man sollte nicht vergessen, daß der Jardin des Plantes von Paris eine Ahnengalerie hat, wie niemand auf der Welt, und Denkwürdigkeiten der Wissenschaft, der Aufopferung, der Leidenschaft, die aus ihm etwas anderes machen, als eine militärisch organisierte Grünfläche, wie es viele ausländische Anlagen sind.

Der Jardin des Plantes, den Edouard Drumont mit Recht in »Mon vieux Paris« den schönsten botanischen Garten des Universums nennt, ist das Werk von zwei Medizinern des XVII. Jahrhunderts, Hérouard und Guy de la Brosse. Die Patente, die ihm eine offizielle, selbständige Existenz ermöglichten, sind von 1635, ein Jahr vor dem Cid, ein großes Jahr, wie man von einem Wein sagen würde... Aber das Projekt eines Pariser Gartens ist viel älter. Im XV. Jahrhundert träumte Houel schon von einem Apothekergarten. In der Folge sprach man vom ›Jardin des Simples‹, vom Arzneipflanzengarten. Schließlich nahm unter der Regierung Louis XIII. die Idee einer ständigen wissenschaftlichen Einrichtung Gestalt an. Guy de la Brosse errichtete die ersten Lehrstühle. Fagon, der Arzt von Louis IV., Tournefort, Vaillant und die beiden Jussieu folgten einander auf dem botanischen Lehrstuhl. Buffon, dem dieser Garten paßte wie ein Handschuh, brachte ihn ein beträchtliches Stück in der Entwicklung voran. Geoffroy Saint-Hilaire versah den Tierpark mit Gittern. Aber seit dem XVII. Jahrhundert, welche Disziplin auch immer man überprüft, überall, in der Botanik, Naturgeschichte, Mineralogie, ein ganzes Geschlecht von Wissenschaftlern, von berühmten Direktoren, die Paris, das auf zu vielen Gebieten hervorragend ist, verkannte: Chevreul, Milne-Edwards, Edmond Perrier, Mangin ...

Heute, mit seinen Hörsälen und seinen Laboratorien, seinen Galerien mit den Sammlungen, seinen naturgeschichtlichen Zeichnungen von 1630 bis zu unseren Tagen, seinen buntscheckigen Chamäleons, seinen Phyllies, wandernden Blättern, seinen Phasmidae*, Teufelsstäben, seinen blinden Fischen, seinen Spinnen, so groß wie eine Siegerhand, seinen Tierdioramen in Polarlandschaften, seiner Zeder von 1735, seinen Insekten mit Mimikry, ist der Jardin des Plantes ein Garten der Träumerei und der Liebe, ein unvergleichliches Kuriosum von Paris, ein Treffpunkt für Philosophen. Man mag es gern, daß dieser bedeutsame Rahmen, der von Krokodilträumen erzittert, von großgeschriebenen Schlangenwindungen, vom Gähnen der Tiger und dem Geflüster seltener Pflanzen, derjenige zweier Romane ist: *Le Père Goriot*** und *le Disciple****.

---

* Gespenstheuschrecken (Anm. des Übers.)
** Roman von Honoré de Balzac 1799–1850
*** Roman von Paul Bourget, 1852–1935 (Anm. des Übers.)

Aber neben diesen beiden bekannten Erzählungen, wie viele Abenteuer deuten sich an, lösen sich an diesem so verlockenden Platz von Paris auf! Ich habe vor dem Kriege viel mit zwei Verliebten verkehrt, die sich jede Nacht in einem Restaurant der Rue des Fossés-Saint-Bernard trafen. Beide hatten sich auf den Holzpferden der Place Walhubert kennengelernt und seit jenem Tage gaben sie vor, andere zu sein, als sie wirklich waren. Er, ein großer bebrillter Bursche, kletterte regelmäßig über die Mauer der Ecole Polytechnique, nahm bei einem Kumpan der Place Maubert einen kitschigen Filzhut vom Haken und gab sich als beschäftigungslosen, anarchistischen Künstler aus. Sie kam von der Place Victor-Hugo, stieg an der Ecke des Pont Sully aus der Droschke, machte aus sich eine Schönheit, wie sie an dem Geländer der Halle aux Vins entlangspazieren und machte sich einen Spaß daraus, im Bistrot als Flittchen aus Paname* zu gelten, neben dem jungen Mann, den die traditionelle Akne noch schüchterner machte und noch mehr erröten ließ. Wir probierten gemeinsam die Spezialitäten des Mâcon, die der Cafébesitzer vor unseren Augen ausbreitete. Der Geruch des öffentlichen Marktes mit Wein und Spirituosen verbreitete eine muffige, verdorbene Luft, die schließlich jene, die an diese Gäßchen nicht gewöhnt waren, ganz betrunken machte. Museumsdiener von denen, die Balzac die *Casquettifères* nennt, rauchten ihre Manilas unter der Gasbeleuchtung zu Ende. Ein Löwengebrüll erschütterte manchmal die Freilufthalle, in die das Quartier hineingeglitten zu sein schien, mit seinen Fässern, seinen Schimpansen und seinen Wasserkäfern ...
Ich beobachtete die beiden Verliebten, die einen fragwürdigen Eindruck machten. Alle beide sprachen mit sehr viel Vorsicht, wie gewiegte Verbrecher, die fürchteten, ertappt

* Paname = Paris (Anm. des Übers.)

zu werden. Sie hatten Angst, sich gegenseitig zu mißfallen. Er strengte sich an, die Unterhaltung in Gang zu bringen indem er seine Monologe mit Versen von Bruant aufstutzte, die von dem Gefängnis des Mazas erzählten, Name eines Tapferen, den man dem einstigen Gefängnis der *Nouvelle Force* gegeben hatte: »*Vrai, j' m' enfil'rais ben un' bouteille; à présent qu' t'es sortie d'là-bas; envoy' – moi donc un peu d'oseille; à Mazas ...*« Die junge Frau ließ sich dadurch täuschen und glaubte es mit Mylord l'Arsouille persönlich zu tun zu haben. Entzückt, in den Augen eines Unbekannten, den sie für einen Leichtfuß hielt, als gefährlicher Vamp zu gelten, vervollkommnete sie ihre Gewöhnlichkeit und tat ihr Bestes, um mit den Fingern zu essen. In Wirklichkeit verfügte sie über einige Millionen und wußte nicht, wie sie ihre Zeit auf die angenehmste Weise verwenden sollte. Diese beiden Gören, denn sie waren jung, entdeckten eines Tages ihren wechselseitigen Betrug, als sich zwischen ihnen eine lebhafte Auseinandersetzung über einige Einzelheiten, die den Jardin des Plantes betrafen, entwickelte. Schwer gekränkt gab der Polytechnicien unvermittelt die exakte Übersetzung des Spruchbandes, das die Kuppel des Belvedere schmückt: *Horas non numero nisi serenas** ... Dann bemächtigte er sich der Speisekarte des Lokals und erklärte mit gezücktem Bleistift den Mechanismus des Apparates, den Monsieur de Buffon auf diesem Belvedere angebracht hatte und der regelmäßig und exakt in der Mitte des Tages läutete ... Die junge Frau begriff jetzt, daß sie es mit jemand zu tun hatte, der sehr beschlagen war und der sich über sie lustig gemacht hatte. Von diesem Tage an dachten meine beiden Freunde, deren Anonymität ich meinerseits respektiert hatte, nicht mehr daran, sich zu küssen. Sie wenigstens war wieder mondän geworden, ein bißchen eine Intellek-

---

* deutsch: Ich zähle nur die heiteren Stunden. (Anm. des Übers.)

tuelle. Ich hörte sie bald nur noch von dem Baum der
›Vierzig Goldstücke‹ oder Ginko Biloba* sprechen, den
Blumenbüchern van Spaendonck oder von der ersten Gi-
raffe, die 1827 nach Frankreich kam und die von den Herren Cuvier und Geoffroy Saint-Hilaire, ebenso von allen
Mitgliedern der Museumsverwaltung dem König von
Frankreich in Saint-Cloud vorgestellt wurde, wie wir es
heute mit einer Kusine des Negus, einem Rennpferd oder
mit einer Schönheitskönigin tun ...

Eines schönen Morgens, wenn ich mich recht erinnere, gelegentlich eines Prozesses, las der Polytechnicien in den
Zeitungen, daß sein »Flittchen« über dreißig oder vierzig
Millionen verfügte. Aus Scham, auch aus Taktgefühl, vielleicht aus Liebe, zeigte sie sich in der Rue des Fossés-Saint-
Bernard nicht mehr. Der junge Mann ist im November
1914 irgendwo gefallen. Was die junge Dame betrifft, so
war es ihr unmöglich, von den Phantomen des Jardin des
Plantes loszukommen. Sie hat sich verheiratet und geht
auf die Jagd, erzählt man ... Vielleicht schickt sie von
Zeit zu Zeit irgendein Säugetier von der Art, die noch wenig in dem Pariser Quartier, wo sich ihre ersten Liebes-
abenteuer abspielten, verbreitet ist ...

Seitdem vergeht kaum eine Jahreszeit, wo ich nicht allein
oder mit achtbaren Freunden in dieser Gegend essen gehe,
die durch die Quais Saint-Bernard und d'Austerlitz begrenzt wird und die sich, abgesehen von Jardin, noch einer
Moschee rühmen kann, eines gallo-romanischen Amphi-
theaters, das aus der Zeit Hadrians stammt, eines stillge-
legten Bahnhofes, eines Hospitals, einzigartiger Mauern
von Schulen und Kirchen. Der Autobus Place Pigalle-
Halle aux Vins setzt in dieser ganz provinzlerischen Stille
Burschen vom Montmartre ab, die einen empfindsamen

** Aus China und Japan eingeführter Zierbaum, siehe auch Goethe-
Gedicht (Anm. des Übers.)

Bummel machen, Bürger aus der Rue des Martyrs, die Luftwechsel haben möchten. Der größte Teil dieser Ausflügler kommt hierher, weil man ihm erlesene Weine verspricht. Es ist seltsam genug und poetisch, daß das Weinlager heute die Stelle einnimmt, die früher, gewissermaßen laut Beschluß, den kirchlichen Bauten vorbehalten war. Man kann sich sogar fragen, was all diese Flüssigkeit in einem Quartier zu suchen hat, das ganz auf die Kasteiung vorzubereiten scheint: die Abbaye de Saint-Victor, wo Pierre Abélard, der heilige Bernard und der heilige Thomas de Cantorbéry hinkamen, ein Bernhardinerkloster, das Feuerwehrkaserne geworden ist, eine dem heiligen Ambrosius geweihte Kapelle... Einst sang man an dieser Stelle der Seine Hymnen, von denen die meisten von dem Kanonikus Santeul komponiert waren. Es ist vielleicht das Couplet, das den Übergang der religiösen Periode in die bacchische ermöglicht hat. Wenn die Küfer, Händler, Weinprobierer, Limonadenverkäufer und Ratten des Kellers schweigen, so sind es die Straßen der Cité du Vin, die heute beredt sind: Rue de Bordeaux, de Champagne, de Graves, de Languedoc, de Touraine... Das Weinlager wird in seiner ganzen Länge durch die Rue de la Côte-d'Or geteilt und gibt so den Burgunderweinen den Vorzug, einer der echtesten, in vollkommenster Weise französischen Spezialitäten, die es verdienen, daß man überall vor ihnen den Hut abnimmt. Die Abnehmer unserer Grands Crus im einzelnen sind die Fahrer der gewaltigen Lastautos Grutli, die Tellerwäscher und Kellermeister von Paris, die eine Art Börse für sich bilden, deren Stimmengewirr und Wohlgerüche die Atmosphäre der abstrakten Börsen, wo man sich nur an Ziffern berauscht, bei weitem übertreffen...

Die Halle aux Vins, ist im Gegensatz zu dem, was man glauben könnte, einer der ruhigsten Plätze von Paris. Das

ganze Quartier hat übrigens, nachdem die Naturwissen-
schaften, der Weinbau und die Kelter den Platz der Klö-
ster eingenommen haben, eine andachtsvolle Ruhe bewahrt. Der Spitzbube ist hier selten, der Buchhalter höflich, der Schaulustige respektvoll. Während die Kutscher
ihre Pferde in die Zufahrts-Straßen des Weinlagers lenken,
träumen ihre Frauen und Kinder vor den Bäumen des Jardin des Plantes, die wie Schnelläufer Nummernschilder tragen. Mittags versammelt sich alles im Chalet du Jardin, bei
Monti, bei Marius oder beim Krämer Ducottet. Es ist noch
gar nicht lange her, da trafen sich Maler und Aristokraten
mit den Händlern im Fer à Cheval oder bei der Dichterin
Destra, deren Spezialitäten berühmter waren als die Aus-
geburten ihrer schlaflosen Nächte ...
Weit entfernt auf wissenschaftlichem Gebiet zu glänzen,
was die einfachste Sache von der Welt gewesen wäre,
wurde das Quartier den Außenstehenden durch seine ersten Schritte auf dem Gebiet der Orientalistik und der Politik bekannt. Um diesem köstlichen Si-Kaddour-Ben-Ga-
brit, dem bevollmächtigten Minister, dem wir, wie es
scheint Marokko verdanken, gefällig zu sein, hat die
Französische Republik an der Ecke der Straßen Geoffroy-
Saint-Hilaire und Censier eine liebenswürdige anmutige
Moschee erbauen lassen. Andererseits ist der Professor der
Anthropologie Paul Rivet seit einiger Zeit zum meistge-
hörten führenden Politiker aufgerückt. Wichtige Zeichen.
Aber vergessen wir nicht, daß der Ort mit den Launen der
Geschichte Frankreichs stark verknüpft ist und daß es der
Konvent* ist, der dem Jardin des Plantes den Namen eines
Museums gab. ...

---

* Nationalkonvent 1792–1795 (Anm. des Übers.)

Das Musee des Mondes perdues

Die anatomischen Beweisstücke in Zusammenhang mit allen Tieren, die das Auge des Menschen hat wahrnehmen oder wiedererstehen lassen können, seit dem Erscheinen des Lebens auf dem Planeten, sowie das Ergebnis der Ausgrabungen, die unsere Erinnerungen bis in die vorsintflutlichen Epochen und bis zu den Fingerabdrücken des prähistorischen Menschen zurückversetzen, sind im Jardin des Plantes zusammengetragen worden, an der Rue de Buffon entlang, nicht weit von der Métrostation d'Austerlitz, der Alptraumstation der Berg- und Talbahn, die rund um das Muséum d'Histoire Naturelle die Zuckungen der ›Erde‹ beschwört, der großen Vertilgerin von Fossilien und Gebeinen, die sie nicht verdauen kann.

Alle diese Epochen verstorbener und für immer verschwundener Tiere, alle diese Skelette von Riesen und von Maschinen, diese Brustkörbe von Göttern und diese Lokomotivschenkelknochen nehmen heute das schönste Stockwerk des Hauses ein. Es ist der Stil ›Möblierung der Welt‹, die Galerie der Stars im Reich der Phänomene. Eine Art plattgedrückter und versteinerter Groom in Form eines Käselaibes, das ist die *Testudo gigas,* die sie im feierlichen Durcheinander der vergleichenden Anatomie empfängt. Die *Testudo gigas* ist die größte Schildkröte der Erde. Man hat sie in Bournoncle-Saint-Pierre, in der Haute-Loire gefunden. Obwohl man sie unwiderruflich in ein Dekor des Miozän ... oder der Jurazeit versetzt, kann ich mich nicht enthalten zu denken, daß Louis XI. als er fühlte, daß er sterben würde, Schildkröten vom Cap

Verde durch Karawellen holen ließ ... Und nichts berichtet uns davon, ob es nicht einer von ihnen gefallen habe, auf dem Gut irgendeines Edelmannes heranzuwachsen, dem sie der König geschenkt hätte ...

Diese Schildkröte Frankreichs führt den Besucher zu einer Schildkröte aus Madagaskar, die, so sagt man, alle Größenrekorde schlägt: es ist die *Grandidieri* mit dem wunderbaren Namen einer italienischen Prinzessin für Klubräume großer Restaurants. Dieses Museum gebleichter Knochen beginnt wie alle Museen und mit dem linken Schenkelknochen eines *Mastodons,* dem Geschenk des Präsidenten Jefferson an die Heimat La Fayette's treten wir unvermittelt in das Kolossale und das Grenzenlose ein ...

Die Ausmaße der vorsintflutlichen Tiere und die langen Lulatsche der prähistorischen Zeiten haben schon immer die Humoristen und die Schwiegerväter inspiriert, die Familien Jungverheirateter am Sonntag in ihrem Kielwasser mitschleppen. Es vergeht übrigens keine Woche, in der ich nicht wenigstens zwei Mammuts und einen Diplodocus in den satirischen amerikanischen Zeitschriften sehe, wo man ungemein viel Talent im weiten Bereich des Grotesken zeigt. Es vergeht ebensowenig ein Tag, an dem sich nicht ein Besucher vor den gewaltigen Elephantenbrustkörben, die Garagen ähneln, die traditionellen Vergleiche leisten, zu denen das Phantastische die menschliche Mittelmäßigkeit inspiriert. »Was für eine Taillenweite! ... Ah! weißt du noch, wie er euch auf die Füße trampelte? ... und als er nieste? ... Das waren keine Rippen, das waren Skier! ... Skier? ... Du bist doch nicht etwa verrückt das waren Masten! usw.« Und die meisten Besucher, weit entfernt von der Vorstellung der ›Erschaffung der Welt‹ umgeworfen zu sein, von der in den Gebeinen eingedickten Schwermut, witzeln unbeholfen mit schwerer Zunge und versuchen sich gegenseitig in irgendein schweißtreibendes

Kino zu verschleppen, wo heute die Metaphysik der Mittelmäßigkeit triumphiert.

Ich und einige andere verweilen hier, vor dem *Diplodocus*, um von der Höhe der Gräser zu träumen, die er zerstampfte, von der Quantität ganz frischen Sauerstoffs, mit dem er sich wie ein Zeppelin vollpumpte – wenn es sich hier auch nur um eine Kopie handelte, um das Phantom eines Phantomes: des echten Diplodocus, des siebenundzwanzig Meter langen, der sich im Museum in Pittsburg befindet. Der von Paris ist nur ein Gipsabguß. Gewisse Schwingungen fehlen auf diese Weise und die mit besonderer Sensibilität begabten Geister fühlen sich keineswegs von den Atomen des Gegenwärtigen und des Lebens beschossen, über die jedes Ding zu Millionen verfügt . . .

Nach der Meinung einiger Gelehrter waren die Diplodocen Tiere wie Lastautos: Tag und Nacht patschten sie in einem phosphoreszierenden Schlamm umher, aus dem eßbare Spindeln sprossen . . . Dann galoppierten sie, ganz mit feuchtglänzendem Tang und mit grünlichem Kot bedeckt, über einen bezaubernden Rasen, den wir heute die Rocky Mountains nennen.

Nachdem der Diplodocus geprüft, unter die Lupe genommen, seiner Kathedralenpoesie beraubt, mit Hilfe der X-Strahlen untersucht wurde, richtet sich der Blick des Menschen von heute, obgleich an die Fallschirme, Viadukte und Raketenautos gewöhnt, nicht ohne Bestürzung auf das *Iguanodon*, einen Dinosaurier der Gattung Eidechse. Das *Iguanodon* mit dem Fischdampferkörper hatte den Kopf einer betrunkenen Muräne an der Spitze eines Gartenschlauchs. Das ist die Gattung ›Zerstörer‹. Auf seine Hinterpfoten aufgerichtet hätte das *Iguanodon* leicht ein Dutzend Körbe mit Austern auf dem Balkon des sechsten Stocks vertilgen können, wonach es das Haus umgekippt hätte, wie man eine Serviette zusammenfaltet, und drei

Straßenbahnwagen mit einem Schlag seines Schwanzes hätte rückwärtsfahren lassen, nur um ein bißchen Phosphor zu verspritzen. Wir können noch so sehr an die »aerodynamischen« Züge und an die Gebäude mit dreißig Stockwerken gewöhnt sein: Diese Ungeheuer, die wie Bäume in die Höhe schossen, anstatt Gehirne zu entwickeln, diese mehrere Tonnen schweren Tiere, steigen in die Tiefe unserer Erregung und rütteln heftig an unseren alten, unzusammenhängenden Ängsten ...

Weniger gewaltig führen das *Arsinotherium* und der *Triceratops* die Reihe der *gehörnten Mastodons* an, der Ochsen-Rhinozerosse, der krallenbewehrten Flußpferde, Wildschwein-Luftschiffe, Drachen mit Elephantenfüßen oder Seehunde auf dem Untergestell von Dromedaren. Diese Phänomene erlauben es sich, Hörner auf der Stirn zu tragen, unter der Nase, zwischen den Ohren, in den Augen oder auf den Wangen, wie wir Behaarung haben, Warzen oder Sommersprossen. Sie sind aus den Zeitaltern ohne Menschen auf uns gekommen, leider! in einzelnen Stücken, die man zurechtflicken und zusammensetzen mußte und die sich auf diese Weise in einem unordentlichen, etwas hastig entstandenen Aufzug präsentieren: ein Puzzle, das unsere verzweifelten, verkümmerten Einbildungskräfte mit Begeisterung wieder zusammensetzen. Der größte Teil dieser Ungeheuer kommt aus Alaska, aus Turkestan oder Kenya, und der Durchschnittsfranzose fühlt sich immer etwas benachteiligt bei vorsintflutlichen Tieren, so wie er auch kein Gold besitzt, keine Smaragden, keine Störe und Hermeline. Deshalb stößt er in Gegenwart des *Mastodon de Sansan*, im Gers*, das nach dem wissenschaftlichen Stammbaum ein Allesfresser war, wie

* frz. Département, nach einem Nebenfluß der Garonne benannt. (Anm. des Übers.)

diejenigen der Dickhäuter, die zur Gruppe der Schweine gehören, einen Seufzer frommen Nationalstolzes aus . . .

Kommen wir zu den Fliegengewichten. Hier das zierliche *Hipparion*, geradewegs aus Attika gekommen. Diese junge Stute, die ihr Geweih wie einen Helmbusch trägt, ist das eleganteste der Fossilien. Ich würde alle Akademien der Welt, alle Schecks und alle Olympischen Spiele dafür geben, sie unter den Kentauren und Amazonen galoppieren gesehen zu haben. Jedoch sind die leichten Modelle in diesem Knochensalon selten. Das *zierliche Hipparion*, das Jagdflugzeug, hat bereits das *Glyptodon* zum Nachbarn, das Riesengürteltier mit steifem Panzer, eine Tierart des Typs ›Zentralheizung‹, dessen Stammbaum in den Maschinengewehrkanzeln der Maginot-Linie endet . . . »Man glaubt zu wissen, verkündet das auf Menschenmaß gebrachte Schild des *Glyptodon's*, daß die Urmenschen sich des Panzers wie eines Schutzdaches bedienten, wenn sie keine Höhlen hatten . . .« So gab es schon Maschinenkriege und Hinterhalte . . . Beschreiben wir noch in der prähistorischen militärischen Serie das *Megatherium*, oder den kleinen Tank, die erste Ausgabe des Panzers. Ähnlich wie der Ameisenbär galoppierte das *Megatherium* auf seinen gekrümmten Krallen, deren Unterseite widerstandsfähig war. Da es nicht auf die Bäume klettern konnte, die es ohne Blätter zurückließ, nachdem es sie wie Salat verschlungen hatte, fällte es sie oder vielmehr legte sie um, knickte sie und schälte ihnen ihre Rinde ab!

In Dufort, im Gard, hat man Reste eines *Elephas meridionalis* entdeckt, der nach der Ansicht mancher Gelehrter sehr viel älter zu sein schien als das klassische Mammut. Daher beginnt sich bei den Anatomen eine Krise des Patriotismus vorzubereiten. Der *Elephas meridionalis* hatte, wie übrigens die meisten Elephanten, die früher in Europa herumbummelten, kein Fell und zeichneten sich durch ziemlich gewundene Stoßzähne aus. Typ Modern-style. In dieser Abteilung der Galerien der Paläontologie hat der Präsident Jefferson, der Mann des Oberschenkelknochens, einen Kollegen gefunden: den Baron Haussmann, noch einen Mäzen. Es ist tatsächlich der Baron Haussmann, der dem Muséum d'Histoire Naturelle den linken Vorderbeinknochen des in Montreuil-sous-Bois gefundenen Elephanten geschenkt hat. (Für sie, Georges Simenon: Der Elephant von Montreuil-sous-Bois?...) Ich frage mich immer noch, ob der erste Zug der Métro, der in Montreuil anlangte, nicht vor Bewunderung geschmolzen ist, angesichts irgendeiner Märchenvorstellung mit Funden von Gebeinen des einstigen Frankreich, als wir noch halbe Knaben waren...

Gehen wir zu den Raubtieren über. Denn es muß wohl große Löwen gegeben haben, riesengroße Tiger, weil es riesengroße Eidechsen und blanke Rhinozerosse gegeben hat, die wie Torpedoboote gepanzert waren. Hier der *Machairodus,* die große Katze mit dem kurzen Schwanz, wie es ihr Familienname will und die *krabbenfressende Ratte,* an der jene ihr Ergötzen hätte, weil die erste so groß ist wie ein Esel und die zweite so klein wie ein Hase. Der Baron Edmond de Rothschild, der die meisten der öffentlichen französischen Sammlungen bereichert hat, schenkte dem Muséum d'Histoire Naturelle eine recht gute Auswahl von Fleischfressern: drei Bären, drei Löwen, eine Hyäne und einen Wolf aus der Quartärzeit. Der Löwe, oh Wunder! ist in den Höhlen der Ariège entdeckt worden. Er ist viel größer als der abessinische Löwe, der Löwe in den Tierparks oder der Löwe von der Metro-Goldwyn. Dieser wäre ein guter Löwe im Alptraum eines Riesen! Allgemein scheinen die Seeleute vom Walfisch zur Anchovis übergegangen zu sein, die Landratten vom Diplodocus zum Meerschweinchen und die Vögel vom Strauß zum

Zeisig. Wie lächerlich unsere Treibjagdhirsche, unsere Gehörne für Hahnreie sind, neben dem *Cervus megaceros* Irlands, mit dem Auerochsengeweih! Wie fehl am Platze unser Strauß sein würde, wie schlecht, wie unmöglich gekleidet, in dieser Reihe gewichtigen Geflügels, das die Galerie unter dem Namen *Dinornis* beschließt...

... Diese drei kleinen farblosen Flaumfedern, denen ähnlich, die sich, wie wir glauben, von den Tauben gelöst haben und im Frühling in den Spinngeweben der Sonne schweben, welche ehrfürchtige Hand hat sie eingerahmt, welche sonderbare Einbildungskraft »Dinornisfedern« getauft?« Besaß nicht der Herzog von Berry, der Bruder von Charles V., in seinen Sammlungen eine Feder des Engels der Verkündigung?...

Es ist hier, in diesen Galerien, daß die Kraft und der Charme der ›Schöpfung‹ auf die seltsamste Weise zum Ausdruck kommen, durch die ergreifende und geheimnisvolle Poesie des unendlich Großen und des unendlich Kleinen, aber in einer Art Beklemmung und Zweifel. Wo und wie wird eines Tages die seltsame Gestalt dieses unkenntlichen Tieres zum Vorschein kommen, das so langsam über den verborgenen Grund des Planeten dahinwandert?...

»Auf! wie Jules Moinaux sagte, laßt uns die Welt wieder in Frage stellen!«

Dämmerung Rue de Lappe

An jenem Abend hatte ich in einem Restaurant der Place de la Bastille, wo ich mit lieben Freunden speiste, eine kurze Auseinandersetzung »wegen eines Regenschirmes«, mit irgendwelchen Gästen, die wegen Fleischröllchen, »ausverkauft«, wie ihnen gesagt wurde, gekommen waren. Es dauerte nicht lange bis die Sache ungemütlich wurde. Unter dieser Schar enttäuschter Tischgäste war ein Strolch, sehr »Modern style«, der wie ein gelber Halbschuh aussah und dessen Reden trotz ihrer Affektiertheit ganz lustig anzuhören waren. Einige Augenblicke später, nachdem ich zwischen den Autobussen hindurch die Tour d'Argent dieser Gegend entlanggeschlendert war und bei Victor einige Tassen lauwarmen Kaffee ausgetrunken hatte, traf ich meinen Mann in einem großen Lokal der Rue de Lappe wieder.

Dieses verborgene einstige Kleinod des elften Arrondissements hat sich in wenigen Jahren ganz hübsch verändert. Es ist nur noch eine Ader, eine von Leuchtreklamen neuester Mode klebrige Krampfader, die offen zu sein scheint und aus der ein säuerliches Music-hall-Blut tropft. Kerle mit ›Melone‹ schlendern wie verbogene Bleisoldaten an den Gewölben entlang. Katzen laufen über das feuchte Pflaster und schnurren um die Knöchel der radfahrenden Polizisten. Männer ohne Kragen, die ›Sport‹ treiben wollen verrichten in den Torwegen umständlich ihre Notdurft, während die snobistischen Musterknaben, in ihrem Delage oder Bugatti hierhergekommen diese Sorte Menschen, die sich so unbefangen gibt, rückhaltlos bewundern ...

Einst plätscherten hier eine Menge volkstümliche Wahrheiten und Wasserstrahlen kindlicher Unart wie Springbrunnen bis zu den Ohren des Spaziergängers. Heute sind es die Chansons von Chevalier, von Constantin Rossi oder von Lucienne Boyer, die durch die Wände dringen, von der gleichen Maschinerie hervorgebracht, die sie woanders hinfließen läßt, auf die Bridge-Tische der Plaine Monceau oder auf die Knie der Mondänen der gefegten Alleen. Lautsprecher sind fast überall angebracht worden, wie Feuermelder, und die Couplets tröpfeln heraus, um eine zugleich moderne und freche Atmosphäre zu schaffen.

> Achetez-moi mes mandarines,
> Et dites-moi où vous perchez...

oder auch:

> C'est moi, le chéri des dames...

und dann noch:

> Dis-moi... pourquoi malgré tout je t'aime...
> Pourquoi je reviens quand même...
> Toujours vers toi...

Herzzerreißende Schmarren, deren Regen auf die »Kabrioletts« und die »zeitweilig auftauchenden Touristen« Greise und Greisinnen daran erinnert, daß das Herz leicht erfreut ist, aber daß es unter Schutt und Trümmern verharrt...
Wir betreten den ›Boule Rouge‹, der von abgerissenen Akkordeonfetzen erfüllt ist. Zwölf Kellner stürzen sich auf uns und weisen uns den Weg zu den sogenannten hinteren Bänken, wo noch einige Plätze zwischen Soldaten und schlichten Bürgersfrauen frei sind. Man läßt einem weder

Zeit, sich nach einem etwas sauberen Platz umzutun, noch das Vergnügen, sich in diesem Park, der wie ein anatomischer Schnitt gefärbt und mit Leuchtern und elektrischem Licht auf Abzahlung übersät ist. Es ist Vorschrift irgendeinem Zeremonienmeister zu folgen, der sich im Saal zu schaffen macht, wie wenn er einen Schlafwagen herzurichten hätte. Getränke schweben über deinen Kopf, während der Apparat zur Herstellung von Javas und Rumbas trompetet und stampft, wie eine Dreschmaschine. Wirklich, die Straßenbahn wäre einem lieber...

Kaum sitze ich, da werde ich von dem Bengel aus dem Restaurant, dem Sohn des Mannes mit dem Regenschirm, einer Art ausgeputztem Bubi angerempelt, den es ärgert, der mich zweifellos mit irgendeinem verdächtigen »Miché*« verwechselt, einem Volksverächter. Der Arme!

» – Sag mal, zischelte er in scharfem, mißbilligenden Ton, fängst du hier immer zu stänkern an?

– Was wollen sie denn? Soll man ihnen ihren Regenschirm ersetzen?

– Mach dir keine Sorgen um den Zahnstocher. Ich frage dich, worauf wolltest du hinaus?«

Es fällt uns schwer, diese Art Nervensäge loszuwerden. Die Sorte war in diesen ziemlich teueren Sälen reichlich vertreten, in diesen Palästen der Eau-de-vie-Kirsche, wo so langsam das Volk der Maschenaufnehmer, der Armenier der »Commission«, der einsatzbereiten Drechsler, der Maniküren und Masseusen, die ins Haus kommen, in den ursprünglichen Sumpf des Snobismus versinken. Die Surrealisten, die aus Neugier hierhergekommen sind, die Schriftsteller, die für Barmixer sind, die Bankierstöchter hierherführen, haben einige »Köder« auf den Tischen zurückgelassen. Das proletarische Bürgertum hat gespürt, daß es Kunst nötig hatte, was bis zur Bestellung eines Sandwich

* »Monsieur« im Argot (Anm. des Übers.)

118

geht und bis zu heimlichen Kenntnissen über die »mère ârdoise«.* Man hört nur lebhafte Unterhaltungen über die *nougats*, die *Maler*, den *gring*, den *Zaster*, über die *framboise*. Wir erhaschen im Vorbeigehen zornige Reden, deren Wortschatz den Pedanten aus der Druckerei verraten, oder einen, der sich von Potin hierher verirrt hat.

» Jague! He, mach doch die Glotzen ein bißchen auf!

– Halt's Maul, Schafskopf!«

Diese Herren glauben sich verpflichtet, die moralischen Dramen des menschlichen Gewissens und die Suche nach dem Absoluten durch den knappen, ausgefeilten Anschnauzer übertönen zu müssen. Die Damen halten mehr zusammen und sind aufrichtiger. Kein Hang zum Höheren quält sie. Sie sind »naturell« bei ihrem grünen Pfefferminzlikör, den sie den Männern zuliebe trinken. Grünes Pfefferminz, das oft an die Saint-Germain-Suppe erinnert oder an »fabrikmäßig« hergestellte Napoléon-Schnitten. Aus der Ferne werden sie von grobschlächtigem, spöttischem »barbeaux« und »harengs«** beobachtet. Sie tragen helle, schwarzgepunktete Mützen nach der Mode, die von Belleville nach Grenelle trippelt. Einige Hosen schleifen noch zwischen den Zigarettenstummeln über den Fahrdamm und erinnern an die charmanten Zeiten der Elephantenfüße und der Tschakos.

Die braven Akkordeonspieler der Epoche Doumergue, die ihre Melodie mit dem Stampfen ihrer Espadrilles*** begleiteten, sind durch die gemieteten Orchester abgelöst worden, die nach Cannes und Wiesbaden verpflichtet sind. Ich finde, selbst nicht mehr im Petit Balcon, diesen noblen Gestank, dieses gefühlsduselige Unterweltlächeln, wie es noch heute Marseille oder Hamburg zur Ehre gereicht.

---

 * Argot: über die Kunst Rechnungen zu begleichen
 ** verschiedene Zuhältertypen
 *** Leinenschuhe mit Hanfsohle (Anm. des Übers.)

Die allgemeine Verbreitung hat diese brüchigen Ketten überflutet. Die Kellner sind in der Gewerkschaft, die Strolche lösen Kreuzworträtsel und gehen ins Café, so wie die Rentenverzehrer die Renner besuchen. Manchmal stürzen sich einige bei den einstigen großherzoglichen Tourneen Gestrandete in das Gewühl. Sofort machen sich einige magere Huren an sie heran, die ein Stirnband tragen und für die das Malerische noch nicht totgeritten ist und die noch steif und fest daran glauben, daß es *Kraftprotze*, *›bessere‹ Zuhälter*, *›feste Freunde‹* und *stattliche Klempner* gibt. Reizende Illusionen, deren letzter Schimmer in ihren tragischen und verzweifelten Augen zu sehen ist. Die Rue de Lappe ist nun fast nicht mehr als eine kaum noch verdächtige Straßenkreuzung, mit Pfützen, die von Maschinisten der Opéra-Comique stammen, ein Tabarin für belesene Concierges, denen die ›Chinesen‹ von Billancourt und die Bademeister, die »Porno's« verkaufen, den Schlaf rauben.

Zur Zeit der Exposition des Arts Décoratifs, als Poiret noch mitzureden hatte, als das Malerische noch nicht von den Grundstückmaklern ausgebeutet wurde und der Straßensänger noch kein Spitzel war, fand man in der Rue de Lappe junge Epheben mit vernachlässigten Fingernägeln, im gestopften Sweater, mit frischen Wangen, die einem auf entzückende Weise die Börse klauten und dabei »mein Kleiner, mein Herzchen, mein Blümchen« zuflüsterten, daß es einen anöden konnte... Männer schienen zwischen dem Pernod und der Cerisette dieser kostenlosen Schlafstellen zur Welt gekommen zu sein, wie Pilze in einer Waldlichtung. Heute würde »der Conseil Général« höchstselbst hinter den Vogelfreien und Amoralischen her sein, worüber die Leute kaum wagen würden, sich zu wundern...

Aber der Wohlstand ist Sinn des Rationalismus. Alle diese Cafés sind voll. Dreimal hintereinander drängt man uns beinahe mit Gewalt zwischen die Paare, die Dienstmädchen und Straßenbahnschaffner. Man schubst uns bis zu den Bankreihen, wo sich die Strolchokratie in Familie breit macht. Wir liebäugeln im Vorbeigehen mit allen Geschäften. Die Limonadenverkäufer drängen sich auf ihren Türschwellen und fragen einen aus wie die früheren Grobiane der Rue Pigalle: »Hören sie, Monsieur, kommen sie wegen der Sehenswürdigkeit?« Noch ein paar Monate weiter und man wird Englisch sprechen. Angestellte von Cook-Wagons-Lits werden diese kleinen Metallpfeifen an die Lippen setzen, aus denen ihr gescheites Geschrei ruckweise heraustönt. Schon flüchten sich die richtigen »Männer« zu Dupont Tout est Bon, wo das Alltägliche noch gang und gäbe ist, in die *Tabakläden*, die gegen die Auswirkungen rebellieren und auf der Allerweltsdecke ihre Partie Karten spielen, ohne in einen Hebammenakademismus zu geraten.

Man muß zu seinem Quartier zurückfinden, in seine häuslichen Federn. Wir bahnen uns so gut wie es geht einen Weg zwischen den Schultern der Obstverkäufer und den Haarknoten geputzter Fräulein, deren Lippen wie reife Herzkirschen sind. Einige alte Professionelle mit zerfurchter, wohlwollender Visage winken uns, während, ein Zeichen des Fortschritts und des »Taylorismus«, Chauffeure uns an der Tür mit dem traditionellen: »Taxi, Messieurs?« empfangen...

Weshalb rekonstruiert man nicht ein Stück der echten Rue de Lappe in irgendeinem Winkel der Exposition, und wäre es auch nur, um den schon zurückgelegten Weg schätzen zu lernen?

Von der Oper zum Montparnasse

Außer dem Bœuf sur le Toit, dem Grand Ecart und Florence, die wir zu mehreren wie eine Behörde, wie ein Ministerium der Nacht aufsuchten, wenn auch eher wegen einer Art von Opium und Ablenkung als aus Gefallen am lockeren Leben, habe ich beinahe alle Kneipen besucht, die Montmartre seit fünfzehn Jahren einen Anstrich von Sport, Ausstellung, von Bahnhof geben und diese Quartiers mit Körpergeruch und Aufruhr erfüllen. Kurzlebige Lokale, eingesessene, schäbige, solche auf Lebenszeit, russische, Negerlokale, madagassische, lesbische, platonische, ein tumultarischer Jahrmarkt, den keine Stadt der Welt in ihre Substanz hat aufnehmen können.

Zehnmal haben diese Stätten des Tanzes und der Ungezwungenheit Besitzer und Ladenschilder gewechselt. Sie haben die Namen von Vögeln und von fernen Häfen gehabt, Namen aus dem Tierkreis genommen und aus der Bibliothek der Opéra und bisweilen aus Romanen übernommen, und dieses melodische Vokabular, das Paris von der Place Blanche bis zur Rue Delambre verschönte, machte die Nacht noch kostbarer und erhöhte das Vergnügen der Nachtschwärmer.

Es war mir in einem bestimmten Winter aufgegeben, ungefähr zwanzig dieser Bars in einer einzigen Nacht zu besuchen. Als ich vom Grand Ecart herunterkam, um Jef Kessel die Hand zu drücken, der an jenem Abend seinen Romanpreis in dem Quartier feierte, in Gesellschaft von Tardieu, von Chiappe und Santo-au-Louis-facile, von Santo, der zu dieser Zeit über die Rue Fontaine herrschte, wurde ich vor dem Zellis, das sich heute rundweg Chez les Nudistes nennt, von einem entzückenden, sehr wohlerzogenen Neger angehalten, sehr auf ›Küß die Hand‹ und noch dazu Besitzer eines warmen Überziehers und betreut von einem Pferdebesitzer. Kein Neger des Jazz oder des Boxringes. Ein kultivierter Neger, um den sich einige Damen stritten und der, so erzählte ein Barmixer der gleichen Hautfarbe, durch Dinger, die er ihnen aus Holz und Bindfaden sehr säuberlich zusammenknüpfte, seine große Zeit hatte. Unmögliche Plastiken übrigens, aber, schließlich muß es für jeden Geschmack etwas geben.

Dieser Künstler, den man glaube ich bei den Bewunderern der Negerkunst Zilou nannte, hatte etwas vom Nachtleben kennenlernen wollen und befand sich ohne Geld mitten in Montmartre. Ohne Geld ist eine Redensart, denn der Zähler des Taxis, das vor dem Kabarett hielt, zeigte hundertachtundzwanzig Francs und sein Insasse vertraute mir ungesäumt an, daß er noch in dieser selben Nacht als Preis für eine an eine Sammlerin verkaufte Nachtigall eine Summe von dreitausend Francs einnehmen würde.

»Wo ist sie, ihre Käuferin? fragte ich.

– Ich weiß nicht, antwortete der Bildhauer: sie hat sich mit mir in einer Bar verabredet, von der ich den Namen vergessen habe.

– Auf Montmartre oder am Montparnasse?

– Das weiß ich auch nicht mehr. Ein Name mit èze oder mit ur . . .«

Das beste war, einige Bars zu besuchen: es gibt kaum zehn, von denen man annehmen kann, daß man dort die Leute findet, die man sucht. Da mein Freund nicht gut Bescheid wußte in der Pariser Geographie, machte ich ihm den Vorschlag, ihn auf seinem kleinen Streifzug zu begleiten. Was er sogleich annahm und so kletterten wir in ein Taxi. Unser erster Besuch galt dem Liberty's, wo Bob mit der

Aufsichtsbehörde eines Landwirtschaftlichen Vereins an-
stieß, Ehemännern, mit steifen Vorhemden gepanzert, die
sich amüsierten wie kleine Mädchen. Aber die Mäzenin
entdeckten wir nicht.

»Ich glaube, das ist nicht ihr Platz«, murmelte der Neger,
der einen Blick dafür hatte.

Ich bat das Taxi, schön brav an der Ecke der Place Pigalle
und des Kinos, mit dem die Straße endet, zu warten. Ein
kleiner, leichter, tückischer Wind, der nach Weißwein roch,
strich an den Häusern entlang. Chauffeure und Boys
stampften vor den Lokalen, aus denen appetitliche Düfte
drangen, mit den Füßen. Wir bekamen Lust auf Ome-
lettes und sehnten uns nach dampfenden Kesseln, aber der
Bildhauer hatte keine Zeit zu verlieren, denn der Zähler
des Taxis schmorte. Wir gingen nacheinander in alle Lokale der Straße, indem wir mit den geraden Zahlen anfingen.
Man sah uns im Grand Duc, bei Lajunie, im Caveau
Caucasien. Wir wagten uns in diese winzigen Kneipen,
die der Krise nicht Widerstand leisteten. Überall erschien
uns ein bekanntes Gesicht unter den wirbelnden Paaren.
Jede Ecke von Paris schien einen Botschafter oder eine
Botschafterin in jede Ecke von Montmartre geschickt zu
haben. Aber von der Dame mit dem Scheck keine Spur.
Zilou nahm die Sache leicht und es war ihm auch möglich,
über die Einladungen der vermummten Mädchen auf der
kalten Straße zu lächeln, die er als sehr stilvolle Statistin-
nen der »Capitale du Plaisir« betrachtete. Während dieser
Zeit hatte der Zähler sich's nicht verdrießen lassen. Er
zeigte zweihundertsechzig Francs. Die Idee, daß eine
Fahrt zum Montparnasse sich empfahl, schien uns die beste. Während der Fahrt machte mir der Neger einige ver-
trauliche Mitteilungen höherer Art und kam zu dem
Schluß, daß es notwendig sei, seine Käuferin so schnell
wie möglich ausfindig zu machen und nicht nur, weil das

Fieber des Zählers etwas Aufreizendes hatte, sondern weil die Vorstellung eines kleinen Abendessens in uns auftauchte.

Im Jockey, den wir als erste Etappe gewählt hatten, erkannte ich zwischen zwei Tangos einen Tänzer mit Lederjacke, einen anderen Taxichauffeur. Dieser brave Junge, der eine nette warme Stimme hatte, sang in anderen Lokalen, sammelte das Geld nach Art des klassischen Vortragskünstlers ein und gab den Ertrag seiner Kollekte am Montparnasse, als richtiger Kunde wieder aus. Paul Morand hat aus diesem Schlaukopf, der seinen kleinen Erfolg bei Leuten hatte, die ich nicht nennen werde, den Helden einer ausgezeichneten Novelle gemacht.

Die Dekoration des Jockey und die Ungezwungenheit der Besucher machten Eindruck auf den sensiblen Zilou. Einigen gemeinsamen Freunden, die uns erkannt hatten, konnten wir unmöglich einen Whisky abschlagen, was dem Zähler ermöglichte, ungefähr dreihundert Francs zu erreichen. Wenn ich an diese Frauenjagd denke, dann erinnere ich mich, Marie Laurencin, Derain und Peignot im Vorbeigehen die Hand gedrückt zu haben, unter dem traurigen Blick des Bildhauers, der nicht wußte, ob er sich ärgern sollte oder weinen. Gegen ein Uhr morgens, als sich der Hunger meldete, landeten wir in einem miesen versteckten Lokal, im Schatten des Bahnhofes Montparnasse. Einer trüben Winkelkneipe mit niedriger Decke, mit einer Stickluft, die nach der beliebten Sülze roch. Der Besitzer wies uns neben einer Gruppe von Metzgern mit Chorknabenköpfen, die in eine Partie Karten vertieft waren, einen Platz an. Man servierte uns Austern, die Fieber hatten, gefolgt von einem Bündel aus Würstchen, der nach Lokomotive roch. Während dieser Zeit verschlang der Zähler Francs und Centimes.

»Was werden sie tun? fragte ich Zilou.

– Warten, antwortete er. Das Café ist die ganze Nacht geöffnet. Morgen früh werde ich bei der Dame anrufen. Sie wüd mich durch ihren Chauffeü auslösen lassen.

– Gut gezählt, schätzte ich, bleiben noch etwa zehn Lokale in Paris. Wir haben weder die Champs-Elysées noch die Rue Molière, noch die Rue Caumartin besucht. Die Nacht fängt gerade erst an. Schließlich ist es kaum vier Uhr?

– Ich bin müde«, seufzte der junge Neger, dessen Körper magisch von der Bank angezogen wurde.

Ich bezahlte unser ungenießbares Abendessen und verließ den Künstler im Morgengrauen. Der Taxichauffeur schnarchte auf seinem Sitz und träumte von einem Fünfhundertfrancschein. Ich lief schleunigst vor ihm davon, wie man vor seinem Schneider wegläuft.

Ich sollte Zilou einige Jahre später bei Suzy Solidor wiedersehen, aber er erkannte mich nicht, weil ich an dem Tag mit dem Scheck einen Bart trug. Ich erfuhr durch Zufall, daß er nicht mehr bildhauerte; er ist, hieß es, Statist beim Film. An jenem Abend hörte er Suzy mit rauher, wilder Stimme schwermütige Lieder vortragen, die ihn zweifellos über die Sonderbarkeiten der Pariser Nacht nachsinnen ließen. Wenigstens hatte er sich einen guten Platz zum meditieren ausgesucht, denn Suzy Surcouf Solidor ist eine seltsame und anziehende Frau. Sie begann mit ihrer Laufbahn im Bataillon von Deauville gemeinsam mit Madame de Brémond d'Ars, die das Raffinement in Person ist. Yvonne weihte Suzy in die schwierige Kunst ein, sich unauffällig zu kleiden, zu lächeln und zu betören. Aus einer Mischung von »bretonischer Bäuerlichkeit« und »maritimer Aristokratie« entstanden, bildete es eine wunderbare Grundlage. Suzy zeigte sich als gute Schülerin, aber die beiden Freundinnen trennten sich nach einer zärtlichen, sieben Jahre währenden Gemeinschaft.

Kaum in Paris angekommen, eröffnete Suzy Quai Voltaire eine Boutique de Curiosités die sie nicht zögerte »A la Grande Demoiselle« zu taufen. Am Sonntag verwandelte sich der Laden in eine Herberge, weil Suzy's Freunde andere mitbrachten und das Picknick sich von selbst ergab, mitten in großer Kameradschaftlichkeit, die durch Matrosenlieder noch gesteigert wurde. Ein sehr hübsches Mädchen, gut angezogen und vornehm, Line, leitete auf bewunderungswürdige Weise diese galante Raststätte, und ersetzte die Beschließerin, den Verwalter, den Kellermeister und die Köchin. Von hier aus bis zur Gründung eines Lokals, »wie die anderen« war nur ein Schritt. Man machte ihnen eine reizende Ecke ausfindig, die keine andere war als die frühere Bar Pizella. Suzy und Line, die belesen waren, wollten das Unternehmen »l'Amant de Lady Chatterley« nennen, aber man machte sie darauf aufmerksam, daß ihre Besucherinnen, die es vorzogen, das Buch zu lesen, doch nicht darüber zu sprechen, schmollen würden. Irgendjemand, der etwas vom Umbruch verstand, schlug ihnen ganz einfach »la Vie Parisienne« vor und er täuschte sich nicht, denn dieser Schriftzug, der Offenbach beschwört, den Prince de Sagan, Boni de Castellane, Emilienne d'Alençon, Liane de Pougy, sollte nicht lange darauf warten lassen die vornehmen Nachtschwärmer von Paris in die Rue Sainte-Anne zu locken, angefangen mit Van Dongen, der Suzy's Porträt malte, bis zum braven Zilou, der niemals das Porträt von irgendjemand malte . . .

Die Bars im orientalischen und mysteriösen Stil

Das Verchromte, auf deutsch der Kitsch, gibt es im Bereich der Nachtkabaretts. Bizarre Restaurants, im allgemeinen slawische, die beim nächtlichen Fest das sind, was der katholisch-schauerliche Eisenwarenhandel der Place Saint-

Sulpice für die Kunst ist. Wir lieben das nicht so sehr. Doch lassen sie uns gemeinsam diese bestickten Samtvorhänge zur Seite schieben, diese Tonnen parfümierter Seide, die in zweien dieser Bars als Türen dienen: Schéhérazade und Casanova, Namen, die den ewigen Ladenschwengel beunruhigen.

Schéhérazade und Casanova sind gewesen, waren, sind und werden sein, welche Kriege auch künftig sein werden, russische Bars, in denen die Kellner und Oberkellner, Weinkellner, Barmixer und Portiers, in Uniformen hoher Würdenträger gezwängt, Fürsten sind oder den blasierten Fürsten vortäuschen, die Hand der speisenden Damen küssen und grundsätzlich auf den Gast hochnäsig herabsehen, wie der Bojar den Muschik mißachtet und der Großherzog Lucien Guitry. Mit einer gewissen Unverschämtheit übrigens. Aber hier verzeiht man ihnen diesen Hochmut, denn man fragt sich, wer wohl der ratlose Nachtschwärmer sein mag, der sich in diese licht- und leblosen Höhlen hineinschleicht.

Hier ein Deutscher des judäo-kinomatographischen Typs, nach Frankreich gekommen, um Molière, Renan und Courteline zu verfilmen . . . Ihm zur Seite seine Frau, einstige Inhaberin von irgendetwas, Salon oder Bank, in dem Berlin vor Hitler, und Sammlerin edler Pelze, wie die Rue de la Paix unverzüglich zu erfahren wüßte. Einstweilen haben alle beide Anspruch auf die Bewunderung der falschen oder wahren Fürsten, der Armenier oder Lappländer, der Perlenhändler, neuen Adligen, überflüssigen Regisseuren, die Renoir und Dranem verwechseln, einen Vogesen-Rumänen, und den vergötterten Watermann; kurz derjenigen Leute, die so aussehen, als ob sie an Verstopfung durch ungedeckte Schecks oder an schlecht verdauten Ausweisungen leiden und die in Erinnerung an Saint-Pétersbourg in Socken zu tanzen scheinen.

Da gähnen neben ihnen, aufgeblasen und selbstzufrieden, in ihre eigene Nichtigkeit eingepökelt zwei junge Repräsentanten des französischen Films, und wenn ich sage Film, dann ist es aus Höflichkeit. Sie, ganz Zimmermädchen der großen Kokotte der Hauptstadt, aber nett, und so töricht wie Erdbeeren mit Sahne. Er, viel feierlicher: das ist Hochstapelei mit Adelsprädikat, die Zähne mit Reispuder geputzt. Er trainiert auf phlegmatischer großer Mann aus Hollywood und würde, wenn er es wagte, Kaviar an Stelle des Kavalierstüchleins tragen. Auf der Bank döst ein Händler mit mexikanischen Zigarren, mit einem Zinken ausgestattet, mit riesigen Nasenlöchern, die einem Doppelkarabiner ähneln. Schließlich sitzt da noch der Leiter eines erpresserischen Blattes, eine Art großer Feigling, durch geheimnisvolle Geldquellen verseucht, in Gesellschaft eines Küchenmädchens, das in Joinville filmte, das slawischen Charme besitzt und das man als echt »erneut aufgenommen« hat.

Noch lieber habe ich den bärtigen alten Mann an der Garderobe, der einem den Überzieher wie eine Reliquie abnimmt und ihn einem zurückgibt, als wollte er ihn einem sehr teuer verkaufen. Es ist ein alter Schriftsteller, möglicherweise natürlicher Sohn Tourgueniev's, der die Franzosen nicht haßt, wie es der große Dostojevski tat, der sie nicht kannte. Bars für die snobistischen Neureichen, den heruntergekommenen Adel, den schwerfälligen, verschwenderischen aus Zentraleuropa, unecht schmalzige Restaurants, wo sich, wie auf einer Störbank, jede Nacht alles versammelt, was am meisten aufgetakelt ist in der Gattung ›eingebildete Ziege‹, am meisten verschuldet in der Gattung ›lästiger Ausländer‹, am hochnäsigsten in der Gattung ›Film‹, am bissigsten in der Gattung ›Intellekt‹. Und nicht einer darunter, der jemals eine hübsche Duchesse hätte springen lassen, einen »Kerl« zum lachen gebracht hätte!

Montparnasse

Montmartre hat in der Sprache keine volkstümliche Verunstaltung. Einige Chansonsänger haben wohl Montmertre gesagt, aber das Wort hat kein Glück gehabt. Während Montparnasse mit Montparno einverstanden war, wie Sébastopol Sébasto geworden ist; dann Topol. Ich gehöre zu denen, die Montmartre Montparnasse vorziehen, selbst nachdem Montmartre ein Schlupfwinkel für Tänzer geworden ist, für leichtsinnige, gut angezogene Gelegenheitsarbeiter und Leute von Welt, die »Nachtschwärmen betreiben, wie man das Malen betreibt«. Montmartre hat für mich mehr Menschliches, mehr Poesie, mehr Format, und, wie andere sagen, man wehrt sich hier noch, was bedeutet, daß man sich hier noch heimisch fühlt. Ganz anders ist die Atmosphäre von Montparnasse, eines winzigen, wimmelnden Quartiers ohne Geschichte und ohne Legende, dessen großer Mann Antoine zu sein scheint, der aus der Rue de la Gaîté das ganze moderne Theater hervorgehen ließ.

Es gibt zwei Montparnasse, dasjenige, das sich ohne Mäßigkeit, ohne Zurückhaltung ausliefert, das der Straße. Das der Kreuzung Montparnasse-Raspail, wo sich alle Überreste – und manchmal die Elite – des »intellektuellen und künstlerischen« Europa ausbreitet. So ein heimlicher Dichter, so ein Maler, der in Bukarest oder in Sevilla Erfolg haben will, muß notwendigerweise, bei der heutigen Lage des Alten Kontinents, ein wenig Militärdienst in der Rotonde* oder der Coupole** abgeleistet haben, an zwei

* und ** berühmte Cafés am Montparnasse (Anm. des Übers.)

Akademien des Trottoirs, wo das Bohèmeleben, die Verachtung des Bürgers, der Humor und die Saufographie gelehrt werden. Die Krise hat Montparnasse einen ziemlich ernsthaften Schlag versetzt. Aber wir empfanden hier ein Wogen, das der Sintflut ähnelte, dem Grand Siècle und dem Weltuntergang. Taxis haben nächtelang Rue Delambre, Rue Vavin oder Rue Campagne-Première Litauer herumgekutscht, mürrische Verseschmiede, Chilenen im Sweater, die mit Schneckengabeln malten, Neger mit Universitätsabschluß, abessinische Philosophen, russische Flüchtlinge, Experten in der Kunst Schlafmittel zu nehmen, in der Lotterie und in den Modehäusern. Diese Tollhausatmosphäre war gar nicht so unangenehm.

Während des Winters 1929–1930 besuchte ich einen entzückenden Portugiesen, der möbliert wohnte, nicht weit von der Librairie Larousse. Ich fand ihn gewöhnlich nackt in seinem Zimmer herumspazierend und plötzlich haltmachend, um die Wände zu bekritzeln, wie es Scribe machte, wenn er echte Antworten brauchte. Aber der Portugiese improvisierte keinen Bühnenauftritt: er war auf der Suche nach einer neuen Kunst, die in seinem Geist alle Vorzüge der Malerei, Literatur und der Tapete vereinigen sollte. Zehnmal am Tag darum ersucht und sogar durch Glaslieferanten des Quartiers in die Enge getrieben, verkaufte er ohne zu zögern einen Sessel, einen Spiegel, ein Tischchen des Hauses für sechs oder sieben Francs und behielt nur noch einen schäbigen kittfarbenen Sakkoanzug, mit Flecken bedeckt, den er »zum Leben« brauchte, wie er erklärte. Er traf diese Maßnahmen mit einer Gleichmütigkeit und einer Eleganz, die der Vermieterin Eindruck machten. Monatelang wagte diese es nicht, den Mund aufzumachen. Sie sah mit rührender Geduld ihre Einrichtung und ihre Läufer entschwinden. Bei Tage ging sie sogar so weit, für etwa dreißig Francs eine Deckelvase zurückzukaufen, die der Portugiese für hundert Sous weggegeben hatte. Aber es gibt keine vollkommene Heiligkeit. Eines Nachts merkte die gute Frau, daß ihre Geduld ganz plötzlich von Unwillen abgelöst wurde. Angewidert von der Malerei, von Portugal und den Gigolos stand sie im Nu auf, nahm einen Regenschirm vom Haken, raste wie eine Furie aus ihrem Zimmer und verschaffte sich Einlaß bei ihrem Mieter, verabreichte ihm eine Tracht Prügel und warf ihn schließlich hinaus, vollständig nackt, indem sie behauptete, daß er seinen kittfarbenen Anzug nicht vor dem Tage wiedersehen würde, an dem er seine Schulden bei ihr bezahlt hätte. Er schuldete, einschließlich der verkauften Möbel, des Entgegenkommens von seiten der Vermieterin und der monatelang nicht bezahlten Miete, so um die fünfundsechzigtausend Francs. Was ihm gestattete nackt wegzugehen, ohne viel zu murren. Einige Minuten später erschien er vollständig in Plakatfetzen eingehüllt in der Rotonde, den Paris-Sport auf dem Kopf und mit Schmutz statt Schuhen an den Füßen, denn es regnete. Man empfing ihn wie einen Forschungsreisenden. Er erzählte sein Abenteuer. Sofort machten Lettland, Dänemark, Spanien, Mozambique und Patagonien, vertreten durch verschiedene Aquarellisten, Modelle und Revolutionäre, den Vorschlag, einen Rachebund zu gründen, als Bal des Quat'zars punitif und die Wohnung zu demolieren. Der Portugiese fand es bequemer, in ein nahes Hotel zu ziehen, wo man ihn einige Monate dulden würde. Denn der Vermieter der Rive Gauche ist ziemlich leichtgläubig: er glaubt an die Negerkunst, an Prä-Hellenisches, an Münchnerisches, Toulousisches und Was auch immer, das einstige Nieten in seiner Gegenwart mit Hilfe großer Gesten, mit Whisky und Camel kommentieren. Montparnasse ist einer der Plätze auf der Welt, wo es sich leicht leben läßt, ohne etwas zu tun und sogar manchmal Geld verdienen läßt. Es genügt hier meistens, einen auffallenden Pullover zu tragen, eine etwas umständliche Pfeife zu rauchen und in Nagelschuhen zu tanzen. Hingegen wird das geringste Talent sich bald als hinderlich erweisen: es ist sogar das einzige Mittel, geradewegs Hungers zu sterben. Seit zehn Jahren senden die vornehmen Arrondissements regelmäßig eine Delegation von Snobs in die Cabane Cubaine, ins Select, in die Villa, in den Jockey und an andere, immer exotische Orte, weil sie es juckt, sich zu befreien und die eine wahre Wollust empfinden zu sagen: »Das ist regulär, das ist korrekt, ich bin auf der Höhe, ich habe es satt, ein tolles Ding, ein Hühne usw.« Unschuldiges Vergnügen, Ursprung der halb intellektuellen, halb nächtlichen Internationale, bei der sich die Reichen verbrüdern, die Versager, die Faulpelze und die Erleuchteten aus China, Afrika, der Avenue Friedland, de Londres oder d'Asnières. Louis Barthou, mit dem ich eines Tages in einem netten Lokal des Quartiers speiste, sagte zu mir, daß einer von uns, Dichter, Maler oder Chronist für die zukünftigen Liebhaber sämtliche Zeitschriften und Veröffentlichungen hätte sammeln sollen, die am Montparnasse gegründet wurden, um daraus eine Dokumentation zusammenzustellen, die für diejenigen, die später die brodelnde, etwas verrückte Geschichte der Rive Gauche schreiben würden, unentbehrlich werden könnte. Barthou liebte Montparnasse nicht so sehr, doch er hatte eine Schwäche für die Dokumente, Manuskripte, Autographen und Palimpseste ... Ich höre ihn noch mit seiner schwachen Stimme mich fragen, während er an seinem Kneifer herumkaut, mit der Nase schnüffelnd, wie er versucht, sich über den Platz, an dem er sich befand, genaue Kenntnisse zu verschaffen: »Ich fühle mich etwas verloren in diesem Gewoge von Malern, Architekten, Phantasten. Das ist eine Art Gezwitscher verlogener Gedanken, gescheiterter Ideen, liebenswürdiger Phantastereien, künstlerischer Anwandlungen. Aber nichts kommt dabei heraus, nichts hebt sich heraus. Gibt es einen Meister? Das Oberhaupt einer Schule? Ein Dogma?«

In diesem Augenblick näherte sich uns ein langmähniger und zahnloser Don Quichotte, ein sonderbarer Kerl, mit Sommersprossen besät, mit Bleistiften geziert, beladen mit Zeichenmappen, der uns liebenswürdig mit der Stimme eines Gendarms: »Ein kleines Andenken an Montparnasse?« anbot. Er schnitt Schnell-Silhouetten für fünfzig Centimes . . .

Neben diesem Montparnasse der Terrassen, der Tangos, der Erdnüsse und der Originalgetränke, existiert in der Luft, wie eine Melodie, des echten Montparnasse, desjenigen, der weder Mauern noch Türen hat und der mehr als jedes andere Heiligtum das berühmte, etwas geänderte Losungswort beanspruchen könnte: »Keiner trete hier ein, der nicht Künstler ist.« Goldener, luftiger, sanfter Montparnasse, der die Dämonen der Einsamkeit in die Flucht schlägt, die von Baudelaire, Manet, Apollinaire und von so vielen anderen, für die das Leben außerhalb der bürgerlichen Institutionen und Gepflogenheiten keine Affektiertheit war, sondern eine in gewisser Weise angeborene Notwendigkeit. Der wirkliche Generalstab des Montparnasse setzte sich zusammen aus Moréas, Whistler, Jarry, Cremnitz, Derain, Picasso, aus Salmon, Max Jacob, hohes Patronat der Toten und der Lebenden, das noch immer bei den Anfängern in der Kunst Genie zu haben den Ton angibt. Es ist etwas mehr als zwanzig Jahre her, daß sich Picasso in der Umgebung der Rotonde niedergelassen hat, alle Welt in Paris verstand, daß eine neue Kolonie, die sich bis zur Porte d'Orléans ausbreiten würde, die sterbende Rue Lepic ersetzen würde. Das Restaurant Baty, erlebte einen plötzlichen Aufschwung und hatte die Ehre,

Léon Trotzky Kredit zu gewähren, der, wenn er auch die rote Armee ins Leben gerufen hatte und die Lehre vom absoluten Revolutionär, immer ein Typ vom Montparnasse bleiben wird, und viele gemeinsame Punkte mit Modigliani, Vlaminck, und dem Zöllner Rousseau aufzuweisen hatte, anderen Gästen des Montparnasse, eher Touristen übrigens. Vlaminck von der großen Banlieue kommend und Modigliani von Montmartre. Diese Anwesenheit von Malern, von Ästheten, von Bildermaklern, Poeten und Midinetten, die immer bereit waren sich auszuziehen, um als Akt Modell zu stehen, blieb nicht ohne erheblichen Einfluß auf das »verbummelte« Volk des Quartiers. Der »Mec« des Raspail oder der Avenue du Maine ist nicht mit seinen Genossen von Grenelle zu vergleichen. Er hat ein wenig Bildung, sehr nette Anlagen zu Humor, kann modern tanzen und, wenn nötig, um die Verbindung zum Künstlerischen herzustellen, eine kleine Skizze für Schuhe anfertigen. Wenn er mit den Mädchen hart umgeht, so ist er doch den Dichtern gegenüber nicht feindselig eingestellt. Er hat Foujita gekannt, er erkannte Kisling und die Botschaftssekretäre entlegener Länder, die mit den Malern von »zu Hause« in der Coupole speisten. Ich trinke oft ein Glas Portwein bei einem alten Modell, das heute sehr bürgerlich in einem kleinen, koketten Appartement der Rue Vaugirard wohnt, das für mich ein kleines Montparnassemuseum ist: Man findet hier eine Krawatte von Mécislas Golberg, eine Postkarte von Max Jacob, eine Menukarte von chez Baty, eine alte Schürze, die irgendeinem Tellerwäscher der Rotonde gehört, Utrillos, einen Zeitungsausschnitt, der daran erinnert, daß in dem kleinen Haus Picassos in Montrouge eines Tages eingebrochen wurde, ein antiquarisches Buch über van Gogh, und eine Menge kubistische, futuristische, pornographische oder rührende Andenken, die daran denken lassen, daß

Montparnasse, bevor es das Quartier der falschen arrivierten Maler wurde, langezeit ein kleines Paradies gewesen ist ...

Ich kann diesen Spaziergang in Montparnasse nicht beenden, ohne daran zu erinnern, daß die erste Lampe, die aufleuchtete, um dieses nunmehr in der ganzen Welt berühmte Quartier zu erhellen, eine alte Rasierlampe war, diejenige des Zöllners Rousseau, der um 1895 an der Avenue du Maine wohnte, dicht neben der Eisenbahnbrücke. Aufs Geratewohl, beim Bummel durch die Cafés, entdeckten wir ihn, Alfred Jarry und ich. Nach einigen Überlegungen kam er zu dem Schluß, uns in sein Atelier mitzunehmen. Es sollte übrigens nicht lange dauern, bis er jeden von uns, der Reihe nach porträtierte. Er hat mich mit dem Spitzbart, den ich damals trug, dargestellt, vor einem Fenster, an dem eine Eisenbahn, an der dicker Rauch, wie der Helmbusch eines Reiters hing, vorbeifuhr ... Ich weiß nicht, was aus diesem Porträt geworden ist, das er mir übrigens nicht gegeben hat. Er hatte zu jener Zeit die Gewohnheit zu sagen: »Wir haben vier große Schriftsteller: Monsieur Octave Mirbeau, Monsieur Jarry, Monsieur Fargue und Monsieur Prudent-Dervillers.« (Letzterer war der Stadtverordnete des Quartiers.)

Das erste Café, was wirklich durch Rousseau's alte Lampe beleuchtet wurde, war die Rotonde, die zu dieser Zeit nur aus einer Theke und einem kleinen Hinterzimmer mit Spiegeln bestand, die vollständig von einer Schicht überzogen waren, die durch die Gravierung von hunderttausend Liebeserklärungen entstanden war ... Ich muß nun, bevor ich den Weg zur Rive Droite einschlage, die Gestalt von Bubu de Montparnasse beschwören, dem Romanhelden meines armen großen Charles-Louis Philippe. Bubu war der Zuhälter vor dem Kriege, verhältnismäßig brav und fast sentimental. Er besuchte von Zeit zu Zeit seine

Mutter, die Kolonialwarenhändlerin in der Avenue du Maine war. Und, wenn er hier Nachbarn oder Gevattern traf, grüßte er sie, sagte Philippe, mit dieser betonten Höflichkeit, die bewirkt, daß unsere Eltern uns niemals verleugnen werden ...

Saint-Germain-des Prés

Wenn es im Laufe des Tages einen Conseil de Cabinet, einen Boxmatch im Staate New-Yersey gegeben hat, einen Grand-Prix de Conformisme, einen literarischen Seitenhieb, einen Wettbewerb der Tenöre auf der Rive Droite oder irgendeinen Zank, so sind die Stammgäste der Cafés der Place Saint-Germain-des-Prés mit die ersten, die das Ergebnis dieser Konzile oder dieser Wettstreite erfahren, sei es durch eine im allgemeinen wohlinformierten Stafette, sei es durch eine geheimnisvolle Telegraphie. »Sensationelles«, nichtig oder ernst, die Nachrichten, die über die Ministerien oder über das Boxen gebracht werden, erschüttern die Zecher oder Passanten dieses Quartiers nicht, die trotzdem nicht aufhören mit skeptischem oder liebevollem Blick das zum Himmel aufragende Möbel in der Farbe des Gewitters zu überwachen, den romanischen wehrhaften und unter dem Zeichen des Mars stehenden Bau, der der Glockenturm einer der ältesten Kirchen von Paris ist.

Die Place Saint-Germain-des-Prés, die in dem Vortrag, den der Speaker des Rundfahrtenbusses ›Paris bei Nacht‹ den Jugoslawen und Schotten hält, nicht vorkommt, ist jedoch einer der Plätze der Hauptstadt, wo man sich am meisten »auf der Höhe seiner Zeit« fühlt, der wirklichen Aktualität am nächsten, den Männern, die die tieferen Zusammenhänge des Landes, der Welt und der Kunst kennen. Und das sogar am Sonntag, dank jenem Zeitungskiosk, der die Ecke der Place und des Boulevards bildet, ein gutes, wohlversorgtes Unternehmen mit Blättern aller Schattierungen.

Geplagt, man weiß nicht warum, von der Erinnerung an die Schüler, die sich prügelten und oft mit den Bürgern in der Pré-aux-Clercs, in den Halles, Rue Brisemiche oder Rue Pute-y-Muce, wünschen sich die Hutmacher und Büroartikelhändler aus der Umgegend, zur Apéritifstunde ein intellektuelles Bad zu nehmen, längs der Buchhandlungen, die hier zusammengedrängt sind, oder auf den Terrassen, die so riechen, wie ein Ofen für Pommes frites. Der Platz lebt, atmet, zuckt, schläft vermöge der drei Cafés, die heute ebenso berühmt sind, wie Institutionen des Staates: die Deux-Magots, das Café de Flore und die Brasserie Lipp, die jedes ihre hohen Beamten haben, ihre Abteilungsleiter und ihre Federfuchser, das mögen Romanschriftsteller sein, in sechsundzwanzig Sprachen übersetzt, Maler ohne Atelier, Kritiker ohne Rubrik, Minister ohne Portefeuille. Kunst und Politik reichen sich die Hand, der Streber kommt mit dem Erfolgreichen in Berührung, der Meister und sein Jünger überschlagen sich vor Höflichkeit, um herauszukriegen, wer zahlen wird. Es war auf der Terrasse der Deux-Magots, auf der man über die sterblichen Reste von Childebert oder Descartes nachsinnen kann, die in der Abbaye beigesetzt waren, daß mir ein ziemlich schäbig aussehender Kommunist eines Tages eine kurze Skizze des parlamentarischen Lebens machte: »Ein Abgeordneter ist ein Wähler, der in der Lotterie gewinnt, ein Minister ist ein Abgeordneter, der seine Stellung verbessert.« Eine dehnbare Formel, die sich auch auf das tägliche Leben anwenden läßt.
Das Café des Deux-Magots, das für die Eingeweihten »des deux mégots*« geworden ist, seitdem man aufgehört hat den Besitzer nach Neuigkeiten über seinen Teilhaber zu fragen, ist ein ziemlich anspruchsvolles, förmliches Lokal, wo jeder Gast für seinen Nachbarn einen Literaten

* »der zwei Zigarettenstummel« (Anm. des Übers.)

vorstellt oder wohin ziemlich reiche, ziemlich hübsche Amerikanerinnen, doch nicht sehr gepflegt und die meiste Zeit betrunken, hinkommen, um zu gähnen und sich vor den letzten Surrealisten zu verrenken, deren Name den Ozean überquert, wenn er nicht über den Boulevard hinübergelangt. Durch seine breite Terrasse, die so angenehm ist bei steigender Flut, am Morgen und bei der sinkenden Sommerdämmerung, mit den teueren Preisen seiner Getränke, den teuersten von Paris, ist das Café des Deux Magots sehr beliebt bei den Snobs, die finden, daß der Dubonnet zu hundert Sous keine übertriebene Ausgabe ist für den, der dem Apéritif moderner Schriftsteller beiwohnen kann. Einige Zeichner, Oberlé zum Beispiel, streuen ein Lachen in Splittern umher. Einige Veteranen beobachten diesen Wiegeplatz aus einem Augenwinkel, der Doktor Lascouts, Derain, Jean Cassou, Philippe Lamour, Larguier, ich selbst. Jeden Morgen, und die Sache hat sich auf der Terrasse schon herumgesprochen, trank Giraudoux hier seinen Café au lait und empfing hier die wenigen Freunde, die ihn am Tage nicht erreichen konnten. Um ein Uhr morgens fingen die Kellner an, den nächtlichen Gästen die Tische in den Leib zu rennen, die nur noch brave Bürger des sechsten Arrondissements sind, über ihre Füße zu fegen, ihnen Serviettenzipfel ins Auge zu wedeln. Eine halbe Stunde später schließen die Deux Magots wie eine Falltür, taub gegenüber dem beschwörenden Geflüster von zwei oder drei Deutschen, die vor dem Lokal verharren, angelockt durch die vierzig Jahre Literarischen Lebens und die politischen Getränke des Ortes. Einige Minuten später schrumpft das Café de Flore, schon getrübten Blickes, seinerseits zusammen, die andere Schleuse der Straßenkreuzung . . .

Das Café de Flore ist den Parisern bekannt, weil sie es mit vollem Recht als eine der Wiegen der Action Française

und der *Soirées de Paris* Apollinaire's betrachten. Die
A.F. kam hier zusammen, als es eine Dreyfuß-Affäre gab
und den Neo-Boulevard Saint-Germain noch nicht. Maurras stellte hier die Doktrin auf, vor Bainville, Dimier,
Montesquiou, Vaugeois und sogar Souday, dem diese Gespräche nicht zuwider waren, der sie anhörte, so wie man
eines Tages einen Pernod probiert, und dem Maurras seine
Bücher schickte, mit Widmungen, die in herzlichem Ton
abgefaßt waren, weil er den Kritiker des *Temps* als eine
Art Edouard Herriot der Literatur betrachtete ... Heute
ist das Café de Flore von den Häuptern der Bewegung
verlassen worden, aber die Ausrufer, die beauftragt sind,
Zettel in dem Quartier zu kleben, kommen noch hierher
und schlürfen mit Andacht den mêlécass* des Mittelstandes.
Sie sehen hier Monsieur Lop, den kleinen Repetitor an einem Gymnasium, eine Art Hégésippe Simon, oder de
Brisset, diesen Denkerfürsten, vom Unanimismus dazu
bestimmt, den Banden müßiger Randalierer und verlogener Dummköpfe zu einem künftigen Diktator gemacht
haben. Das Haus empfiehlt sich durch seine Bridgespieler
und sein Häuflein Literaten, reinen oder Bohémiens, be-
stehend aus Billy, de Fleuret und bisweilen Benoît, das einige Überläufer von Lipp, literaturbeflissene Geschäftsleute, die wegen der dort fehlenden Terrasse auswander-
ten, begehrlich mit den Augen liebkosen.
Lipp bleibt für mich das allbekannte Lokal Nummer 1 der
Kreuzung und beschwört in manchen Augenblicken die
Staatsgewalt, seitdem man bemerkt hat, das zu den zahlreichen Qualitäten des Besitzers noch die hinzukommt,
Pierre Laval zu ähneln, der aus der Auvergne stammt,
wie er, aber aus anderem Holz geschnitzt ist ... Es ist etwa dreißig Jahre her, daß ich Lipp zum ersten Mal betreten habe, eine wenig bekannte Brasserie, die mein Onkel

---

* mêlé-cassis: Likör (Anm. des Übers.)

und mein Vater, Spezialisten auf dem Gebiet, mit Keramiken und Mosaiken ausgestattet hatten. In jener Epoche machten alle Keramiker so ziemlich dasselbe. Stil Manufactur von Sèvres, Deck oder Sarreguemines. Die Urheber unterschieden sich nur durch die Herstellung, das Emaillierungsverfahren oder den Brand, die mehr oder weniger vollkommene Glasur. Heute, wenn ich mich vor diese Wandfüllungen setze, die ich jedesmal mit Zärtlichkeit und Melancholie betrachte, versetze ich mich zurück in die alte Zeit, wo ich noch niemand in der Brasserie kannte. Meine ersten Kameraden auf der Sitzbank waren Nachkriegszeitgenossen, d'Espezel, Marchesné, Bouteron, Longnon, alle vier Archivar-Paläograpscher, wie Mallon sagte, der auch einer davon war. Ich rate ihnen nicht, sich von Marchesné aufs Glatteis führen zu lassen, der eine eherne Stirn hat, einen scharfen Verstand, den Blick eines Examinators und eine unerbittliche Dialektik. Espezel, ein hervorragender Adliger ist ganz der Mann Montaigne's und des Cabinet des Médailles. Und wenn sie Bouteron nicht über Balzac sprechen gehört haben oder Mallon, wenn er Kleriker und Prälaten nachahmt, vom Curé bis zum Kardinal, unglaublich treffend in der Stimmfärbung, im Tonfall, der Würde oder des Erhabenen, dann haben sie nichts gehört.

Aber was ist das? Die Untertassen zittern auf dem Tisch. Der gewaltige Auphan stößt die Tür auf, setzt sich hin, schnauft wie ein Bär und haspelt mit sanfter Stimme sein letztes Serpent de Mer herunter. Ihm folgt Saint-Exupéry, der mit beiden Füßen zugleich aus seinen schönen Flugzeugen in seine schönen Bücher springt, oder der Comte de Blois, der ebenso belesen wie geschickt als Zeichner ist, der die erstaunlichen Porträts, die er von Marchesné mit Sorgfalt gestrichelt hat, veröffentlichen sollte ...

Da sind die Professoren Rivet und Laugier. Madame Cuttoli, Latzarus, Massis, Louis Brun, Roubaud, Peignot, Lamazou-Bedbeder, der der Bruder des früheren Abgeordneten ist, der Doktor Thiercelin, für die Kommune begeistert, guter Redner und unser Widerpart, bei den philhellenischen Meetings von 1896, René Kerdyk, Monsieur und Madame Chartrette, Madame Boll und ihre beiden Söhne, Marcel, der Gelehrte, André, der Dekorateur und so viele andere, die von dem Sauerkraut dieser volkstümlichen Akademie gekostet haben.

Mein alter Freund Albert Thibaudet, der in der Brasserie landete, kaum daß er aus dem Genfer Zug gestiegen war, hatte wohl recht, wenn er sagte, daß Lipp sehr viel der *Nouvelle Revue Française* verdankte, Grasset, Rieder, dem *Diwan*, der *Revue Universelle*, der früheren *Revue Critique*, dem Théâtre du Vieux-Colombier, *Voilà* und *Marianne*, der Conférence Molé, dem Senat, der Association des Lauréats de la Fondation Blumenthal, der Front Populaire, den Buchhändlern, den Bouquinistes und den intellektuellen Hotelbesitzern dieses unvergleichlichen Quartiers ...

Seit dieser Zeit und aus all diesen Gründen habe ich mich daran gewöhnt, zu Lipp zu gehen. »Ich gehöre nicht dazu«, wie so viele andere, ich gehöre zum ›zehnten‹, aber ich gehe hin, wie ein Engländer in seinen Club, in der Gewißheit, hier jeden Abend einen wirklichen Kameraden zu finden, in dessen Gesellschaft es angenehm ist ein Gespräch über die Zeitläufte anzuknüpfen, über den nächsten Tag, der Unvorhergesehenes bringt, das bedrückt ...

Bald ist es Monzie, der zur Probe sein Feuer scharfsinniger Gedanken entzündet, ist es Léon Bérard, der ein Herr ist und der am meisten »attische« unserer Minister, ist es Daniel Vincent, der die Dichter liebt und die Verse so gut vorträgt, mit seiner wilden Miene und seinem dicken Schnurrbart, ist es Marcel Abraham, der von seiner Arbeit kommt und der uns gleich von der Encyclopédie erzählen wird. An irgendeinem anderen Tage ist es die Comtesse de Toulouse-Lautrec, deren Erscheinen »sensationell« ist; ist es Derain und seine Garde, zusammengestellt aus Zeichnern und Modellen, ist es Lady Abdy oder der gute Vergnolle, Architekt reinsten Wassers, Sozialist D.P.L.G.*, der mit dem redegewandten, lächelnden Emmanuel Arago die schöne Marquise de Crussol begleitet. Und manchmal ist André Gide da, der allein speist.

Außerdem sieht man hier, niemals weit genug entfernt, irgendwelche Nervensägen und echte Versager, mehr oder weniger empört über das, was man ist, und die sich reinzuwaschen hoffen, indem sie vertraulich werden oder einen beleidigen. Es wird nicht so schwer sein, sie abzuwimmeln, wenn die Freunde sich ins Zeug legen, und ein bißchen kräftig . . .

Lipp besteht auf strenge Ordnung. So erfordern manche Gerichte ein Tischtuch, andere nicht. Mysterium. Unmöglich hier mit Freude irgendetwas Einfaches zu essen, ein wenig schwer, ein wenig mit Fruchtgeschmack, in einem guten Topf, auf dem Holz oder dem Marmor eines Tisches, wie man es früher in dem alten kleinen Pousset** machte, der so behäbig war, so dunkel, so ausgezeichnet, an der Kreuzung Le Peletier. Und wenn es warm ist und man auf der Terrasse wäre, und es einen plötzlich danach gelüstet, muß man in das Lokal zurückkehren. Jedoch wüßte man nicht dreißig Zeilen in einer Pariser Zeitung zu schreiben, ein Bild zu malen oder deutlich seine Meinung auf dem Gebiet der Politik zu bekunden, ohne wenigstens einen Abend in der Woche dieser Brasserie zu widmen, die heute ebenso unerläßlich für das Pariser Dekor ist und für das gute Funktionieren des pittoresk So-

---

* Diplomé Par Le Gouvernement
** Däumling: ein bekanntes Lokal (Anm. des Übers.)

zialen, wie das Ministerium des Innern, die Foire du Trône* oder das Schwimmen quer durch Paris. Lipp ist ganz gewiß einer der Plätze, der einzige vielleicht, wo man für einen halben Liter den getreuen und vollkommenen Überblick eines politischen oder intellektuellen französischen Tages erhält. Man versteht es deshalb besser, daß um ein halb drei Uhr früh das Lipp'sche Personal vergeblich versucht alle Lichter dieser Agentur zu löschen, dieses Rechnungshofes des Evénément Parisien, daß es vergeblich versucht, den Nachzüglern jede Art von Getränk zu verweigern, und daß man den Gästen die Mülleimer vor die Füße schubsen muß, um sie hinauszubefördern.

Lipp ist noch eine Brasserie der Gruppen, der Gesellschaften, der Nachtschwärmer; Schüler der Ecole des Beaux-Arts, die mit ohrenbetäubendem Lärm ihren Einzug halten und Wandspiegel des Hauses mit Bierspritzern abspülen, Zellen der Linken, Abteilungen der Rechten, allerlei Freimaurerei, Jugend, die vom engstirnigsten Patriotismus zum weltweiten Internationalismus übergeht und umgekehrt. Eine Art Binnenmeer, in das sich alle Bäche ergießen, alle politischen Ströme dieses sonderbaren zwanzigsten Jahrhunderts. Auch darf man sich nicht darüber wundern, daß sich hier bisweilen Stürme erheben und das sechste Pariser Arrondissement verdüstern.

Eines Abends wurde Léon Blum, der ganz ruhig mit seiner Frau bei Lipp zu Abend speiste, urplötzlich von den letzten Häuflein der Gäste ausgepfiffen, die in dem Tumult ihren letzten halben Liter Bier austranken. In wenigen Minuten gab es eine allgemeine Schlägerei und ich, als Zuschauer, der seinen Platz nicht verlassen hatte, wurde von einer reaktionären Karaffe getroffen, die mit voller Wucht, in spitzem Winkel, wie durch einen etwas harten Aufschlag beim Tennis getroffen, mir haarscharf das

* Stuhlmesse (Anm. des Übers.)

Bein aufriß. Ich war glücklicherweise mit den Doktoren Mabille und Berthier zusammen, der eine der Medizin, der andere der Pharmazeutik, die mich stützten, mir einen Verband machten, mich mit Mumienbinden okulierten und mir noch dazu, wo es bei Lipp das berühmte »dunkle« Bier gibt, ja, wahrhaftig Arnika zu trinken gaben ...

Paris zur Zeit der Walzer

Allgemein ist man über Montmartre und Montparnasse gerührt. Diese beiden Quartiers vervollkommnen Paris, wie das Überkämmen dem Mann, der einen gutsitzenden Anzug trägt, die letzte Vollendung gibt. Reißen sie sie ab und sie werden etwas ebenso Neues, ebenso Unbekanntes vor Augen haben, wie einen Mann ohne Krawatte. Es ist kein alter Pariser, der nicht wenigstens ein charmantes Andenken hätte, das ihm ans Herz gewachsen ist, durch eine Inschrift, einen Liebesbrief, irgendeine durchzechte Nacht, in diesen poetischen Winkeln. Wir stiegen vor kurzem da hinauf oder kamen von dort herunter, mit den Präfekten, die bummeln gingen, kleinen Frauen von Fabiano oder Préjelan, in »Le Tango«-Korsetts gezwängt, Töchtern von Mesdames La Chaise, bald mit Capus, Lajeunesse oder Rouzier-Dorcières, bald mit Monna Delza, Andrée Pascal, Régine Flory, Lucienne Guett und Mademoiselle Vareska, die Premet in phantastischer Art kleidete. Und oft mit »Gecken, Stutzern, Fatzken, copurchics*«, denen »Aufgeknöpfte«, »Schmeichelkatzen« und Peripathetikerinnen**, so wie eine Yolande de la Bégude oder eine Marcelle de Sainte-Figne, immer bezaubernd, blöd und vollkommen im Bilde über das Vermögen manch eines Ministers, oder den Bankkredit irgendeines Diplomaten. Es war in der Zeit, als der zu früh verstorbene Louis Delluc Briefe in Versen an die Milchtrinkerinnen des Pré-Catalan sandte, wohingegen Jules Lemaître von der Académie Française,

* Dandies
** Anhängerinnen der Philosophie des Aristoteles (Anm. des Übers.)

Nationalist der Champs-Elysées, Vorworte zu liebenswürdigen kleinen Büchern schrieb, die dem Chat Noir gewidmet waren und von Gus Bofa illustriert.

Und schon, man weiß nicht weshalb, starb Montmartre. Es ist mehr als fünfundzwanzig Jahre her, daß es einer unserer Fachgenossen allerliebst beerdigt hat, dieses liebliche Quartier. Er wies auf die Missetat der Steine hin, die uns tagtäglich ein wenig mehr Luft, ein wenig mehr vom alten Paris und ein wenig mehr vom alten Montmartre wegnahmen. Für mich ist das Phänomen viel seltsamer und ein ganz anderes. Wenn ich es auch versuche, ich sehe Montmartre nicht sterben. Der Lapin Agile bleibt immer agil auf seinen Pfoten und Poulbot* malt weiter seine Kinderfresken, als hätte sich auf der Butte nichts geändert. Seit dem Abzug der Amerikaner, die Geld wie Heu hatten, und der spanischen Ansiedler, ist Montmartre sogar noch mehr Montmartre geworden als jemals. Es ist richtig ein kleines Stück französische Provinz, eingepaßt in Paris. Kein Tag vergeht, an dem ich mich hier nicht mit alten Klubfreunden aufhalte, Sonderlingen, zum größten Teil Junggesellen, hocherfreut, daß sie vor dem Kriege hübsche Frauen ausgehalten haben und deren Namen ich aus Respekt vor ihren Geheimnissen nicht nennen werde. Bourget, Hervieu, Capus, Courteline, Proust selbst haben ihnen in ihren Werken genug Namen gegeben, auf daß der Leser sie wiedererkenne.

Wir steigen also hinauf, ausgerüstet mit Spazierstöcken Second Empire, in modernen Anzügen, in uns summt es von Erinnerungen, wir suchen an den Wänden nach Inschriften eines anderen Zeitabschnittes und wollen jene in

---

* malte und zeichnete freche Gören, von denen man, ähnlich wie bei uns von »Zille«-Kindern, von den »petits Poulbots« sprach. Ich sah 1937 an einer Straßenkreuzung auf Montmartre ein amtl. blaues Emailleschild, auf dem »Attention aux petits Poulbots« zu lesen war. (Anm. des Übers.)

ihren Ohrensesseln sehen, die Königinnen von Paris waren und Königinnen der Liebe, zur Zeit von Loubet und von Fallières. Dann steigen wir hinunter zum Montparnasse, dem jungen Rivalen des alten Olymps des zehnten Arrondissements. Montparnasse hat noch nicht viel Getratsch. Aber das Quartier hat es rasch verstanden, ganze Knäuel von Parisern anzulocken, die den künstlerischen Schüttelfrost nötig hatten.

Viele Pariser der großen Epoche machten die Reise nach Montparnasse, wie man morgen zu den Niagarafällen und zum Marsabsturz fahren wird. Sie entdeckten bekannte und zugleich verborgene Gebiete. Sie statteten versteckten oder terrorisierten Diplomaten ihren Besuch ab, großen Herren, die ruiniert waren, jenen seltsamen Gestalten, die Abel Hermants Gigolos so treffend verkörpern: Magyaren ohne Socken und mit schwindelerregenden Namen ausgestattet, moldowalachische Herren, die mit ihren erlauchten Gemahlinnen Brötchen teilten, die in scheußlichen Milchkaffee getaucht waren, der nach Sikkativ schmeckte. Das, was die Eleganten und die alten Marschierer, im allgemeinen Schnüffler, zu den Gipfeln und den Ateliers des Ortes hinzog, war der Bohrwurm der Politik, der schon anfing, der Welt zuzusetzen: sie kamen hierher, um die Männer der Linken zu sehen, Asyl der künstlerischen Revolution, wurde Montparnasse die Zuflucht der sozialen Revolution. Der bolschewistische Ästhet Lounatcharsky diskutierte hier über die Schönheit nach den Formeln von Karl Marx, Trotzky, mit seinem Kopf eines amerikanischen Aals, spielte hier Schach. Charles Rappoport erklärte mit Hilfe der Untertassen den wirtschaftlichen Materialismus. Lénine selbst, der das Café du Lion, 5. Avenue d'Orléans bevorzugte, tauchte hier manchmal auf. »Wenn wir nicht Undankbare wären, müßten wir hier zwischen Autobussen und Kiosken die Statuen von Lénine, Mussolini, Hitler und anderen errichten. Diese Herren sind es, die uns Kundschaft bringen oder erneuern.«

Wir haben schon gemerkt, Charles-Louis Philippe, Jarry und ich selbst, daß die Krise, oder die Krisen unbekannte Worte in Montparnasse sind und ich erinnere mich, diese Angelegenheit vor ungefähr dreißig Jahren bei Madame Exoffici des Enviandes, in Gesellschaft von Régnier, de Valette und, ich glaube Tailhade erörtert zu haben.

Ob Geldknappheit war oder nicht, Montparnasse errichtet mitten auf dem Bürgersteig Terrassen, gestopft voll mit Zechern. Es handelt sich also nicht um ein Quartier wie die anderen, versehen mit Banken, Tabakläden und Schinken, wohl aber um ein besonderes Palästina, wo der wahre Pariser, das heißt, der Herr, der zu den Rennen geht, der sich an der Börse mit niedrigem Einsatz beteiligt, um nicht ganz ahnungslos zu sein, der zwischen zwei leidigen Arbeiten eine kleine Verkäuferin im Taxi ausfährt, die eine bei der Verwaltung, die andere mondän, sich niemals hinwagt. Von vornherein weiß er sehr genau, daß die Montparnos die Fremden hassen, angefangen bei den Parisern und vor allem »diejenigen« von Montmartre. Er zieht es vor, und wie ich das verstehe, bei echten Pariserinnen zu bleiben und nicht mit diesen snobistischen jungen Damen aus den Bildergalerien auszugehen, diesen Intrigantinnen der literarischen Welt, diesen herzlosen Koketten, die den Markt überschwemmen und von denen Max Nordau schon vor bald dreißig Jahren sagte: »daß ihre Wiege am Ufer des Hudson stand, an der Neva, der Donau, dem Amazonas, an der Themse oder dem Manzanares, überall, ausgenommen am Ufer der Seine . . .« Aber die alten Pariser spürten sie auf, diese Dämonen, über die Forain eines der grausamsten Worte in seinem Beruf gebrauchte, und eines der wahrsten: »Sie wissen niemals, worüber sie lachen . . .«

Der Pariser

Es ist schon ziemlich viele Jahre her, daß Jules Lemaître, als er von dem berühmten Chat Noir der Rue Victor-Massé plauderte, schrieb: »Dieser Kater, der es verstand, die Légende Dorée und den Caveau gemeinsam am Leben zu erhalten, dieser sozialistische und napoleonische Kater, mystisch und zotig, schauerlich und zur Romanze geneigt, war ein *sehr pariserischer Kater* und beinahe staatlich. Er drückt auf seine Weise die liebenswürdige Unordnung in unseren Köpfen aus. Er schenkte uns wirklich lustige Abende.«

Aber was versteht man unter einer *sehr pariserischen* Person oder Sache? Man sieht wohl, daß man in Marseille geboren sein muß, um damit zu prahlen, daß man Marseiller ist, oder in Wien, um zu verkünden, daß man Wiener ist. Aber es ist nicht notwendig in Paris das Licht der Welt erblickt zu haben, um Pariser zu sein. Es würde besser sein, sagte Jarry, es wäre sicherer. Man kann trotzdem aus Amiens oder aus Villersexel kommen. Der zu früh verstorbene teuere Alfred Vallette hob für mich einen Zipfel des Schleiers, als er mich eines Tages darauf aufmerksam machte, daß ein Pariser ein Franzose ist ... Ich war ziemlich jung damals und brachte dem *Mercure* Verse ohne recht zu wissen, was mir widerfahren würde. Aber ich ahnte, daß er etwas sehr Bedeutungsvolles ausgesprochen hatte.

Er hatte recht. Der Pariser ist vor allem ein Franzose. Und deshalb kann man gewisse lästige Ausländer, berühmte Verschwender, die hier lange eine große Rolle gespielt haben, nicht als Pariser ansehen. Einen berühmten Spruch umkehrend kann man schreiben: ein reicher Fremder ist ein Fremder. Ein reicher Pariser ist ein Pariser. Ein armer Pariser ebenfalls. Es ist eine Art Färbung, das entspricht der Qualität eines Stoffes.

Ich befand mich vor einigen Monaten auf einer Bahnhofstreppe, inmitten eines dichten Knäuels ungeduldiger Reisender: wir warteten auf den Zug nach Paris, der etwas Verspätung hatte. In der ersten Reihe konnte ich zwei Soldaten unterscheiden, die von einigen Zivilisten begleitet wurden, von Kameraden. Der Zug fuhr ein, hielt an. Er war fast überfüllt. Einer der Soldaten stürmte die kleine Treppe eines Wagens hinauf. Freundlich hielt ihn der andere am Jackenzipfel fest und sagte unendlich würdevoll: »Langsam, he, Mensch, bin aus Paname*, ich.«

Pariser sein verleiht dem Glücklichen eine Art Vorrang, den er dieser Eigenschaft verdankt. Dagegen werden Massen der in der Plaine Monceau oder am Place d'Italie geborene in ihrem ganzen Leben keine Pariser sein: Sie haben die Art und Weise nicht erfaßt. Man fühlt es ganz genau, daß Brunetière niemals ein Pariser war, während Capus und Donnay es bis in ihre Träume hinein sind. Léon Daudet ist Pariser, Léon Blum ist es nicht und es würde ihm zweifellos nichts daran liegen. Es ist übrigens zu bemerken, daß gewisse Romanschriftsteller und dramatische Autoren – man beruhige sich, ich werde niemand nennen – die ins Ausland gehen, um der Ausdruck selbst zu sein, die Personifikation von Paris, weil sie »Laster« ersinnen, Hochzeiten beschreiben und sich in einem Kleiderständergeheimnis gefallen, nicht für einen Sou Pariser sind. Eine der ersten Notizen zu einem Porträt des Parisers könnte diese sein: der Pariser ist kein geheimnisvolles Wesen. Er ist weder ein Borgia, noch ein englischer

* Paname = Paris (Anm. des Übers.)

Lord, noch ein Bojar, weder ein Yankee, noch ein Mandarin, kein Offizier im Ruhestand, kein Pfaffe. Der Pariser ist ein Herr, der zu Maxim's geht, zwei oder drei treffende Sätze zu seiner Zigarettenhändlerin sagt und sich im allgemeinen Frauen gegenüber sehr liebenswürdig verhält. Er liebt die Bücher, schätzt die Malerei, kennt Restaurants, die es wert sind, diesen Namen zu tragen, macht nicht zu viele Schulden, andernfalls gar keine und überläßt es seinen Söhnen, Weibergeschichten in Ordnung zu bringen.

Ich bin dabei, die Nachwelt über eine Menge von verschwundenen Parisern zu befragen: Sarcey, Forain, Schwob, Edouard VII., Lemaître, Donnay, Capus, Allais, Lucien Guitry, Grosclaude, Boni de Castellane. Mögen mir die Manen derer verzeihen, die ich vergesse. Diese Nachwelt beklagt sich. So viele angenehme Menschen sind nicht ersetzt worden! Und die am meisten pariserischen von heute sind es seit langem! Maurice Donnay, Tristan Bernard, Abel Hermant, Léon Bailby haben, wie ich, diejenigen gekannt, die ich nannte.

Das Erbe dieser Pariser treten heute die »modernen« an, und ich gebe diesem Wort seinen vollen, verächtlichen Sinn. Die Modernen sind ewig Aufgeregte, für die eine Krise im Ministerium der Ursprung von Katastrophen ist, ein durchgefallenes Theaterstück die Ankündigung des Weltunterganges. Alle Wetter! Haben wir nicht Krisen im Ministerium und andere Backpfeifen erlebt...

Dem Pariser Geist ist haargenau diese Leichtigkeit gegeben, die es einigen hundert von Tausenden menschlicher Wesen ermöglichte, nichts tragisch zu nehmen und die Feststellung zu machen, daß alles ganz gut ging. Seitdem die Ecole Normale, die Faculté de Droit, Polytechnique, die Faculté de Medecine, die Ecoles d'Application einer gottverd... Provinz uns Experten schicken, Überexperten,

Minister, und bisweilen ihre Sekretäre oder intimen Freunde, klappt nichts mehr. Und dieser oberste Richter, der Pariser, der Ereignisse und Konsequenzen mit gezücktem Bleistift, wie Caran d'Ache erwartete, dieser oberste Richter ist nicht mehr . . .

Der Pariser war ein Mensch, dem man gerne begegnete, der alles wußte, der einem zulächelte, selbst wenn er müde war oder wenn ihn ihre Gegenwart störte, und der immer zu ihnen sagte: »Wie froh bin ich, Sie zu sehen!« Nach einer halben Stunde war er es wirklich! . . . Es gibt bei manchen Menschen Schätze von Gefälligkeit, Geist, Liebenswürdigkeit, alles gewürzt mit köstlichen Spötteleien und Bosheit, Schätze von Geduld und Gaunerei, Mischungen von Höflichkeit und Schmarotzertum, die sie unentbehrlich machten, und nicht allein in den Salons von Paris, sondern auch in manchen Buchhandlungen, manchen Bildergalerien und bei den meisten Generalproben. Ich sage den meisten, aus einem sehr einfachen Grunde: weil es keine Pariser Stücke mehr gibt. Es gibt Stimmungsbilder, Alpträume mit Hof und Garten, sonderbare Gelüste und Stellen, bei denen man errötet, für eine Handvoll Spitzbuben, ohne die allergeringste Kultur, das mindeste bißchen Grammatik, die Romane verfertigen, und man verlegt sie, die Theater spielen, sagte Jules Renard, wie man Schecks ausschreibt. Sie schreiben, und man spielt sie.

Ich bestehe hier nicht auf eine gründliche Untersuchung der Romane oder der Stücke, nicht darauf, sie ihres Inhalts zu berauben. Ich würde nicht behaupten, daß mancher Genie hat, ein anderer Geschicklichkeit, ein dritter ganz gerissen ist. Aber zur Zeit von de Flers und Caillavet, als die Qualität die Qualität war, ein Pariser Fest ein Pariser Fest, ein Jude ein Jude, war es eine andere Sache. Ich will sagen, daß das pariserischer war, und alle meine Zeitgenossen werden mich verstehen.

Zuviele Leute haben heute Paris »gewollt«, das Kino hat sich seiner bemächtigt, wir haben gesehen wie Scharen von Sarazenen sich auf alles das stürzten, was früher Einzelnen vorbehalten war. Wohl steht es ihnen frei. Jedoch, wenn ich in der Chronik lese: »Madame de Saint-Chouette hat eine sehr pariserische Soirée gegeben, *in* ihrem Haus«, oder »Der Comte Le Truc du Machin* hat einige Freunde veranlaßt, sich zu einem Bridge zu versammeln«, ich mache Spaß. Alles das ist ganz richtig, die Saint-Chouette und die Trucmuche du Machin** sind leibhaftige und verschwenderische Leute, aber sie stammen aus einem ebenso künstlichen Paris, wie kinematographische Bilder. Es sind Phantome.

Man hat ein wenig zu viel geschrieben, daß der Pariser ein Mann des Theaters ist, des Redaktionszimmers, des Golfs. Es gibt sehr solide, sehr echte Pariser in der Industrie, im Ingenieursberuf oder in Handelsunternehmen, bei der Eisenbahn oder in der Parfümerie.

Man hat auch ein wenig zu viel gesagt, daß der Pariser eher ein vermögender Mann ist, wenn nicht sogar insgeheim sehr reich, ein egoistischer Kapitalist, der Bibliothek, Miniaturen, Tabatieren, Vasen, Kutsche, Dienerschaft, Weinkeller, Schloß und Mätresse sein eigen nennt. Es gibt entzückende Pariser in allen Gesellschaftsschichten. Ich gehöre zu denen, die glauben, Ménilmuche*** und la Chapouelle****, um sie auszusprechen, wie es zu ihnen paßt, bilden so etwas wie die Avenue du Bois der Außenboulewards. Und die selbständige Prostituierte die »Belote dure*****«, das Festessen, die Tour de France sind ganz sicher der Jockey Club, die Drugs******, die Petits Lits

---

* von Sowieso   ** Dingsdas von Sowieso (Anm. des Übers.)
  *** Ménilmontant   **** la Chapelle
***** eine Art Kartenspiel
****** Rennsieger (Anm. des Übers.)

Blancs und Toscanini für diese Messieurs Dames ohne Moneten. Ich habe in manchen Tingeltangeln ebensoviele »große Eindrücke« gehabt, wie in der Oper.

Diese Gesellschaft, Ordentliche, Straßenhändler, Zuhälter, Kerle, »Straßenjungen, Gecken«, broches, sous-broches, Midinetten, Zierpuppen, Weibsbilder, Ladeninhaberinnen, die Festgelage, unangenehme stämmige Kerle, Granatendreherinnen, solche, die andere mit Vitriol begießen, die große Klasse sind oder gerissen, nicht nur daß man ihresgleichen im Ausland nicht findet, sondern auch in der Provinz nicht. Es ist wohl ein Volksstamm von Paris, mit seinen Sitten und seinem Vokabular. Alle diese Geschöpfe, die Villon rühmte, dann, in anderer Weise Philippe, dann Charles-Henry Hirsch, dann Carco, sind Pariser. Sie üben eine Art Herrschaft aus, im Vergleich zu Spezies, die weniger schlagfertig, weniger sorglos und weniger liebenswürdig sind.

Diese Klassen vermischen sich jedoch in der glücklichsten Weise und darauf beruht zweifellos das Geheimnis von Montmartre. Die Nachbarschaft des braven Mädchens und der schönen Dame, des kleinen Zuhälters oder des Mechanikers und des Zylinderhutes ist ganz gewiß das, was Pigalle und Blanche ihre Ausstrahlungen verleiht. Und es gibt eine Straße, deren Charme unwiderstehlich ist, wo die Anwesenheit von hundertprozentigen Parisern gewiß ist: das ist die Rue Lepic. Ich bin hier oft mit großen Snobs spazierengegangen, deren Namen ich im Bereich der Obst- und Gemüsehändlerinnen und der vornehmen Fleischer, die die Zigarette zwischen den Lippen haben und den Schalk in den Augenwinkeln, nicht zu nennen wage. Eine gleiche und echte Sympathie erhielt uns alle in einem Zustand der Zufriedenheit und Energie. Und wenn die Pariser des Sechzehnten zu den Hallen gehen, wenn sie sich auf die Suche nach kleinen Restaurants begeben, wollen sie in Wirklichkeit andere Pariser sehen.

Wie es auch sei, alles das vergeht, und sogar die Art, davon Gebrauch zu machen, so wie es in einem kleinen anonymen Gedicht gesagt wird. Paris steuert in voller Geschwindigkeit einer trockneren und gewiß weniger nuancierten Geschwindigkeit entgegen. Schon der Gegensatz zwischen der Dekoration »Art Nouveau« des Maxim's und der Speisenden fällt demjenigen auf, der es sehen will. Man hört hier von nichts anderem sprechen als von Pakten, von Plänen (haben sie bemerkt, daß jeder seinen eigenen hat), von Rekorden; man erklärt die Sexualität durch die Biologie, die Biologie durch die Mayonnaisensauce... Bei entzückenden jungen Frauen regt sich das Herz und das übrige nur in dem Maße, in dem die Partei, zu der der Herr gehört, der sie ausgeführt hat, »interessant« ist. Wenn alle diese Leute sich amüsieren, dann auf die Art der Panther der Tierparks. Der Dirigent des Orchesters muß ein wenig den Dompteur spielen. Wer weiß? Es ist vielleicht etwas der Pariser Geist von morgen, der in Erscheinung tritt. Was würden Forain, Capus, Barrès, diejenigen, die zu ihrer Zeit Pariser waren, sagen? Was würde Arthur Meyer sagen? Man hat die Epoche verleumdet, die man mit 1900 meint. Man hat in mehr als einem Punkt recht gehabt. (Für dich, Morand, der du sie zu jung gekannt hast!) Man hat sie in den Schmutz gezogen. Und trotzdem, vor diesen Kanten, dem verchromten Stahl, den mageren und schlecht ernährten Strichmädchen, den Gemüsesäften, dem Theater für siamesische Katzen, den Katzen für Koffer und den Koffern für T.S.F., hatte die vergangene Zeit so viele Dinge für sich, die wir niemals wiederfinden werden: den Charme, das Froufrou der Frauen, den Pariser Geist, wie!

»Das Moderne, sagte ein freundlicher Greis zu seinem Friseur, einer Art lebendem Bugattimotor, der Kino aus dem Stegreif sprach, die Grill-Rooms lobte, und das Brett zum Wellenreiten . . . das Moderne? Es hat uns schon einen Krieg gekostet, tägliche Katastrophen, Lärm. Und es bereitet einem Überraschungen, die es auf andere Weise in sich haben, und wie wissenschaftlich!«

»Der Fortschritt? sagt Mac Orlan mit Recht. Man führt sie eine Stunde lang in einer Fabrik herum: Turbinen, Treibriemen, Dynamos, usw. Alles, um einen Bleistift anzuspitzen . . .«

Die Pariserin

Es ist schwer zu sagen, was das ist, eine Pariserin. Dagegen sieht man sehr genau, wenn eine Frau keine Pariserin ist. Becque macht in seinem sehr kühlen Stück, dessen erster Akt es berühmt werden ließ, in der Pariserin eine Frau, die mit jedermann ein bißchen schläft und keine Hemmungen hat zu ihren ursprünglichen Liebhabern zurückzukehren. Für ihn, wie für die Deutschen, die Russen und die Eingeborenen der Fidji-Inseln ist die Pariserin das weibliche Element der Ehe zu dritt. Stoßen wir uns nicht an diesen summarischen Urteilen und bilden wir uns nicht ein, daß der Patriotismus darunter leidet, weil die Pariserinnen Café-Crème, wie Joséphine Baker, oder jüdisch, wie Sarah Bernhardt sein können. Hier ein wichtiger Punkt: die Pariserin kann dreist aus Moskau, Sucre*, oder Castelsarrasin kommen.

Es gibt alle Arten von Pariserinnen. Im Jahre 1907 zeigten sich zwei Damen, die jeweils als »Verirrte aus kaiserlichem Adel« und als »überspannte Literatin« bezeichnet wurden und die keine anderen waren als die Marquise de Belbeuf, geborene Morny und unsere bewunderungswürdige Colette (Willy), auf der Bühne einer Music-hall, genau dem Moulin-Rouge, in einem Auftritt, der erschreckte und den Spießer losschreien ließ. Der Polizeipräfekt mußte die Aufführungen untersagen. Die Nichte Napoléons des III. und die Verfasserin** der *Retraite sentimentale* sind Pariserinnen geblieben, trotz des Platzregens.

* Bis 1899 mit Unterbr. Hauptstadt von Bolivien
** Colette (Anm. des Übers.)

Dagegen hat Madame Steinheil kein Recht auf diesen Titel. Wie man sieht genügt es nicht, von sich reden zu machen. Es gibt kaum noch Pariserinnen. Was man in unseren Tagen in den Salons trifft, bei den Ministern, bei Maxim's, in den Kulissen der kleinen Theater, sind die Frauen der links gerichteten Welt, beschäftigt mit Frankreich, mit Spanien, mit der Ehre, Ladenbesitzerinnen aus der Provinz, die ihrem Gatten bei seiner Karriere unter die Arme gegriffen haben oder vielmehr um die Taille gefaßt haben, Zimmermädchen, die eine kinematographische Schlagwetterexplosion in die vorderste Reihe gestellt hat, die aktuell geworden sind, die man einlädt und die man bewundert und verwöhnt. Nein, es gibt nicht mehr viele Pariserinnen in unserer Epoche der Emporkömmlinge, der Heuchler, der Opportunisten oder Sektierer. Sie haben sich gefürchtet.

Die Pariserin, wenn sie ungezwungen war, sogar leichtsinnig, beanspruchte mindestens Männer, die ihre Gunstbezeigungen empfingen oder die sie ganz einfach mit Geschenken überhäuften, um das Recht zu haben, mit ihnen zu plaudern, wenn sie wohlgeboren wären, wenn sie gut aussähen und ein reines Herz hätten. Sie nannten sich damals Madame Visconti oder Marie Duplessis, für die sieben Mitglieder des Jockey einen Verein gründeten. Virginie Dejazet, Hortense Schneider, Anna Deslions, die Comtesse Walewska, Esther Guimond oder Julia Beneni, die Barucci mit den schönen Hüften, wie sie die Oberkellner nannten. Herrliche Italienerin, mitten in Paris hineingeworfen durch einen reichen Bürger mit dem prädestinierten Namen Monsieur de Dame, bevor sie ihre Reize, und welche Reize! Edouard dem VII. zeigte, der sie in einem Privatsalon des Café Anglais erwartete. Sie nannten sich ferner Lucie Mangin, Constance Bézucher, Reine Romani Miß Claryn, Emilienne d'Alençon, die

Schülerin des Conservatoire war, Otéro, oder Madame Liane de Pougy. Diese Damen und diese Fräulein, diese Schauspielerinnen und diese Prinzessinnen, diese Ausländerinnen und diese Tänzerinnen wurden Pariserinnen und nicht nur, weil sie in Paris von sich reden machten, was die Hauptbedingung ist, sondern auch in London, Biarritz, Rom, Aix-les-Bains, Carlsbad und Saint-Pétersbourg. Sie waren Pariserinnen, weil sie der Meinung waren, daß das Leben ausschließlich dem Vergnügen gewidmet sein sollte, der Leichtfertigkeit, dem Snobismus, der Trunkenheit und dem Radau. In der Beschäftigung mit diesen Spielen zeigten sie eine Leichtigkeit, eine Unbekümmertheit, einen Charme und eine Begeisterung, die selbst die Grundlagen dieser Haltung bilden.

Es handelte sich nicht darum in einer Ecke zu sitzen und irgendeinem Comte zuzulächeln, der sich umsonst für einen ruiniert, einem Pferde, Perlen, Schlösser und Bilder auf Kosten seiner Familie kauft, sondern Worte auszusprechen, die von den Zeitungen aufgegriffen werden und Pelze und Schmuck zur Geltung zu bringen, die im Geflüster diplomatischer Kreise mehr Bedeutung hatten, als die Geheimverträge oder die europäischen Verbindungen. Man mußte die Fürsten demütigen, Finanzleute ruinieren, Ladenschwengel und berühmte Hitzköpfe zum Selbstmord treiben und ein wenig am Verwaltungsbetrieb teilnehmen, indem man Präfekten tanzen läßt, einfach um sich damit groß zu tun. Man muß keinen Widerspruch dulden und über alles wohlunterrichtet sein. Eine echte Pariserin von 1900 durfte nicht zögern in drei Worten ihr Urteil abzugeben, das sofort verbreitet wurde, über ein Stück, einen Krieg, ein Pferd, eine Oper, eine Fürstenhochzeit, einen Streik, oder irgendeine Zarenankunft. In einem Wort, wie in tausend waren die Pariserinnen Pythias.

Aber neben diesen lieblichen Hexen, diesen *Liebchen,* die Tränen und Blut vergießen ließen, diese Marquisen der Klubzimmer, alle verbunden durch einen angeborenen Sinn für Größe, eine natürliche Vornehmheit und einen Geist, der den Exhibitionismus benutzte, wenn er sich nicht durch die Unterhaltung offenbaren konnte, neben den Göttinnen der Galanterie, und galant vor allem, weil sie Pariserinnen waren, sind da noch andere, die klüger, zurückhaltender und reiner sind. Den Romanen von Hervieu, von Hermant oder Bourget entschlüpft, den Erzählungen von Henri de Régnier, den Stücken von Donnay und von Capus, den Novellen von Maupassant, Gattinnen von Magistratsbeamten, von Ministern, bekannt durch ihren Salon, ihre gesellschaftliche Macht, ihre Vermögensverhältnisse oder ihre Geltung, gab es Pariserinnen, die vor allem durch ihren Geist oder ihren Einfluß glänzten.

Es ist die Avenue, die dem Boulevard folgt. Diejenigen, die einen Salon hatten, waren ebenso bekannt, wie die, die Restaurants besuchten, ebenso umworben. Schließlich gab es noch vergessene Pariserinnen, die kein Diamant in der Geschichte kenntlich macht und die allein die Gastwirte in der Provinz oder die Zollbeamten an der Grenze vom ersten besten unterscheiden konnten. Eine Besonderheit an der Kleidung, am Akzent, eine Schwingung, eine Kleinigkeit in der Sprechweise läßt diese Gastwirte und diese Beamten unvermeidlich ausrufen:

»Wahrhaftig, es ist eine Pariserin!«

Von solchen setzt man kaum noch welche in die Welt. Wenn Paul Morand das Talent hatte uns die bedeutende Weiblichkeit der Nachkriegszeit vorzustellen, bemerkte er niemals Pariserinnen auf der Carte du Tendre* im XX. Jahrhundert und machte uns nur mit Überspannten, Bo-

* Landkarte der Zärtlichkeit aus einem Roman von Madelaine de Scudéry (1607–1701) (Anm. des Übers.)

hémiennes, Exzentrikerinnen oder Revolutionärinnen bekannt. Ich vermute hier eine der Ursachen des Verschwin-
dens dieses reizenden Ungeheuers. Die Männer von heute
machen zu viel Politik, um mit Frauen Zeit zu vertändeln
und haben nicht genug Geld, um sich gleichzeitig mit Ak-
tiengesellschaften und allerkürzester Gesellschaft zu beschäftigen. Sie haben die Frau sich entwickeln lassen. Und,
mein Gott, seit sie sich entwickelt, hat die Pariserin ihren
Gatten oder Liebhaber nicht mehr notwendig nach der
Mode, nicht selten nach ihren Neigungen gewählt, die sich
oft mit ihren Interessen vermischen . . .
Die Entwicklung der Gleichberechtigung durch die Wogen
des Sports, die Zurschaustellung der Frau in den Music-
halls, die allgemeine Verbreitung des Reispuders, der
Massagen und des Seidenstrumpfes haben das unerläß-
liche Geheimnis der weiblichen Oberhoheit und des Parisianismus zerstört. Die großen Restaurants treten beschei-
den vor den Banken zurück, die Theater verwandeln sich
in Kinos, die Modehäuser verheimlichen nicht, daß sie
nicht mehr tonangebend sind in der zivilisierten Welt. Auf
diese Weise ist die Atmosphäre selbst einer Erneuerung der
schönen Nächte von Paris und der reizenden weiblichen
Tyrannei abhold. Einige Jahre noch und die Pariserin
wird aus der Hauptstadt und aus der Legende verschwinden, wie einstmals die Plesiosaurier, Xiphodons und Dinornis, um den Pariser Frauen Platz zu machen, was nicht
ganz und gar dasselbe ist . . .
»Ich werde sie mit der letzten bekannt machen«, eröffnete
mir eines Tages ein großer Heimgegangener von gestern,
dessen Namen ich verschweigen werde, um sein Andenken
nicht zu schmälern. Er ist einer der jungen und berühmten
Stützpfeiler der Tee's von Madame de Loynes und von
Madame Strauss gewesen und er liebte die Gesellschaft
der Frauen, beinahe als ihr Komplize. Eingeladen einige

Stunden bei einer Ausländerin zu verbringen, die sich im Hotel niedergelassen hatte, bat er mich, ihn zu begleiten, um ein bißchen mit einem Mädchen zu plaudern, bei dem, sagte er, Minister beglückt und zitternd ihre Dokumente vergessen hatten ...

»Ich habe das Konzept zu einer Rede, das dazu bestimmt war, in der Chambre verlesen zu werden, im Ankleidezimmer der betreffenden Dame gefunden«, erzählte er mir lächelnd, während man uns bei der Wunderschönen anmeldete.

Wir betraten bald eine Art Gewächshaus, wo die teuersten und seltensten Blumen anmutig verteilt waren, uns die Möbel des Zimmers verdeckten, das trotzdem noch geräumig war. Und bald erschien in diesem Garten die letzte Pariserin. Das war ganz gewiß eine Frau von einer sehr großen Schönheit und einem unbestreitbaren Charme. Der Schmuck, den sie trug, die Schokoladenschachteln, die auf den kleinen Tischen herumstanden, die Puppen aus den Nachtbars, die wie Kinder auf ein »Kanapee« gesetzt worden waren, ein mit erlesenen Ornamenten geschmückter Radioempfänger, Bänder, Toiletten, die in »malerischer« Unordnung auf das Bett geworfen waren, kostbare Flakons und Luxusausgaben mit endlosen Widmungen, bezeugten zur Genüge, daß die Lieferanten einander folgten bei der Dame und daß eine ganze Fraktion von Paris ihr zu Füßen lag. Ihre Unterhaltung entzückte uns. Wie jene berühmten Mondänen, die Throne zum Wanken brachten und von denen ich damals hatte sprechen hören, als ich faulenzte, sie wußte alles, kannte alle Welt und telephonierte mit Politikern, um die Situation irgendeines Zimmermädchens zu klären. Einen Augenblick war ich verblüfft. Hatten wir es mit einer echten Nachfolgerin der Paiva und der Pariserinnen der Legende zu tun? Mit irgendeiner Liebesprinzessin aus Porto-Riche? Irgendeiner geistigen Tochter des boshaften und zärtlichen Theaters von Maurice Donnay?

Man servierte uns seltsame Cocktails und Sandwiches, die etwas von Nippes hatten und geradewegs aus der Rue de Rivoli kamen. Die letzte Pariserin, die sich, glaube ich, Sarah nannte, bewegte sich zwischen den Blütenblättern und den Porzellanen ihres kleinen Hotelmuseums. Sie regierte. Ich versetzte mich zurück in die Zeit, wo nach der Ansicht von einem meiner Onkel die Könige verkleidet, schlecht rasiert, schlecht beschuht in die Alkoven schlüpften, wo die Kokotten von 1900 sie zu Spielzeugen herabwürdigten. Sarah war fast nackt unter einem Négligé, das bisweilen wohlgeformte weiße Schenkel sehen ließ, wahrhaftig, um einem den Atem zu benehmen. Mein alter Freund stampfte mit den Füßen. Der gute Kerl! Er glaubte die Nachfolge der Morny, Roger de Beauvoir der Castellane anzutreten. Ich ließ ihn bei seiner Zauberkünstlerin, die, wie ich inzwischen erfuhr, ihm zweitausend Francs aus der Tasche zog und einige wichtige Empfehlungen für »Geschäfte«. Acht Tage später speisten wir zu dritt im Café de Paris, wo Sarah darauf bestanden hatte, uns zu einem dieser sensationellen Menüs einzuladen, was allein Louis Barraya zubereiten konnte, dieser, ein echter alter Pariser und Wirt von vornehmer Abkunft. Mein Freund war immer wie gebannt. Er erzählte uns die Geschichte von Paris und rief die Erinnerung an Maupassant wach, an Paul Bonnetain, Huges le Roux, professionell hübsche Jungen einer Epoche, die wir niemals hinreichend beklagen werden. Gegen Mitternacht wurde Sarah an das Telephon gerufen und verließ uns reichlich geheimnisvoll. Wir sollten sie nicht mehr wiedersehen. »Sie verläßt uns irgendeines Prinzen wegen«, raunte mein Freund.

In Wirklichkeit fuhr sie nach Amerika, um Industriellen die Beute ihres Pariser Diebstahls abzuliefern, denn unter dem Vorwand unnennbarer Eleganz kopierte sie unsere Kleider und sammelte sie die Modelle. Selbstverständlich behielt ich diese Neuigkeiten für mich und entdeckte ihrem Anbeter für einen Tag niemals, daß es, leider! kaum mehr echte Pariserinnen gibt!

Zahlreiche Damen, Pariserinnen von gestern und junge Mädchen von heute, wollten mir gern schreiben, nach irgendeinem Artikel, in dem ich von zunehmendem Verschwinden der großen Damen und der vornehmen Mädchen von einst sprach. Einige behaupteten, daß »die Leinwand« imstande sein würde in unseren Tagen Typen zu erschaffen, ebenso berühmt und bezaubernd, wie jene, die unsere Bewunderung erregten, als die Dessous der Frauen in unseren Schülerphantasien raschelten. Man wird mir gestatten zunächst zu antworten, daß der Film vor allem Stars von »weltweiter« Geltung und von einer neuen Schönheit hervorbringt und die, wenn sie für die jungen Generationen die Pariserinnen der Vorkriegszeit ersetzen, sie jedoch nicht bei denen in Vergessenheit geraten lassen, die sie gekannt und geliebt haben.

Um den besonderen Charme deutlich zu machen, den die Pariserinnen ausstrahlten, und den sie sich ganz zu eigen zu machen schienen, hatte Emile Goudeau die berühmte *Asphaltpflanze* erfunden, die sich nur in Paris entfalten konnte. Diese in der Welt einmalige Blume nannte Roqueplan einst *die Parisine*. Nun, diese Sorte ist im Tumult der Banken, Wochenschaukinos und politischen Umzüge eingegangen. Mit ihr ist die besonders »betörende« Frau verschwunden, die sie auf geheimnisvolle Weise erschuf. Wenn unsere Großväter und unsere Väter früher die Abendzeitungen oder Morgenzeitungen auseinanderfalteten, war das nicht, um über die Ernennung von General Goiran zum Kriegsminister an Stelle des verstorbenen Berteaux nachzudenken oder über den Rücktritt von

Monsieur Le Peletier d'Aunay, dem französischen Botschafter in Bern. Nein! Es war um zu wissen, welche neuen Gerüchte über die üppige Germaine Gallois mit ihren vierundsechzig blendend weißen Zähnen im Umlauf waren, was man sich über die geistreiche Jeanne Granier erzählte, über entzückende Mädchen, die Madelaine Carlier oder Marguerite Brésil waren, und ob Sarah Bernhardt immer noch *Frou Frou* in den Variétés spielte. Das war zu unserer Zeit sehr viel interessanter als die Politik und drum herum das parfümierte, leichtfertige Spiel der Leidenschaften ... Ein kleiner Streit um Juwelen, eine Unterredung im Boudoir nahmen in den Köpfen mehr Platz ein als die mutmaßlichen Kriege und schwelenden Revolutionen. Man hatte noch Herz und Geist ...

Ich erinnere mich der Herumstehenden, der liebenswürdigen Klatschereien, des wohltuenden fröhlichen Lachens, das die Geschichte vom Pelzmantel der Madelaine Carlier begleitete, der bewunderungswürdigen Pariserin mit den kräftigen Umrissen, deren leisestes Schmollen wegen ganz frischer Maiglöckchen die Modeschöpfer und Blumenhändler in Panik versetzte. In der pariserischen und noblen Absicht ihr seine Verehrung zu beweisen, beeilte sich ein berühmter Kürschner, ihr einen Mantel zu schenken, der einen sprachlos machen konnte, was von Frauen wie Madelaine Carlier für vollkommen richtig gehalten wurde, die grundsätzlich in jeder Beziehung ein Recht darauf haben ... Sie nahm den Gegenstand übrigens mit jener anmutigen und betörenden Überlegenheit an, die sie alle gemeinsam haben und trug ihn wie auf der Bühne. Später erlaubte sich der Kürschner, der nur einmal pariserisch gewesen ist, Madelaine Carlier eine astronomische Rechnung zu schicken. Diese wurde mit einem Lachen in Empfang genommen, das bald ganz Paris eroberte. Die Schauspielerin behielt das Geschenk und ganz Paris gab ihr recht.

Es waren nur Frauennamen, die einem durch den Kopf gingen: Mademoiselle Beauregard mit den hübschen Füßen, deren hin- und hertrippeln in den Kulissen der Opéra sich dem Gleichschritt von Scharen alter Herren anpassen mußte. Die unvergeßliche Cléo de Mérode, mächtiger als die Mächte, wie es Madelaine Brohan oder die berühmte Léonide Leblanc gewesen waren, am Theater unter dem Namen de Lambelle bekannt, und die nicht nur den Mut zu ihren Meinungen hatte sondern auch zu ihren Taten. Eines Tages, als eine kleine Comtesse des Typs Gipfelkonferenzen (denn es gab schon welche) sie ansprach, um ihr nicht ohne eine gewisse Geringschätzung zu sagen, daß sie am Abend bei seiner Hoheit dem Prince de G . . . speisen würde, antwortete ihr die schöne Leblanc, die sich nicht auf die Zehen treten ließ: »Und ich, ich schlafe da, Madame la Comtesse!« Überflüssig zu sagen, daß das Wort ebensoviel Aufsehen erregte, wie die Todesanzeige des Großen Pan!

Die Eigenart der Pariserinnen war berühmt zu sein. Es war ein Titel oder vielmehr ein Amt, für das man von der öffentlichen Meinung ernannt wurde und in dem man sich durch seine besonderen Fähigkeiten auszeichnete. Sie waren Pariserinnen, so wie man heute zu den zweihundert Familien des Suez oder irgendeiner extremen politischen Partei gehört. Sie herrschten gemeinsam über alle Klassen der Hauptstadt, indem sie den Minister oder den »Mec«* mit der gleichen Ungezwungenheit und der gleichen Überlegenheit behandelten, ob sie von der Avenue de l'Opéra waren oder vom Montmartre, aus der Welt des Flirts oder aus der Welt des »Fric«**. Irgend etwas verband die Damen der Klubzimmer mit den Damen der Spelunken und es war eine größere Verwandtschaft als man glaubt zwischen Cora Pearl, Esther Guimond, Blanche d'Antigny, Marie Sergent, genannt »La Reine Pommaré«, Anna

* Zuhälter, Kerl   ** Geld, Reichtum (Anm. des Übers.)

Deslions, La Castiglione, Hortense Schneider oder der Barucci (um mit den Größen anzufangen), und den anderen, denen des öffentlichen Platzes, den La Goulue, Grille d' Egout, Rayon d'Or, dem Mome Fromage, Mélinite, Muguette oder Demi-Siphon. Ebenso »Monsieur le Marquis«, Besitzer von zwei prächtigen Anglo-Normannen für seine Spazierfahrten im Bois und die Kumpanen Valentins, des Schlangenmenschen, Bruder eines Notars aus Sceaux, spielten im Grunde in derselben Zauberposse mit.

Und ich auch, ganz jung, von den Ausstrahlungen dieses Olymps gepeinigt, ging in den Bois, um mir die unbekannten Königinnen von Paris anzusehen, mit Turbanen aus Silbergaze auf dem Kopf, mit großen Volants aus Chantilly-Spitze geschmückt, die auf Kleider aus weißer Liberty-Seide genäht waren, soviele prächtige Spaziergängerinnen, schwer zu erreichen, von denen für mich dieser besondere Geruch ausströmte, der von einem bejahrten Ehemann, irgendeiner Enthaarungscrème und von den Parfums der Epoche herrührte, offenbar weniger rein als es die Schönheitsinstitute uns heutzutage anbieten . . .

Es erinnert einen an die Art wie Paul Bourget den Gang einer Dame der großen Gesellschaft durch Paris schildert, die, ob sie will oder nicht, mitten in alle Geräusche und alle Lockungen der Hauptstadt gerät. Man fing schon vor dem Kriege an Bourget, gleichzeitig mit Loti und Anatole France in die Gruppe der einwandfreien französischen Schriftsteller aufzunehmen, die für würdig befunden wurden, in der Klasse behandelt zu werden. Eines Tages, als unser Rhetoriklehrer dieses Thema vor uns erörterte, um uns, wie er sagte, den modernen Roman zu erschließen, erklärte er in einem gleichzeitig vertraulichen und achtungsvollen Ton: »Es handelt sich um eine Pariserin!« Ohne zu verstehen hatten wir alles verstanden. Wir verspürten eine Art Schauder auf der Haut und wir

hatten den Eindruck, ganz jung in das Mysterium einge-
weiht zu werden...

Und später sollte ich tatsächlich erkennen, daß die Pariserinnen ohne Rücksicht auf ihr zur Schau gestelltes Leben, ihre auffälligen Liansons, diese geheimnisvollen, herzlosen Geschöpfe geblieben sind, denn sie haben zu viel zu
tun, um sich der Zärtlichkeit zu widmen, mehr Erschei-
nungen als Frauen, und deren Berührung zuweilen für
die Seele des Mannes tödlich ist, sogar wenn er nur geglaubt hat sich zu amüsieren. Wenigstens, ob Beschützer
oder Liebhaber, konnte sich dieser Mann immer sagen, um
sich zu trösten, wie man es jetzt nennt, daß er Pariserinnen gekannt hat, deren Mütter »bei der Empfängnis eine
Perle verschluckten«...

Ich glaubte, und ich habe es hier sogar gesagt, in Gesellschaft eines Freundes die »letzte der letzten« getroffen zu
haben, die übrigens keine war. Nachdem habe ich eine
echte letzte gesehen, die mich in einem kleinen Haus des
»Siebzehnten« empfangen hat, das sie einer vorbedachten
begünstigten Liebesnacht verdankt. Es ist eine Dame im
besten Alter, noch schön und deren Namen ich verschweigen werde. Wir haben gemeinsame Erinnerungen be-
schworen und erstaunliche Gegenstände berührt, letzte
Überreste einer für immer versunkenen Zeit, zum Beispiel
das Programm von *Pierre et Thérèse* von Marcel Prévost,
aufgeführt zum ersten Mal im Gymnase, am 20. Dezem-
ber 1909 und gespielt von Marthe Brandès und Dumény;
Briefe von Lavallière, der *l'Ange* von Capus spielte, in
der gleichen Epoche; schließlich das Korsett Stella Nr 52
der Madame Bellanger, sehr lang untenherum, vorn sehr
gerade, das die Büste schlank machte und die Brust flach
erscheinen ließ, ein Museumsstück aus gutem, durchge-
wirktem Drell, das 22 fr. 90 kostete!

Glückliche Zeit! Die Goldwaren für Halbweltdamen

kosteten »leihweise« drei Francs im Monat. *Epine-Vinette* gewann mit Monsieur Lech das Große Hindernisrennen von Monte-Carlo; man riß sich den *Fauteuil hanté* von Gaston Leroux aus den Händen; der König Manuel machte sich die Mühe, zur Ausstellung von Sem zu kommen, das öffentliche Telephon, das man aufgestellt hatte, nannte sich »Innovation Américaine« . . .

Dann lasen wir Briefchen aus der Feder von Rose Ponpon, der dümmsten der großen Pariserinnen, die Eau de Botot mit Eau de Vichy vermischte, die Könige duzte, um auf dem Strohlager eines Klosters zu sterben; sehr heitere Briefe von Blanche d'Antigny, die unter ihrem Mantel ganz nackt mitten durch Paris ging . . .

Ich berührte Haarschleifen, die jenen gehört hatten, die die Klubzimmer auf den Kopf gestellt hatten, während meine liebenswürdige und ehrenwerte Gastgeberin murmelte: »Einst ist das Vergnügen etwas Göttliches gewesen und etwas höchst Elegantes, es war die Kunst im besonderen Sinn, während man heute eilig und eifrig liebt . . .«

Palasthotels und Hotels

Es gibt im Walldorf Astoria in New York eine Telephonistin, die sich eigens und ausschließlich um die ›Gewohnheiten‹ zu kümmern hat. Sie ist in gewisser Weise das Gedächtnis der Gäste. Sie erinnert diesen daran sein Bad zu nehmen, aber sie kann ihm auch ebenso auf seine Bitte, wenn er sensibel ist, die Auskunft geben, daß in der Tageszeitung nichts von einem Verbrechen steht und daß er sie unbesorgt aufschlagen kann. Nichts zeigt besser, daß das Leben im Hotel das einzige ist, das sich für die Launen des Menschen eignet. Faul, ein Nachtschwärmer, exzentrisch, derjenige, der sich das Leben im Hotel ausgesucht hat, ist zuerst ein Gast, vor allem in Amerika, und das Gesetz, das Gebot ist, zu seiner Verfügung zu stehen, ohne jemals Verwunderung zu äußern, ob er nun einige Gramm Radium bestellt oder einen Elephanten . . .

Paris, mit ungefähr fünfhundert Hotels gesegnet, laut Telephonbuch, konnte diesem wunderbaren Kodex gegenüber nicht gleichgültig bleiben, der dem einfachen Bürger erlaubt, während einigen Stunden als Fürst zu leben, und wir haben seit dem Krieg ein Dutzend große Etablissements, die um eine Antwort nie verlegen sind. Das ist wenig in einer Stadt mit fünfhundert Hotels, aber wir haben den Charme . . . Auf dem Plan für das Hotelgewerbe, wie auf vielen anderen, wird der Rückstand der »Industrialisierung« bei uns durch das Malerische aufgewogen. Hôtel Terminus-Austerlitz-et-du-Pied-de-Mouton, Hôtel des Mathurins et de New York, Hôtel du Grand-Saint-Fiacre, Hôtel de la Bertha, Hôtel de l'Univers und du Portugal, Hôtel de la République, du Garage et des Etrangers... Ich kenne manche Reisende, die in derartigen Häusern allein wegen des Vergnügens an der Adresse wohnen würden. In all diesen Etablissements, ob sie Palast oder möbliertes Haus sind, Wohnmaschine oder einfaches Garni, die Rolle des Hotelbesitzers ist, so innig wie möglich am Leben der Gäste teilzunehmen, gewisse Inhaber nennen sie ihre Familie. Das Leben im Hotel ist das Bild der Gesellschaft selbst und man versteht, daß ein Buch wie das von Vicki Baum, *Grand Hôtel*, in der Literatur, im Kino, in der ganzen Welt seinen Weg machte... Das Hotel ist ein Land im kleinen. Man kommt hier zur Welt, man leidet hier, man arbeitet hier und manchmal stirbt man hier. Manche Wesen wählen das Hotel als Ort des Selbstmords, denn das Sterben ist hier praktisch. Andere haben noch nichts Besseres gefunden, um den Ehebruch völlig zu genießen. Einige betrachten das Hotel als Zuflucht.

»L'hôtel« est un séjour charmant
Pour un coeur fatigué des luttes de la vie...

Jene, die es verstehen gratis zu leben

Wenn auch die Hotelratte verschwunden ist, wie die Halsbinde und das Petroleumdreirad, der Hochstapler hat nicht aufgehört die Großzügigkeit des Hotelpersonals zu mißbrauchen. Sich irgendwo einen angenehmen Aufenthalt zu verschaffen und sich aus dem Staube zu machen, ohne die Rechnung zu bezahlen, ist eine Angewohnheit, die gewisse Leute schwer ablegen können. Dieser wird versuchen ungedeckte Schecks wieder in die Kasse zurückzulegen, und manchmal Falschgeld. Jener wird ein kostspieliges Frühstück mit mehreren Gedecken im Restaurant bestellen und dabei den Vorteil haben, beim Oberkellner hundert Francs zu pumpen, woraufhin er irgendwo in der Kneipe im Stehen einen Croissant verzehren wird.

Man müßte eine Anthologie mit den Kriegslisten, die von manchen *Reisenden* angewendet werden, um unter den besten Bedingungen der Welt gratis zu leben, zusammenstellen. Die Gewißheit, daß die Direktoren mit der Polizei in Verbindung stehen, hindert sie niemals. Bei Bedarf, wenn die Überwachung streng ist, ziehen sie ihren Vorteil daraus und zögern nicht, sich zu Botschaftern oder Königen zu machen. Ein Helfershelfer, der häufig von draußen telephoniert, trägt zur Realität dieser Leute bei und erweckt den Glauben an Missionen...

Eine der im Wirbel des Hotellebens wichtigsten Fragen ist die der Hunde, einer Quelle des Verdrusses und der Plackerei, selbst von diplomatischen Schwierigkeiten für das Personal. Eine Armee von Grooms muß mehrmals am Tage für den Verdauungsspaziergang der vierbeinigen Gäste aufgeboten werden. Man muß ferner der Begegnung zwischen Pekinesen mit verschiedenen politischen Meinungen ausweichen, Begegnungen, die schnell in Krawall ausarten. Endlich gilt es die Augen zu verschließen vor kleinen Unglücksfällen natürlicher Art, so natürlich, daß gewisse Gäste nicht verstehen, daß man sich darüber wundert und bei der geringsten Bemerkung drohen, das Hotel zu verlassen.

In den großen Hotels, in denen nur Luxustiere verkehren, Museumspapageien, Ausstellungsköter, wird die Lebensweise der Hunde ebenso berücksichtigt wie der der Herren. Es vergeht kein Tag an dem man nicht beobachtet, daß irgend jemand »einen Hühnerflügel für Hund« oder »eine Hammelrippe für Hund« bestellt.

Bestimmte Damen, von denen man nicht weiß, ob sie mehr absonderlich als zurückhaltend sind, ziehen es vor

nicht zu erwähnen, daß der Hühnerflügel für den Toutou
ist und gelten bereitwillig, trotz der Sorgfalt, mit der sie
auf ihre Linie achten, als starke Esserinnen. Man stellt sich
unschwer die Dramen vor, die in einem Hotel der Tod
irgendeines Hundes auslöst, an den man sich wie an einen
Kunden gewöhnt hat. Man muß nicht allein die in Tränen
aufgelöste Herrin trösten, sondern sich mit dem Leichen-
begängnis befassen und auf allen Vieren kriechen, um auf
einem Hundefriedhof eine für den Verstorbenen würdige
Grabstelle ausfindig zu machen.

Der, den die Hotelbesitzer fürchten: den Journalisten

Eine andere Hotelplage ist der Journalist, um es gleich
und ohne Umschweife zu sagen. Diese Beobachtung gereicht übrigens seinem Beruf zur Ehre. Der Journalist ist
ein Herr, der den Auftrag erhalten hat sich, koste es was
es wolle, großen Leuten zu nähern, ihnen eine Erklärung
zu entreißen, sie in der Intimität zu überraschen. Nun, die
große Persönlichkeit ist meistens ein erschöpfter Reisender, der nichts zu sagen hat und der nicht mehr weiß,
was ein Privatleben ist. Um so besser, antwortete der Journalist, es ist genau das, was interessant ist. Der Hotelier
protestiert, der Journalist läßt nicht locker und wenn man
ihm das Leben schwer macht zögert er nicht, sich die Kleidung eines Weinkellners oder Nachtwächters zu borgen,
um sich in das Zimmer zu schleichen, in dem sich der Gegenstand seines Artikels verbirgt.
Das Hotel ist der bevorzugte Aufenthalt eines Schwarms
von Originalen, die von dem Augenblick an, wo sie ihre
Rechnung bezahlten, ihre Schrullen zur Schau stellen und
jeden Augenblick läuten. Ich habe einen Kabarettisten gekannt, der sich auf seine alten Tage in seiner Wohnung

eine Sammlung von in den Etablissements, in denen er sich aufgehalten hatte, gestohlenen Gegenständen angelegt hatte: Aschbecher, Handtücher, Mundgläser, Gabeln, Pfefferstreuer, Bügel, die aus Mailand stammten, aus Dresden, aus Edinbourg, aus Rio, Tintenfässer, Zitronenpressen und Briefpapier. Ebenso einen anderen, der sich nur mit Eau de Contrexéville die Zähne putzte und die Hände wusch und einen besonderen Lieferanten brauchte und die Flaschen selber kontrollierte.

Berufsgeheimnis

Die erste Pflicht und die strengste des Hoteliers ist die absolute Wahrung des Berufsgeheimnisses. Er weiß genau, daß der kahlköpfige Herr von 307 und die blonde Dame von 234 sehr eng befreundet sind, daß das eine der beiden Zimmer in der Nacht immer leer ist, aber er ignoriert es vollkommen, die 307 und die 234 grüßen sich im Korridor kaum und tun oft so, als hätte der eine für den anderen eine tiefe Verachtung. Man hat mir den Fall eines reichen Provinzlers angeführt, den seine Geschäfte verpflichten sich dreimal im Jahr für längere Zeit in Paris aufzuhalten, in Gesellschaft seiner Frau. Nun, diese Frau, die immer legitim ist, ist niemals die gleiche. Aber alle Welt im Hotel muß es ignorieren und darauf achten, daß er der Gattin vom Juli nicht die von der Dezembergattin vergessene rosa Kombination überreicht.

Noch furchterregender als der Journalist und diesmal Plage in weiblicher Form, auf die mich ein schlauer Geschäftsführer aufmerksam machte, ist die Madonna der Luxushotels. Nachdem sie sich durch Briefe, die keinen Zweifel über ihren geheimnisvollen Rang aufkommen ließen, hatte anmelden lassen, nachdem sie wieder und wieder gekabelt hatte, daß sie aus Gefälligkeit zwischen zwei Fürstenscheidungen gefilmt hätte, präsentiert sie sich dem Hotel von Koffern und ungeheuerlichen Schachteln umgeben, wie eine Botschafterin im sechzehnten Jahrhundert, aber mit leerem Portemonnaie. Als ebenso rasche Menschenkenner wie die Aufseher von Monte-Carlo erkennen die Direktoren der großen Hotels die Abenteuerin. Aber sie sind doch gezwungen ihr bis zu dem Tag Kredit zu gewähren, wo sie endlich in der Halle den großzügig Schenkenden trifft, der sein erstes Abenteuer erlebt... Wenn dieser nicht erscheint, bleibt dem Direktor nichts übrig als unter den Augen des Vamps ein diskretes, respektvolles Verzeichnis seines Schmucks und seiner Pelze anzulegen. Er erklärt es aufrichtig zu bedauern, daß die Krise ebenso peinliche wie unelegante Konsequenzen haben könne und er fügt weiter nichts hinzu, denn er ist nicht Richter...

Kommt der Wohlstand wieder?

Das Wort Krise ist seit einigen Jahren in das Vokabular hineingekommen. Man hat wohl anfangs versucht es nicht auszusprechen, aber mit der Zeit hat man sich daran gewöhnen müssen. Man muß jedoch sagen, daß die Pariser Hotels das Ausbleiben der Gäste mit stoischem Gleichmut ertragen haben und daß, als sie gezwungen waren zu schließen, zu verkaufen oder unterzuvermieten, sie es mit Würde getan haben wie Generäle den Abschied nehmen. Bis zur letzten Minute, ohne jemals zuzugeben, daß sie mehr als andere von der wirtschaftlichen Flaute betroffen waren, haben sie den Tierarzt für Zeisige geholt, wenn es nötig war und für unentschlossene Kundinnen Kartenlegerinnen kommen lassen.

Heute sind alle Pariser Hotels in einer schwierigen Lage: die Hotelkrise wird nur an dem Tag behoben sein, wo das Geld wieder in Umlauf gesetzt werden kann. Man beklagt sich über den Tourismus, aber es ist nicht der Tourismus, den es betrifft. Die Fremden wünschen nur zu uns zu kommen. Das Unglück ist, daß sie ihre Gelder nicht exportieren dürfen und wenn sie es dürfen fürchten sie den Sturz des Wechselkurses. Diese Währungsschwankungen und diese Verbote erlauben es nicht, daß die Hotelbesitzer Preise drucken lassen. Sie können nur auf beherzte und sehr reiche Kunden rechnen. Eine Sorte, die immer seltener wird. Der Devisenmischmasch hat seltsame Phänomene gezeitigt. So sind es die Franzosen, die in den letzten Jahren die österreichischen Winterkurorte am Leben erhielten. Und man sagt, daß wir nicht reisen!

Gewohnheiten, Heimweh nach Paris, Wirkungen einer ausgezeichneten Propaganda oder die Anziehungskraft der Saison, ein bedeutsamer Aufschwung im Pariser Hotelgewerbe ist gleichwohl festgestellt worden und dies ist der passende Augenblick einige große Etablissements zu besuchen, die mehr für unser Renommee tun als Abhandlungen und Veranstaltungen.

In den Tuilerien

Irgend jemand, vielleicht Saint-Saëns, sagte einst, daß es drei Arten von Musik gibt: die gute Musik, die schlechte Musik und die Musik von Ambroise Thomas. Ausgezeichnete Formel, die sich dazu eignet, die Gäste eines der berühmtesten Häuser Frankreichs zu charakterisieren: das Meurice. Und man kann ebenso grundsätzlich dafür setzen, daß es drei Arten von Gästen gibt: die guten, die schlechten und die des Meurice.

Der echte Gast des Meurice ist mehr als hundert mal von Sem gezeichnet worden. Das ist ein Herr, der hohe Kragen mit breit ausladenden Ecken trägt, ähnlich dem Einwickelpapier eines Blumenbuketts, und die bis zu den Augen reichen. Vor dem Kriege teilte die immens reiche Gattin dieser gemessenen, köstlichen Erscheinung ihr jeden Morgen peinlich genau ihr Taschengeld zu: fünf Francs in Münzen, was im Augenblick ungefähr fünfzig Francs ausmacht. Aber wenn man hier eine echte Kundin sucht, dann denke ich an die Frau des großen Malers Sert, die hier langezeit wohnte.

Im Jahre 1806 befand sich Meurice 223 der Rue Saint-Honoré. Es war auf dem Gelände der Salle de Manège erbaut worden, wo vom 7. November 1789 bis zum 9. Mai 1793 die Sitzungen der Assemblée Constituante, der Assemblée Législative und des National-Konvents stattfanden. Es ist nun Zeitgenosse der Republik. Im Jahre 1816 richtete sich die Pferdepost von Calais, geleitet von Monsieur Meurice in den Überresten des Klosters der Feuillants ein und hielt sich hier bis 1830. Im Jahre 1917 wurde der Boden, der den Feuillants gehörte und auf dem sich heute die Gebäude des Meurice erheben, zum Verkauf angeboten, da er einen Teil des Kronbesitzes darstellte. Der Comte Greffulhe kaufte zwei Parzellen der Staatsgrundstücke für 41 700 Francs. Die Bauten der Rue de Rivoli, deren Durchbruch 1802 beschlossen worden war, wurden den Plänen entsprechend errichtet, die man den Besitzern vorgelegt hatte und unter der Bedingung, daß die Läden der Arkaden niemals an Handwerker vermietet werden durften, weder an Schlächter, Fleischer, Bäcker oder Konditoren, noch an jeglichen anderen Berufszweig, der von Ofen und Hammer Gebrauch machte. Die vollkommene Ruhe, welche die Gäste des Meurice genießen, begann. Und diese Vorschriften sind bis in unsere Tage befolgt worden. Das Meurice ist in einem Quartier strengster Hygiene erbaut worden. In einem anderen Hotel, wenige Schritte davon entfernt, desinfiziert man die Zimmer nach der Abreise jedes einzelnen Gastes.

Engländer, Dandies und vornehme Fremde

Als Paris nach zwanzig Jahren des Hin und Her und der Unruhen friedlicher wurde, stürzten sich die Engländer auf uns, um zu sehen, was aus der Hauptstadt Frankreichs geworden war. Die Reichsten stiegen im Meurice ab, das sich in der Epoche der Restauration eines ausgezeichneten Rufes erfreute. Das Hotel hatte vier neue Appartements gegenüber den Tuilerien eröffnet, wo in dem einen ein Prospekt der Zeit bekannt gab, »man könnte, wenn dies erforderlich war, bis zu dreißig Betten aufstellen«.

Kleinere Appartements mit einem einzigen Bett, deren Preis drei Francs die Nacht betrug, standen den Gästen in gleicher Weise zur Verfügung. Das Haus bildete sich ein, daß kein Hotel in Europa besser geführt wurde, besser organisiert war um den Engländern, für die es ständig bemüht war, den Gewohnheiten und Traditionen zu entsprechen, den größten Komfort zu bieten. Um den Reisenden zu gewinnen ließ man ihn wissen, daß die Wäsche drei Meilen von Paris mit Seife gewaschen und nicht geklopft oder gebürstet wurde, wie man es zu Beginn des neunzehnten Jahrhunderts gewöhnlich in Frankreich machte.

Der mit den Pensionären vereinbarte Preis enthielt alles, vom Wein angefangen, ausgenommen das Holz. Die Gäste hatten es nach Belieben zu kaufen. Schließlich konnte man, so wie man heute in der Rue de Rivoli Schlafwagenplätze reserviert oder Karten für die Berliner Oper, zur Zeit Ludwig des XVIII. Wagen für Calais, Boulogne und sonst irgendeinen Ort auf dem Kontinent reservieren.

Als die Rue de Rivoli 1835 fertiggestellt wurde, richtete sich das Hotel in neuen Gebäuden ein, die seine Fassade bildeten. Während der Julimonarchie und des Zweiten Kaiserreichs brachten die Gäste »ohne Pension«, die Pensionsgäste oder die Besucher des Meurice, Engländer, Dandies, vornehme Fremde, Hofleute, bedeutende Pariser dem Meurice den Ruf ein, das meist besuchte Haus von Paris zu sein, ein Ruf, der sich bis zum Triumph überschlug, danach in das Stadium gelangte, das man im Hotelargot »das Exclusive« nannte.

1905 von einer neuen Gesellschaft gekauft, vom Keller bis zum Boden umgebaut, entstand 1907, gesegnet von den Feen, die über allen Pariser Ereignissen schweben, ein neues Meurice. Könige und Königinnen der ganzen Welt warteten nur auf dieses Zeichen, um die Rue de Rivoli in die Zahl ihrer Residenzen einzureihen: England, Belgien, Dänemark, Serbien, Griechenland, Italien, Spanien, Jugoslawien, Holland und Siam wurden nach und nach in den Appartements des Meurice durch ihre Monarchen, Erben und Prinzessinnen repräsentiert. Ein blendendes Defilée, über das man mir die rührenden Worte eines kleinen Mädchens wiederholt hat, das Stunden und Stunden an der Ecke der Rues Castiglione und de Rivoli auf der Lauer lag, sobald es durch die Zeitung oder durch Stimmengewirr darauf aufmerksam wurde, daß ein König oder eine Königin sich im Meurice aufhielt. Als man sie eines Tages nach der Ursache dieser Beharrlichkeit fragte, antwortete die Kleine: »Ich komme, weil ich sehen will ob diese Herren und Damen den Porträts meiner Briefmarkensammlung wirklich ähneln . . .«

Man weiß, daß vor dem Kriege Scharen von Neugierigen und Bewunderern wie in einer Schlachtordnung vor dem Meurice antraten, um Edmond Rostand, einen ständigen Gast, der *Chantecler* im Hotel schrieb, zu sehen. Ein Raunen der Bewunderung erhob sich, wenn er vorbeikam. Der Dichter hatte im übrigen alles was notwendig ist um die Massen zu betören: einen Husarenoffiziersschnurrbart, ein brisantes Monokel und eine »Kreissäge«, deren Vorzüge Maurice Chevalier einige Jahre später im Music-Hall erproben sollte. Rostand hat in der Halle des Meurice keinen Nachfolger gefunden. Ebenso mußte auch die Literatur der Haute Couture weichen, dem Boxen, der Politik. Es ist Madame Chanel, die ich kürzlich in der Rue de Rivoli bemerkt habe, Coco Chanel, die auch eine Königin ist und die sicherlich mehr Besuche empfängt als ein dramatischer Autor. Was den Schnurrbart betrifft, so ist es der von Marschall Pétain, der für die Berühmtheit sorgt. Und die »Kreissäge«, ich habe geglaubt, daß der Maharadscha von Kapurthala einen davon trug, aber, wie der andere sagte: »Versuchen Sie ihn wiederzufinden! Es gibt im Augenblick mindestens zwei Kapurthala pro Hotel!«

Mehr als dieser gleichförmige Luxus und zweifellos durch die Grillen des Snobismus, denen er freien Lauf läßt, zieht das Meurice speziell die großen Originale an, mindestens diejenigen, die genug echtes Geld haben, um sich falsche Ideen leisten zu können, angefangen mit dem Engländer, der nur mit einem Kompaß reist, derart, daß er immer mit dem Kopf nach Norden schlafen kann, bis zu diesem Amerikaner, der, als er nach Paris kam, absolut von seinem Fenster aus den Eiffelturm sehen wollte. Eines Tages, da es unmöglich war ihn zufriedenzustellen, redete ein Hotelleiter diesem Sonderling ein, sich einen transportablen und ausziehbaren Eiffelturm bauen zu lassen, den er nach Belieben von Kontinent zu Kontinent transportieren könne, um ihn in den Zimmern, den Bars und den Gärten aufzustellen. Der Amerikaner hörte sich die Sache in der ernsthaftesten Weise von der Welt an. Und es ist gut möglich, daß wir eines Tages in der Zeitung die folgende Nachricht lesen: »Ein Original deklariert an der Schiffskontrolle einen verkleinerten Eiffelturm«.

»Wenn wir es wenigstens, vertraute mir ein Barkeeper an, nur mit den sanften Besessenen zu tun hätten, mit den einsamen Illusionisten, die es bei Fetischen und Spielzeug bewenden lassen! Aber es gibt skandalöse Gäste und sogar noch schlimmere. Ich kann Ihnen den Namen des Lokals, wo sich dies zugetragen hat nicht nennen, aber versuchen Sie sich die Konsequenzen der Sache zu vergegenwärtigen: Eines Tages hat einer der Speisenden, der irrtümlicherweise an ein Attentat glaubte, mitten im Saal einen Oberkellner niedergeschossen. Er war tot, Monsieur, tot, tot, tot! Totschlag aus Vorsicht, wenn man will, gut, aber trotzdem, versetzen Sie sich an die Stelle des Gastes!«

Bewunderungswürdige berufliche Unterscheidungen! Der Gast ist es, den man bedauerte und nicht der Verstorbene, nicht dessen Familie. Ein Gast, der peinlich berührt sein würde und zweifellos das Hotel wechseln würde. So haben sich die Dinge nämlich zugetragen: Man servierte einem gutaussehenden Gast, in einem vollendet sitzenden Smoking, gefüllte Regenpfeifereier, doch da fällt dummerweise ein Regenpfeiferei zwischen diesen vollendeten Smoking und das reine Hemd des Herrn. Der Oberkellner verliert seine Selbstbeherrschung, läuft blau an, erbleicht und, da er glaubt es richtig zu machen, versucht er mit zitternden Fingern das Ei zu entfernen, das die

Hemdbrust des Gastes mit einer langhinfließenden Malerei von Braque bedeckt. Voller Wut, indem er den Angriff pariert, springt der Tischgast auf, zieht seinen Browning und schießt den Oberkellner nieder!

»Was!, sagt der Barmixer. Das ist doch ein Kriminalroman! Aber mir sind diejenigen lieber, die die Sache leicht nehmen. Ich habe einen Oberkellner gekannt, der unaufhörlich und zu heftig an einem stark verzogenen Gebiß herumknetete. Eines Abends läßt er es in eine Suppenschüssel fallen: ›Nein, danke, murmelte der Gast, den er bedienen sollte, ich habe schon eins!‹«

Das, was man den Höhepunkt des Meurice nennen könnte, spielt sich einmal im Jahr während der großen Pariser Woche ab, ein Höhepunkt, der im ganzen Quartier Wildgeruch verbreitet, und der nicht täuscht. Es ist da ein Gemisch von Seidenstrümpfen, Perlen, geschminkten Lippen, Rascheln von Schecks, Gesprächen, Geflüster von letzter Aktualität, Kommen und Gehen, Telephonanrufen, einem Parfum, einem Geist, die deutlich genug ausdrükken, daß der Platz ein geometrischer Punkt ist, eine winzige Hauptstadt, ein Lebensnerv. In der Vorhalle träumt gewichtig, phlegmatisch der Hotelboy, eine der am meisten unterrichteten Personen von Paris, auch der einflußreichsten, und der beinahe bestraft worden wäre, weil er nicht bemerkt hat, daß während der Friedenskonferenz irgend jemand aus Neugierde Lloyd George's Gepäck durchwühlt hatte.

Rue Cambon, Place Vendôme

Man weiß selten, daß der Gründer des Hôtel Ritz ein Mensch wie Sie und ich war und daß er wirklich und ganz einfach Monsieur Ritz hieß, wie Flaubert sich Flaubert nannte und Monsieur Thiers Monsieur Thiers. Man glaubt fern von Paris, dort, von wo das Ritz gerade seine glänzendste Kundschaft herbeizieht leicht, daß das Ritz eher ein Wort wie Obelisk, Eiffelturm, Vatikan oder Westminster sei, oder gar wie Jerusalem oder Himalaya. Diese Auffassung hält sich. Ich sagte eines Tages zu Marcel Proust, der genau um Mitternacht eine frische Melone für uns im Ritz bestellt hatte, daß ich davon träumte, einen Katechismus zum Gebrauch der schönen Reisenden, die sich mit noch schöneren Koffern umgeben, zusammenzustellen. Ein Katechismus, zu dem mir die Idee in der Unterhaltung kam, die ich im Salon mit den schönsten Augen von Chile hatte:

»Wovon träumen die reichen jungen Mädchen?

– Von dem Leben im Hotel.

– Welche sind ihre bevorzugten Hotels?

– Sie bevorzugen alle das gleiche: das Ritz.

– Was ist das Ritz?

– Es ist Paris.

– Und was ist Paris?

– Das Ritz.«

»Man könnte es nicht besser sagen«, flüsterte Marcel Proust, der für dieses Etablissement immer eine mit Neugier gemischte Vorliebe hegte. Er, der so mitteilsam war, liebte es, daß man hier sehr genau die erste und vornehmste Regel der Hotels befolgte: die Diskretion. Absolute Diskretion, mit Eisenbeton abgeschirmt und vom Schlage »nichts zu tun«. Er ist auch an einem Abend außerordentlich interessiert gewesen an dem Beruf des Hoteliers, den er als einen der humansten von allen empfand und am besten dazu geeignet, mit Herzklopfen, aufrichtig und genau das Geheimnis der Geschöpfe einzufangen. Man sagt, so scheint es, nur dem Arzt oder dem Anwalt die Wahrheit. Der Volksmund hätte hinzufügen können: und dem Hotelier.

Ganz wie die ersten Direktoren des Grand Hôtel revolutionierte Monsieur Ritz, als er sein Etablissement in Mode brachte, die europäische Hotelindustrie. Es war tatsächlich das erste Mal, seit es Menschen gab und nicht zu Hause schliefen, daß jedes Appartement mit einem Badezimmer ausgestattet wurde.

Vom ersten Augenblick an ist das Ritz ein ruhiges Palais, dessen Zeremoniell nur durch ein falsch hingelegtes Gedeck oder herunterfallende Gabeln gestört wird. Große Damen, deren Reichtum mehreren Generationen ein angenehmes Leben sichern würde, tranken hier einen köstlichen Tee mit dem Gebaren von Phantomen. Beinahe buddhistisches No man's land, in dem die Oberkellner ähnlich den vollkommenen Wesen einer gänzlich überlegenen Religion vorbeiglitten.

Persönlichkeiten des Vordergrundes

Die Kundschaft bilden hier unvermeidlich Persönlichkeiten, die im Vordergrund stehen. Ganz kürzlich, als ich mit dem obersten der Oberkellner von Proust sprach, einem der Hauptstützen des Pariser Mechanismus, bezeichnete man mir schnell im Vorbeigehen den Grafen und die Gräfin Haugwitz-Reventlow, das heißt, das ganze wilhelminische Deutschland und die ganze Aristokratie des mondänen Abenteuers, denn die Gräfin Haugwitz-Reventlow ist niemand anders als Barbara Hutton, die Ex-Gemahlin von Monsieur Mdivani. Ich bemerkte, geführt von meinem durchdringenden Blick und seinem sicheren Zeigefinger, den Baron und die Baronin von Wedels-Jarlsberg, Monsieur Joseph Widener, den Prinzen und die Prinzessin Nicolas von Griechenland, den Marquis Somni-Piccionardi, den Erbprinzen von Kapurthala,

Georges Mandel, den Doktor Nicolas Murray Butler, kurz einen ganzen Areopag, dessen Verschwinden in Europa Blutarmut zur Folge haben würde.

Hinter den Kulissen überwacht seit Jahren das gleiche Personal die Wahrung der Traditionen und verteidigt die Festung: an der Spitze Jimont, das As der Chefs. Vergessen wir nicht daß ein Grand Hotel eine große Küche sein muß. Eine Küche von der man nicht spricht, das versteht sich von selbst, ebenso wie man das Wort »Krise« nur mit tausend Vorsichtsmaßnahmen riskiert, um nicht eine Kundschaft zu verscheuchen, die von dieser neuen Krankheit noch niemals gehört hat, eine Krise, die übrigens abflaut. Das Ritz ist ganz stolz eine bedeutende Verbesserung der Situation gegenüber dem letzten Jahr bekanntgeben zu können. Der Generalstabsoffizier dieses bewunderungswürdigen Hotels, der mir Bericht erstattet, macht mich gleichfalls darauf aufmerksam, daß das Ritz bemüht ist, ein vollkommenes Hotel zu sein, das sich selbst genügt, das seine eigenen Weißnäherinnen für Feinwäsche hat, seine Elitewäscherinnen und einen Gartenbaubetrieb, eigens dazu geschaffen, seine acht Gärten und achtzehn Gewächshäuser zu versorgen. Schließlich ein letzter Hinweis für diejenigen, die ihre Zeit unnötig mit den poetischen Berufen verlieren: ein Etagenchef, der einigermaßen tüchtig ist, kann es dazu bringen, sich im Monat 10000 Francs zu machen.*

Die dem Schwarz verschworene Dame

Diese hübsche Summe ruft mir die Geschichte einer Dame ins Gedächtnis, die, wenn sie auch nicht Ritzanhängerin ist, verdient es eines Tages zu werden. Die Pariser Welt

* Dieses Kapitel wurde 1936 geschrieben ... (Anm. des Übers.)

hatte ihr den Spitznamen die Dona Bella gegeben. Sie war nicht mehr sehr jung, wenn auch noch ganz reizvoll. Ihr Gatte war irgendwie Bankier, irgendwo in Brasilien. Sie zeigte sich nur in Schwarz und ließ das Zimmer, das sie belegte, mit schwarzen Tapeten und schwarzen Stoffen ausstatten. Ihr Bett war mit Seide bespannt und hatte schwarze Laken. Sie bot alle Kräfte auf, um das Schwarz ihrem Sohn und einer Gouvernante, die nichts Eiligeres zu tun hatte, als sie um ihren ganzen Schmuck zu erleichtern, aufzudrängen...

Diese Symphonie in Schwarz wurde glücklicherweise durch eine Großzügigkeit aufgehellt, die sich mit Recht heiter nennen lassen konnte: die Dona Bella gab für jede Dienstleistung ein Pfund Sterling Trinkgeld ebenso für die Bedienung jedes Eingeladenen, wenn sie Freunde zum Déjeuner oder Dîner empfing. An einem noch schwärzeren Tag als gewöhnlich bat sie einen Hotelboy, sie zu irgendeinem Bahnhof zu begleiten, weil sie fürchtete allein zu fahren. Vor dem Abteil angekommen überreichte sie dem jungen Mann zum Dank einen Scheck über 10000 Francs.

Das sind die vermischten Nachrichten über das ultramondäne Leben, die die Midinetten der Place Vendôme in Träume versinken lassen, die hin- und herflitzenden Taxifahrer, die Schüler, die es eilig haben Männer zu werden, »um zu sehen«, und alle diejenigen, die vom Ritz nur diesen rätselhaften, an Anekdoten reichen Wohlgeruch kennen, der die Vorhalle erfüllt.

Die Bescheidenheit des großen Carnegie

Erwähnen wir für den Gaffer, den die Launen der Milliardärin ärgern, einen Akt der Bescheidenheit, der auch

Goldes wert ist. Eines Tages stellte sich Carnegie, der echte, der ganz klein war, zaghaft im Ritz vor. Sogleich war das gesamte Personal dabei, ihm die prunkvollsten Gemächer des Hauses zur Verfügung zu stellen, angefangen mit dem berühmten Empire-Appartement der ersten Etage. Nun, Carnegie fand sich nicht »maßstabgerecht«. Er betrachtete sich in den Spiegeln, lief zu den Fenstern, schätzte sich vor der Vendôme-Säule ab und zeigte sich nicht im geringsten begeistert. Schließlich gab man ihm auf seine Bitte hin das kleinste Zimmer des Ritz, das sich auf der Gartenseite befand, und er hüpfte vor Freude. Ein schönes Beispiel der Einfachheit und zugleich Bescheidenheit, das man in großen Buchstaben auf Kunstdruckpapier prägen lassen könnte, für Madame O..., eine herrische, absurde, kapriziöse, hochmütige Kundin, die den Zimmermädchen schreckliche Szenen machte, weil die Stühle ihres Appartements, wie sie sagte, asymmetrisch waren. Die Zimmermädchen verbeugen sich, ziehen sich zurück und beraten mit den Zimmerkellnern und tauschen ohne das leiseste Murren des Widerspruchs die Möbel aus. Das Personal eines Hotels, das dieses Namens würdig ist, verliert keine Zeit damit die Zornausbrüche oder die sprunghaften Launen der Gäste zu beachten. Dagegen kann es in Gegenwart von Reisenden, die mehr Gefühle als Gepäckstücke haben, seine Bewunderung nicht verbergen...

Man hat mir von dem Fall eines Paares erzählt, das nicht versäumt hätte, Maupassant zu einer dieser kurzen und schwermütigen Novellen anzuregen, die sein Geheimnis waren. Eines Tages stiegen an der Place Vendôme ein Engländer und eine Spanierin ab. Verheiratet und alle beide aus der hohen Aristokratie. Sie nahmen ein Luxusappartement zu fünf- bis sechstausend Francs am Tag und verließen dieses Dekor nicht mehr. Sie waren, wie die

Dona Bella, besessen von schwarzen Tapeten, von Schatten, zugezogenen Vorhängen und herabgelassenen Rouleaux. Sie verlangten von der Direktion, daß die Bedienung absolut stumm sein müsse. Da sie von seiten des Personals keine Frage dulden würden, sollte dieses seine Augen überall haben, alles erraten und alles verstehen. Man flüsterte in den Korridoren ein wenig über dieses sonderbare Paar, das eine Geschichte von Edgar Poe darzustellen schien. Man fragte sich, was diese bleichen, melancholischen und gefaßten Gesichter, die sich manchmal durch ein ernstes Lächeln erhellten, zu verschweigen hatten. Sie nahmen alle ihre Mahlzeiten im Hotel ein und zeigten sich jeden Abend, er im Frack, sie im Abendkleid, in vornehm gebeugter, gedrückter, trauriger Haltung. Da er es nicht mehr aushielt, zog ein Oberkellner, dem soviel düstere Würde den Schlaf raubte, Erkundigungen ein und es gelang ihm herauszubekommen, daß der Engländer und die Spanierin Tag und Nacht um einen sehr schönen im Kriege getöteten Sohn trauerten . . .

Dieses so stille, so respektable Ritz, so wohlvorbereitet auf den entscheidenden Schlaf der Großen der Erde, ist in Wirklichkeit ganz erfüllt vom Widerhall der Romane, reich geschmückt mit pathetischen Biographien. Man glaubt, daß gewisse Geschöpfe das Vergnügen suchen. In Wirklichkeit flüchten sie sich in die Hotels und fliehen die Menschen, unter den Menschen. Was einen Direktor, den ich fragte, was nach seiner Meinung das Wichtigste an einem Hotelier sei, zu sagen veranlaßte: »Das Herz!«

Avenue George-V

Man vergleicht die Dampfer gern mit schwimmenden Hotels. Man könnte ebenso treffend die Hotels mit unbeweglichen Dampfern vergleichen, angefangen mit dem George-V, das gleich einem gepflegten und gepuderten Überseedampfer in der aristokratischsten Avenue von Paris verankert ist, einstmals ein Stück Land, wo sich Strohhütten ausbreiteten, heute Meeresarm eines geruhsamen Luxus. Feines Mauerwerk, zerbrechlich fast, aus Stein und Marmor, ununterbrochene Anlagen blühender Gärten, Terrassen, so hat das George-V nichts von der Wohnmaschine, nach dem Wort, das vermutlich von alten Damen erfunden wurde, die sich schlecht einer Epoche der Präzisionsmaschinen und letzten Endes komfortablen Wohnungen anpaßten.

Das George-V hat ebensowenig vom monumentalen und melancholischen Palast, wo sich die Langeweile und der Luxus vermischen. Es ist genau das Hotel, das für eine Kundschaft bestimmt ist, die nichts mit der Vorkriegszeit verbindet, eine Kundschaft, die eng mit dem Jazz verknüpft ist, mit der Geschwindigkeit, den Währungsschwankungen und für die von der Direktion, noch vor dem legalen Land, wie man heute sagt, ein Luft-Taxidienst eingerichtet wurde, der den Touristen beim Verlassen der Schiffe aufnimmt.

Hineingezogen in die Flauten und in die Euphorie der letzten Jahre, ist das George-V durch die Unterzeichnung des Young-Plans, die in dem blauen Salon, der seitdem »Experten« genannt wird, in Anwesenheit der Herren Moreau, Montagu Norman, Pierpont Morgan, Strong, Schacht und Luther stattfand. Monsieur Young nahm den Stuhl, auf dem er gesessen hatte, und die grüne Tischdecke, auf die sich so viele berühmte Ellbogen gestützt hatten, in die Vereinigten Staaten mit. Auf dieser gleichen Decke, die zur Reliquie geworden ist, wurde in Amerika im Jahre 1930 ein Gedenk-Bankett serviert.

Im gleichen Jahr trugen drei neue Unterschriften in Paris

dazu bei, die Tinte des Hotels George-V berühmt zu machen: diejenigen des Obersten Easter Wood und von Costes und Bellonte, anläßlich der ersten französischen Überquerung des Atlantik, die in der Bar beschlossen wurde, das heißt, für die eine Wette abgeschlossen wurde. Dann sind es die Statuten der Banque des Règlements Internationaux de Bâle, die im Salon Young entstanden sind. Schließlich kam Roosevelt, damals Gouverneur des Staates New-York und Präsidentschaftskandidat der demokratischen Partei, um seine leidende Mutter zu besuchen, die sich in jener Epoche im George-V aufhielt.

Das Gesicht einer Epoche

So ist das Hotel in die verwickelte Geschichte zwischen 1920 und 1935 eingegangen und es wird gewiß im Unterricht der höheren Schulen den Schülern des XXI. Jahrhunderts als ein Denkmal bezeichnet. Diese Unsterblichkeit wird jedoch nicht einzig und allein durch offizielle Erinnerungen oder solche finanzieller Art erreicht, die dazu geeignet sind, die Kinder unserer Kinder zum Gähnen zu bringen.

Denn die Lehrer der kleinen Geschichte werden dem abstrakten Text der Lehrbücher hinzufügen, daß um die gleiche Zeit Staatsoberhäupter, Finanzminister und Minister, die beauftragt sind das Schicksal Europas zu bestimmen, im Fahrstuhl oder im Restaurant des George-V andere Berühmtheiten trafen, die diesem Ort die Gipfelatmosphäre erhielten: Chevalier, Tilden, Yvonne Printemps, Brigitte Helm, Jeannette Macdonald, der berühmte Hochstapler Factor oder Rossoff, den König der New-Yorker Métro, Fürst der Moskauer Métro. Und George-V, so genannt, weil die Könige eine große Anziehungskraft für die Reisenden haben, wird dafür gelten, ein unendlich wichtiges und malerisches Hotel gewesen zu sein, das dazu noch die Koketterie hatte, sich auf die Verschrobenheiten und fixen Ideen eines Paares oder eines Einzelnen der Jahre 25 bis 30 einzustellen.

Als der Nachtwächter eines Tages einen der Gäste des Etablissements vollständig betrunken an der Spitze des gesamten Orchestre de l'Abbaye eintreten sah, lächelte er diesem Anhang freundlich zu und ließ Saxophone und Geigen vorbei, ohne ihnen den geringsten Widerstand entgegenzusetzen. Der Gast lud die Musiker ein, ihm in sein Zimmer zu folgen, streckte sich auf seinem Bett aus und ließ sich ein amerikanisch-slawisches Morgenständchen bringen, für sich allein. Er ging sogar so weit, das zu verlangen, was man im Dancingstil Klappern nennt, denn er konnte sich von dem Montmartrezauber nicht befreien. Um 11 Uhr vormittags verließ das Orchester unter den respektvollen Blicken des Personals, das eines der liebenswürdigsten von Paris ist, das Original, das eingeschlafen war. Es passierte diesem, daß es drei Wochen hintereinander trank und daß es in dem Krankenhaus, in das man es einliefern mußte, Whisky forderte.

Flugzeug oder Dampfer?

Wenn das Original die Freude der Empfangschefs, Gouvernanten, Kindermädchen, Weinkellner und Grooms bildet, so erschreckt es sie auch manchmal, aber nur, wenn er vergaß »vorzubeugen«, wie ein Forscher, der das Hotelbüro bat, ihm zwei Löwen im Käfig aufzubewahren. Man mußte sie im Zoo in Pension geben. Wie seine Fachgenossen in der Kunst, Gäste unterzubringen und zu empfangen, nimmt sich das George-V gern der Hochzeiten an, der Meisterschaftsturniere oder Veranstaltungen der Pariser Gesellschaft. In diesen Salons, die für die überraschendsten Wünsche zur Verfügung stehen, war es, wo der unvergeßliche Hochzeits-Lunch Paul-Louis Weillers stattfand, ebenso wie der berühmte Bridge-Match, während dem sich tausend Neugierige beinahe geschlagen haben, um ganz nahe an einen Pikkönig heranzukommen, oder an eine Karosieben, die an jenem Tage besonders gute Aussichten hatte ...

Es bleibt nicht ungestraft, daß ich das George-V mit einem Dampfer verglichen habe. Auf bewunderungswürdige Weise läßt es die Besichtigung über sich ergehen, ganz wie die Ile-de-France oder die Normandie. Besser: es verlangt nach dem Besuch und hält seine Versprechungen. Ins Innerste des George-V einzudringen bedeutet in die Steinbrüche des Dorfes Chaillot einzudringen, wo das Gestein gebrochen wurde, das dazu diente, den Arc de Triomphe zu errichten. In diesem Musterkeller, schweigend wie die Wüste, türmen sich heute Flaschen, die für einige Narren ebenso kostbar sind wie Menschenleben. Auf diese Weise hat ihn die Stadt Paris in erster Linie zum Schutzraum für Luxuspariser, im Falle eines Luftangriffs, erklärt. Zwanzig Meter unter der Erde, gedeckt durch Batterien von Haut-Brion oder Chambertin, stellt man sich noch leichter ein Flugzeug vor als ein Hotel, macht mich der Geschäftsführer, der mich begleitet, aufmerksam. Ich fühle mich tatsächlich auf dem Weg in den Bauch der Erde und versuche krampfhaft an einen Teppich, einen Manhattan-Cocktail, eine Hammelkeule, eine Languste, ein Taxi zu denken ...

Wir steigen mit geognostischem Schritt hinauf zu den Küchen. Im Vorbeigehen bemerken wir die schwere Artillerie der Heizung, wobei die Illusion auf dem Meer zu sein, einem Taifun zu entgehen, vollkommen ist.

Schließlich, beim Verlassen der Grotten, lächeln uns Familien von Schmorpfannen entgegen. Ich habe Lust zu schreien: »Land!« In einer Kabine entdecke ich einen Freund: es ist Pierre Benoit. So war er also mit auf der Reise? Doch nein, es ist die Photographie von Benoit, am rechten Ort im Kommandostand des Chefs Montfaucon, den der Verfasser des *Déjeuner de Sousceyrac* niemals zu beglückwünschen versäumt, jedesmal, wenn er in der Avenue George-V eine Mahlzeit einnimmt.

Ich glaube, es ist Jules Romain, der behauptet, daß man nur in einer Küche ein starkes Glücksempfinden hat. Mögen sie kommen und dem berühmten Montfaucon in seiner Kajüte, die mit einundzwanzig Diplomen und elf Goldmedaillen geschmückt ist und mit alten Rechnungen: 104 Lunchs an der Tafel, 350 Sandwiches etc., die Hand drücken. Er genießt das Glück in vollen Zügen.

Eine Neuheit: Das Schallplatten-Essen

»Es genügt nicht gut zu essen, sagte man mir an dieser Stelle, wo ich schon vom Ballett der Küchenjungen träume, man müßte das, was man bei Tisch redet, festhalten können.« Wieviele nicht eingelöste Versprechen, wieviele nicht befolgte Ratschläge, wieviele geistreiche Worte sind davongeflogen! Man tafelt und verläßt einander, oft nachdem man schwerwiegende Gespräche geführt hat. Um diesem Leichtsinn ein Ende zu machen wird das George-V 1938 das Schallplatten-Essen einführen! Auf die Bitte der Gäste werden alle Gespräche zwischen den Hors-d'Oeuvre und dem Kaffee aufgenommen. Ein »Gedächtnis« wird unter dem Tisch laufen, ohne irgend jemand zu stören und wenn man »seine Garderobe« holt, wird man das Protokoll des Frühstücks oder Mittagessens, an dem man teilgenommen hatte, mitnehmen können und sich zu Hause Konversationsbibliotheken einrichten, die von Nutzen sein werden, wenn man wichtige Leute daran erinnern will, daß sie sich um einen kümmern wollten, die Frauen, daß sie einen lieben und die Freunde, daß sie schwindeln.

Eine der Freuden des George-V sind diese Appartements, möbliert oder leer, mit Terrassen ausgestattet, hell, mit dem vorschriftsmäßigen Kinoparfüm und in denen es eine große Genugtuung verschafft, sich ein wenig zu »amerikanisieren«. Diese Appartements, deren Fenster entweder auf den Bal Mabille gehen, oder auf das Château des Fleurs, die italienischen Gärten, sind leider mit sehr seltenen Ausnahmen an steinreiche Franzosen vermietet – vollständig – die gern 40 bis 70000 Francs bezahlen wollen, um den Fiskus zu umgehen, unter der Bedingung, daß sie ein wenig kochen dürfen und heimlich ein Yoghurt auslöffeln können.

Moskau–Paris

Das George-V hat ihnen elektrische Küchen mit entzückenden Eisschränken eingerichtet, die aus irgendeinem Juweliergeschäft zu stammen schienen. Um zu dieser liebenswürdigen Kolonie zu gelangen mußte man durch die helle, betriebsame Wäscherei, wo sich ein Hauch von Erstkommunion und Liebesdrama vermischen. Wir kamen an dem Vorrat vergessener und manchmal von den Gästen, die ohne zu zahlen abgereist sind, in Zahlung gegebenen Koffer vorbei, und man kann sich nicht selber zu seinem Recht verhelfen, denn die Schätze dieses Vorrats, eines richtigen Docks, können nicht vor Ablauf von dreißig Jahren aufgebrochen werden ... In der Heizung, die so langsam klopft wie ein Herz, fühle ich dem Hotel den Puls und ich bemerke im Vorbeigehen, weiter hinten, wie man den Kurierwein in Flaschen abfüllt, den man wie Fürstlichkeiten oder Geheimpolizisten behandelt, denn die Kuriere sind keine anderen als die persönlichen Bedienten der Gäste, das heißt, daß sie mächtiger sind als die Mächtigen, die sie bedienen, diese letzteren sind die echten Kapurthala...

Auf der Schwelle der Appartements empfängt uns die sanfte, bereitwillige Stimme der Haushälterin. Eine reine Stille umgibt das Privatleben der Müßiggänger dieser Welt. Die Aufzüge schweben ohne zu husten nach oben, ohne sich über Krampfadern zu beklagen... Briefkästen kreuzen das senkrechte Trajekt. Entzückende Toiletten gleiten lautlos, wie im Traum, zwischen den Etagen schnell vorbei. Man hat es nicht mehr nötig auszugehen. Das ganze Leben ist gegenwärtig, ohne die geringste Nahtstelle. Man versteht jenen Engländer, der bei seiner Rückkehr von einer Reise in U.R.S.S., als man ihn nach seinen Eindrücken fragte, sich darauf beschränkte zwei Proben eines sehr speziellen Papiers nebeneinander zu kleben, die jeweils aus einem Roten Hotel und dem George-V stammten und auf die er nur diese beiden Worte schrieb: Moskau, Paris...

In der Umgebung von La Concorde

Von allen Hotels ist das Crillon dasjenige, das am wenigsten einem Hotel ähnelt. Ich habe es Ministerium, Bank und Museum nennen hören. Und tatsächlich, das augenfälligste, geschichtlichste der Hotels ist auch das dem Blick des Franzosen und selbst des Durchschnittstouristen am wenigsten bekannte, die jedoch sehr wohl wissen, daß die Place Louis XV, weiblich Concorde, in der ganzen Welt nicht ihresgleichen hat. Aus diesem Grunde, zweifellos, ist das Crillon das Hotel des Incognito geworden. Man ist hier ausgezeichnet versteckt. Man hat mir wiederholt, daß ein König, der sich hier endlich und vollständig frei fühlte, während er auf die bürgerlichste Weise von der Welt den Obelisk von Luxor betrachtete, zu einem seiner Vertrauten sagte:

»An dem Tage, wo die Klatschmäuler entdeckt haben, daß ich im Crillon absteige, bleibt mir nichts weiter übrig als mich in eine der Pyramiden einzuquartieren!«

Dieses Vorhaben ruft die Erinnerung an die von Poe in *La Lettre Volée* so genau beschriebene Kriegslist wach . . .

Im Jahre 1758 unter der Obhut des Architekten Gabriel auf Befehl des Königs Louis XV erbaut, der danach trachtete die Ausgestaltung des Platzes mit einem Meisterwerk zu vervollständigen, blieb das Crillon hundertfünfzig Jahre Privatwohnung. Im Jahre 1908 kaufte es die Familie Polignac, um es in ein Hotel umzuwandeln.

Im Frühling 1909 eröffnet, bot es den Parisern eine außerordentlich glänzende Verwirklichung, die alle Hochachtung verdiente. Sogleich war sich die offizielle Kritik mit der Welt einig, die Verbesserungen, die an dem alten Wohnsitz angebracht wurden und die Pracht der unter Louis XV. geschaffenen und untadelig erhaltenen Salons zu würdigen. Unter diesem Gesichtspunkt kann das Crillon vielleicht mit einem Museum verglichen werden. Wie sollte man es all diesen stilvollen Kaminen und diesen bewunderungswürdigen Überresten der Epoche nicht gönnen: dem Adlersalon, dem Salon der Schlachten und dem Salon Louis XIV?

Durch alle seine Steine durch alle seine Parketts fest mit der Geschichte verknüpft, hatte das Crillon alle Aussichten, wenn nicht die Pflicht, den Gang der historischen Ereignisse zu begleiten. Eine glückliche Mischung von modern und alt machte es von Anbeginn zum auserwählten Wohnsitz der königlichen Höfe Europas, die auf Hotels Anspruch haben, wie die Mehrzahl der Menschen aus der Diplomatie und der Aristokratie. Man traf hier S.M. den Sultan von Marokko, I.K.H. die Prinzessin von Baden, H.Prinz von Oldenburg, die Prinzessin von Battenberg, S.M. George V und S.K.H. den Prinzen de Galles, die der Reihe nach die Appartements im ersten Stock bewohnten.

Hervorragende Bedienung

Während des Krieges trug das Crillon nacheinander den Namen Großes Hauptquartier des englischen Generalstabs, dann Hauptquartier der Stabsoffiziere des amerikanischen Expeditionskorps, im Augenblick des Eintritts der Vereinigten Staaten in den Kampf. Der Präsident Wilson wohnte hier die ganze Zeit während der denkwürdigen Sitzungen, die zum Vertrag von Versailles und zum Völkerbund führten. Das ist die Bedienung durch ein Haus, das dank der Nachbarschaft der Botschaft der Vereinigten Staaten niemals aufgehört hat das Hauptquartier der Diplomaten der Neuen Welt zu sein.
Ich hatte es eines Tages in einer Bar der Rue Boissy-d'Anglas mit einem deutschen Journalisten zu tun, der, glaube ich, davon träumte Spionage zu treiben, um seinen Hang zum Abenteuer zu befriedigen. Ohne sich genauer zu erklären verhehlte er nicht, daß er in das Geheimnis der Pariser Angelegenheiten einzudringen suchte und hatte eine ihm eigene Weise seinen Wunsch auszudrücken. »Die Ereignisse mitzuerleben, die in den Zeitungen nicht erwähnt werden.« Jeden Abend umkreiste er zu Fuß diesen riesi-

gen Häuserblock, der sich an der Place de la Concorde, der Rue Royale, der Rue du Faubourg Saint-Honoré und der Rue Boissy-d'Anglas entlangzieht. Da sich bei mir einige Zweifel an der Wirksamkeit dieses Sports regten, antwortete er mir, daß nach seiner Meinung in diesem Quartier von Paris die allerschönsten Rätsel verborgen lägen...

Und um diesem Standpunkt Nachdruck zu verleihen erklärte er, daß das am gleichen Punkt einer Hauptstadt Vorhandensein des Automobilklubs, der Botschaft der Vereinigten Staaten, der Chambre des Députés, von berühmten Bars, der National Surety Corporation, der »Botschafter«, des Marineministeriums, der alten Festungsmauer der Tuileries, der Schneider, Putzmacherinnen, Sattler, Maxim's, des Portweins, eines Schwarms von eleganten Friseuren nicht ein Spiel des Zufalls sein könnte... Es war zu auffallend. Es gab hier, versicherte er, ein Zentrum der Sehenswürdigkeiten von einzigartiger Eindringlichkeit.

Sein Traum war, sich im Crillon einzumieten, auf reichlich mysteriöse Weise Mahlzeiten im Marmorsaal einzunehmen und nach und nach das Vertrauen der Gäste dieser Räumlichkeit zu erwerben, die er als eines der Räderwerke im Mechanismus des zivilisierten Europa ansah. Mehrere Abende hintereinander überraschte ich ihn, wie er angesichts der von den Arkaden des Hotels durchbrochenen Grundmauern überlegte, während er mit seinem unruhigen und heftigen Blick das Gesims der Kolonnaden untersuchte, über die sich Terrassen im italienischen Stil erheben. Aber er konnte sich nicht entschließen hineinzugehen: Monsieur Godon, der sehr sympathische Direktor des Crillon, der ihn übrigens als Gentleman empfangen hätte, hat ihn noch nicht bemerkt...

Überrascht durch die Zaghaftigkeit, mit der jener, der so schwärmerische Reden führte, vorging, nahm ich ihn eines Abends in ein benachbartes Tabac mit und stellte in dem Augenblick, in dem ich anfing ihn auszufragen, fest, daß er einen Kopf hatte, um Löcher in die Türen zu rennen, ein Auge, das gewohnt ist, sich an Schlüssellöcher zu pressen, und eine speckige, zerknitterte Hose, die hinlänglich bewies, daß der Mann einen Teil seines Lebens auf Knien verbrachte... Er zögerte nicht zuzugeben, daß er eine lange Laufbahn als »Voyeur« hinter sich hatte und zog sogleich eine kleine Instrumentensammlung, in der Hauptsache Bohrer, hervor...

Wir tranken jeder ein bißchen Anjou, beide ziemlich gehemmt, da mein Gesprächspartner wohl gemerkt hatte, daß er nicht zu meiner Art von Bekanntschaften paßte. Er hielt mir jedoch eine weichliche Hand hin, die viel eher auf die Beschäftigung mit sicherlich sehr ernsten Geldangelegenheiten schließen ließ, als auf den Kummer eines gescheiterten Abenteuerers. Dann sah ich, wie er sich mit dem Schritt eines verärgerten Nachtschwärmers in die Richtung der Rue Boissy d'Anglas entfernte. Kurze Zeit danach sollte ich hören, daß er sich in Polen in einem kleinen Tingeltangel, das von einem Gastwirt unterhalten wurde, getötet hatte.

Es gab tatsächlich in allen großen Hotels Gäste, und nicht die schäbigsten, die Löcher in die Türen bohrten. Die Erfahrung lehrt, daß diese Kundschaft sich zu einem großen Teil aus Sonderlingen zusammensetzt, manchmal aus Ärzten, die keine sind, Experten in der Kunst, die Täfelung abzulösen, die Zwischenwände zu entfernen usw. und die annehmen, daß sie dabei vielleicht das Glück haben eingeladen zu werden. Was ihnen auch öfter gelingt. Für den

Hoteldirektor kommt es darauf an, die »Reisenden« zu stören, ohne sie jedoch zu ertappen. Eine heikle Aufgabe, die den Hotelier gründlich über die schlechte Qualität des ›der Mensch‹ genannten Artikels aufklärt. Er tröstet sich jedoch darüber mit dem Gedanken, daß der Reiz und die Gefahr seines Berufes gerade darin bestehen echte Könige und eventuelle Königsmörder, Zivilisierte und Barbaren zu empfangen . . .

Aber die Krise ist der Frost der Währungen, der allen Arten von Deutschen, Argentiniern, Sizilianern und Brasilianern versagt ungehindert zu reisen und die Hotels in gewisser Weise »abgesondert« hat. Wenn es überall etwas weniger Aufmachung und Luxus gibt, so gibt es auch weniger Abenteurer und weniger verdächtige Reisende. »Wir sind unter uns« sagte ein sehr geschulter Etagenkellner, der Abiturient sein konnte, zu mir. Ein Kellner, der sich unentbehrlich gemacht hatte, weil er eine vollendete Art hatte, mit der Visitenkarte in Frankreich umzugehen und in diesem, wie in anderen Punkten, war er den jungen Leuten überlegen, die von der Hotelfachschule durch Beförderung, wie Polytechnique und Normale, auf den Markt geworfen werden.

Um König der Palasthotels zu werden

Aber es ist damit im Hotel wie in der Politik und in der Kunst: Es sind nicht die mit den besten Zeugnissen, die das Höchste erreichen. Es ist eine Sache des Erlernens aller Dienstleistungen eines Hauses: Kartoffelschälen, auf englisch antworten, eine Ente tranchieren, einen pneumatischen Transmissionsapparat reparieren, den Tagesbericht machen, einen Kunden zu halten versuchen, usw. Dann noch eine andere Aufgabe, zu gefallen, das Haus vertrau-

enswürdig zu machen. Mehr als ein Schüler der Hotelfachschule endete als Schreiber eines Bookmakers auf einer
Rennbahn in der Provinz. Mehr als ein Bouillonhändler
erwies sich zur rechten Zeit als Kaufmann, Industrieller,
und Diplomat, um König der Palasthotels zu werden.

In diesem Punkt genießt das Crillon einen Vorzug: es hat
an seiner Spitze einen der jüngsten Direktoren Frankreichs, einen Chef, der seiner Umgebung würdig ist, so
etwas wie ein Protokollchef, der ebensoviel, wenn nicht
mehr für das Renommee unseres Landes und die Annehm-
lichkeit der vornehmen, notwendigen, dekorativen oder
einfach nur verschwenderischen Gäste die wir aufnehmen
tut, ebensoviel und mehr als das offizielle Protokoll. Man
weiß, wie sich Frankreich vor einigen Jahren für Italien
begeisterte. Alles was italienisch war, erregte von einem
Tag zum anderen Bewunderung: Spaghetti, neapolitani-
sche Schnitten und Romanzen, Malerei und Postkarten,
Faschismus, Solfatare, Mailänder Würstchen usw. Nun,
der Franzose mochte sich noch so sehr den Kopf zer-
brechen, es gelang ihm nicht, den Italiener zu amüsieren,
ihn für sich einzunehmen ...

Verwirrt durch die Vorträge, Empfänge, Repräsentatio-
nen, wissen sie wo die Italiener um Rat fragten, wie sie
ihren Aufenthalt bei uns angenehm verbringen könnten?
Bei den Hoteliers. Und sie befanden sich wohl dabei. Welcher Humorist ist es denn, der sagte: »Frankreich ist ein
großes Hotel ...«?

Ja, doch wir haben nicht immer Direktoren ...

Auf dem Champs-Elysées

Zwei Hotels halten die Spitze der Truppe, die zum Angriff auf den Arc de Triomphe vorrückt: das Astoria und

das Majestic. Astoria ist und wird berühmt bleiben, weil es gleich nach dem Kriege diese denkwürdige Reparationskommission beherbergt hat, die schließlich dreizehn Jahre nach dem Waffenstillstand durch den Präsidenten Hoover eingeschläfert werden sollte. Astoria ist spezialisiert auf den Maharadscha: diejenigen von Indien, von Kaschmir und der von Patiala, einer der reichsten Männer der Welt, sind augenblicklich hier. Wenn ein Maharadscha in einem Hotel absteigt, bewohnt er gewöhnlich eine ganze Etage, derart, daß er hier Feste geben kann, ohne gestört zu werden. Das Etablissement, das einen solchen Gast bewirtet, kann auf eine Einnahme von 50 bis 60000 Francs pro Tag rechnen, was dem Kellermeister erlaubt, während des Aufenthaltes beträchtliche Gewinne zu erzielen und obendrein von weißen Elefanten zu träumen.

Jedoch ist es nicht allein der Maharadscha, der das Personal eines Hauses in Beschlag nehmen kann. Der Ex-König von Spanien konnte es seinerseits nicht lassen überall wo er übernachtete den großen Herrn zu spielen und stellte fest, daß man sich in seiner Gegenwart bis zur Erde verneigte. Allein ein republikanischer Hoteldirektor sagte nach seiner Absetzung eines Tages zu ihm:

»Auf Wiedersehen, Herr König!

– Nun gut! auf Wiedersehen, Monsieur«, antwortete Alphonse XIII. mit großer Freundlichkeit.

Dieses Entgegenkommen hätte man von einem anderen Gast, der sich, so schien es, im August 1914 als Sieger im Astor niederlassen wollte und der kein anderer war als der ›Kaiser‹, vergeblich erwartet. Nun, der Kaiser kam nicht und wird aller Wahrscheinlichkeit nach nicht mehr kommen.

Seit Kriegsbeginn geschlossen, zögerte das Astoria nicht, alle seine Türen den Verwundeten weit zu öffnen. In jener

Epoche wurde das Hotel noch von Türmchen überragt, die in Paris ebenso berühmt waren wie der Zuave vom Pont de l'Alma oder die Briefmarkenbörse der Champs-Elysées. Diese Türmchen wurden unglücklicherweise kurz nach der Unterzeichnung des Friedensvertrages abgebrochen. Einem verwundeten Vogel gleich schloß das Astoria seine Türen zum zweiten Mal und öffnete sie erst 1927 wieder für die amerikanischen Milliardäre, für den alten Adel des Boulevard Saint-Germain, den Geschäftsleuten aus Ägypten und den indischen Prinzen. Der Rauch orientalischer Zigaretten und das Glitzern der Edelsteine würden den Laien das Astoria erkennen lassen, der das Haus nur vom Hörensagen kennt.

Die hübsche Chinesin und der alte Minister

Ein ehrwürdiges Haus, dem noch das hohe Patronat des Arc de Triomphe zugute kommt. Die Luftikusse wagen sich nicht hierher. Irgend etwas sagt ihnen im letzten Augenblick, daß sie sich wo anders ihren Zeitvertreib suchen sollen. Es ist gewiß nicht das Astoria, in dem diese junge Chinesin absteigen würde, die augenblicklich in Paris ist und sich nicht enthalten kann wenigstens dreimal wöchentlich entweder irgendeinen Zimmerkellner zu ohrfeigen oder plötzlich und ohne sichtlichen Grund ihr Mobiliar zum Fenster hinauszuwerfen. Wer weiß, ob nicht im Quartier de l'Etoile ähnliche Exzentrizitäten zu sehr unangenehmen diplomatischen Zwischenfällen führen würden! Ein Möbel deutscher Herstellung von fernöstlichen Händen einem Kriegsteilnehmer an den Kopf geschmissen, der die Flamme wieder entzünden würde... Man weiß nicht, wo das hinführt.
Das Hotel ist schon sattsam durch Liebesdramen, ausein-

andergegangene Verlobungen und überflüssige Kongresse belastet, so daß es sich nicht mit Streitigkeiten befassen kann. Die ganze Kunst der Direktoren ist Geschicklichkeit zu entwickeln aber auch fest zu bleiben, wenn es darauf ankommt. Ich führe als Beispiel nur das Mißgeschick an, das einem unserer früheren Finanzminister passiert ist. Da es viele davon gegeben hat, wird man ihn nicht erkennen. Dieser befand sich nun in einem unserer berühmtesten Hotels und frühstückte mit einer Dame, wahrhaftig mehr als begehrenswert, so begehrenswert, daß er seine Empfindungen nicht lange zu verheimlichen gedachte und den Kellner rief, dann den Geschäftsführer, dann den Direktor um bei ihm ein Zimmer zu bestellen. Ein Zimmer für den Tag, ganz wie Rue de Bucarest! Da er nicht zufriedengestellt werden konnte, nannte er schließlich mit einiger Genugtuung seinen Namen.

»Darf ich Ihnen sagen, Monsieur, antwortete der Direktor, ein vollkommener Gentleman, daß sich keiner von uns nur einen Augenblick über Ihre Persönlichkeit getäuscht hat. Aber alles, was wir für Sie tun können ist Adressen zu geben, die wir übrigens nicht garantieren können . . .«

Diese Geschichte gibt jenen Ratschlägen große Wichtigkeit, die ein Empfangschef einer alten Dame erteilte, die in einen »entzückenden« Gigolo verliebt war und die »Grenzen« ihrer Freiheit zu erfahren wünschte:

»Bevor Sie was immer es sei tun, Madame, denken Sie an Ihre Nachbarn, an die anderen Leute, die in diesem Hotel leben. Beschäftigen Sie sich nicht mit uns, Direktoren, Angestellten usw., usw. Nicht mit sich selbst. Denken Sie an die anderen . . .«

Neben den Flegeln, den Egoisten oder den Tyrannen gibt es die Trottel, die nicht wissen, wie sie den Wasserhahn aufdrehen sollen, die weder wagen ein Stückchen Huhn nachzufordern, noch auf dem Briefpapier des Hauses zu schreiben, noch später als mittags aufzustehen, aus Angst, dem Zimmermädchen zu mißfallen. Allgemein vom Personal geschätzte Kundschaft, zumindest der anderen vorgezogene, jener der Gauner, die nur daran denken die Zahngläser mitzunehmen und das Hotel ohne Trinkgelder zu geben zu verlassen ...

Zwischen der Madelaine und der Opéra

Ich las auf einem kleinen, mit einem Bild geschmückten Prospekt, wie man sie in den von der Zeit vergilbten Büchern findet, diesen Text, der mich in Träume versinken ließ: »Grand Hôtel, Paris 12, Boulevard des Capucines. Frühstück wird an Einzeltischen serviert; Wein, Kaffee und Liköre inbegriffen, 4 francs. Die am besten belieferte Table d'hôte von Paris, Wein inbegriffen, 6 francs. 700 Zimmer, ab 4 francs pro Tag, Wohnung, Licht, Heizung, Essen und Wein inbegriffen. Drei Fahrstühle versorgen die Etagen ab sechs Uhr morgens bis eine Stunde nach Mitternacht.« Es war offensichtlich die gute Zeit.
Die Erbauung des Grand Hôtel, des Vorfahren der zeitgenössischen Luxushotels, war für die Pariser des XIX. Jahrhunderts ein Ereignis, das mit dem zu vergleichen ist, was für uns eine Reise in die Stratosphäre ist, der Stapellauf der *Normandie* oder das Geheimnis des Fernsehens. Der »style publicité« war noch nicht erfunden, die Journalisten stellten ihren Lesern das Etablissement in sehr gewählten Worten vor. Die Zimmer des Grand Hôtel, sagte man, bieten dem Reisenden einen Komfort, der über das Fassungsvermögen der Menschen geht. Wir finden hier Bäder, Schallrohre, eine große Auswahl von Klingeln, Lastenaufzügen, in denen die Speisen aus der Küche zu den hübschen Esserinnen hinaufschwebten, ein »vollstän-

dig elektrischer« Telegraph und, höchstes Raffinement des französischen Geistes, ein Nachtphotograph (eine Art Hotelratte), der immer Platten eingelegt hatte und der beim ersten Anruf herbeieilte.

Das Grand Hôtel erregte Aufsehen. Die erfahrensten Repräsentanten des Dandytums des Zweiten Empire lispelten in den Salons: »Haben Sie schon den Hof des Grand Hôtel de la Paix besucht (das war sein erster Name), haben Sie Gelegenheit gehabt in dem runden Speisesaal zu soupieren?« So spricht man heute von einem Flug im Zeppelin oder einer Hochzeit im Taucheranzug. Jede Epoche hat ihre Verblüffungen. Überdies kam die Atmosphäre des Boulevards dem Grand Hôtel zugute. Diese hat nur Bedeutung und Duft für diejenigen, die sie gekannt haben. Ein von den Göttern der Ile-de-France gesegnetes Quartier, das die besten der Pariser immer angezogen hat. Hier gibt es weder Einsamkeit noch Langeweile. Modernisiert, wie er heute ist, bleibt er der ›Boulevard‹ und wird immer seiner Sache sicher sein, bis an das Ende der Welt.

Im Zauber der Boulevards

Das Grand Hôtel ist nicht mehr das, was es gewesen ist. Würdig und feierlich, wie ein Museum, besitzt es nur noch Anziehungskraft für die Söhne und Vettern derjenigen, die sich hier einst ebenso wohlfühlten wie bei Hofe und von so vielen anderen, die während der ganzen Kinderzeit der Republik hier die Akademie der Eleganz und des Modernen in Augenschein nahmen. Heute noch strömen Fremde herbei, von sehr weit her, gerührt von dem Pariser Getöse, wie die Astronomen von dem Lichtschein erloschener Sterne... Ich lese oft, daß man Orte sucht, um gewisse Feste wiedererstehen zu lassen. Weshalb will man es nicht mit dem Rahmen des Grand Hôtel versuchen, das ebenso reich an zeitgenössischer Geschichte ist wie irgendein Ministerium?

Ein anderes Hotel wird sich bald im Schatten des alten erheben und sich auf seine Weise am Zauber der Boulevards ergötzen, der das große Fest des endenden XIX. Jahrhunderts beschwor, die Diners des Café Anglais, die Diamanten von Cora Pearl, Rose Ponpon, Blanche d'Antigny, Hortense Schneider und ihren Khédive, Rochefort, Arthur Meyer, Zambelli und jenen erstaunlichen Nadar, Photographen und Gelehrten, Jules Verne's Michel Ardan, den man als den Erfinder der Reklame ansehen muß. Ein anderes Hotel wird nach und nach die Elite der vornehmen Reisenden aufnehmen, für die Paris einem akademischen Diplom entspricht: das Hotel Scribe, das heute im Besitz der Canadien National Railway ist, hatte vor 1900 nur die zweite Etage des Gebäudes inne, dessen es sich allmählich bemächtigt hat. Kurze Zeit danach sollte es im ersten Stock den wichtigsten Nachbarn erhalten, den man sich wünschen kann. Zahlreiche Nachbarschaft, einzig in der Welt und deren Aufenthalt rechtsgültig ist, wenigstens im Universum derer, die für die Welt leben, für den Sport, den Anzug und das Spiel: der Jockey Club. Im August 1926, kurz vor der Niederlage des berühmten Biribi beim Prix de Paris und drei Jahre nach dem Umzug des Jockey Clubs, der an der ganzen Straßenkreuzung eine Spur der Eleganz, der liebenswürdigen Vornehmheit und Ungezwungenheit hinterließ, entwickelte sich schließlich das Scribe, das inmitten der Bauwerke eine klassische Fassade bewahrte, mit seinen so praktischen zwei Eingängen, an der Ecke der Straße, die seinen Namen trägt oder vielmehr von wo er seinen und den des Boulevards entlehnte.

Während in manchen Hotels die Politiker wohnen und nicht speisen, essen die Politiker im Scribe aber wohnen hier nicht. Ohne Zweifel erscheint es schwierig, Monsieur Herriot auf diesem Gebiet Konkurrenz zu machen, der sich entschlossen hatte wenige Schritte entfernt abzusteigen, als er nach Paris kam. Von Banken umgeben, von Büros, von Schiffahrtsgesellschaften, von vollkommen pariserischen Läden, ist das Scribe vor allem das Hotel einer gewissen Anzahl von Geschäftsleuten, für die das Sparen des Taxis, das Aufheben einer Nadel, bei einer wichtigen Verabredung gut sichtbar zu Fuß anzukommen, Mittel sind, um auf amerikanische Weise schnell und hoch zu klettern und bot die Gelegenheit, jenem zuzulächeln, den die Provinzler den Laufburschen nennen. Jacques Richepin und Cora Laparcerie, Jean Périer und Yves Mirande haben das Scribe zu ihrer Wohnung gemacht, aber den Kern dieser lebhaften Kundschaft, die nicht auf das Geld sieht und sich alle Möglichkeiten des Hotels zunutze macht, bilden die Einkäufer von Kleidern.

Im heutigen Leben, wo die Größen Sportsmänner, Diktatoren oder photogene Tänzer sind, nehmen die Einkäufer von Pariser Modellen, obgleich sie das Inkognito bevorzugen, einen zugleich wichtigen und unauffälligen Platz ein und sind gewöhnlich nicht zu ersetzen. Dreimal jährlich, zur Zeit der Einkäufe oder der Saison kommen sie aus New York, aus Rio oder Rom, wohnen dem Defilee der Mannequins bei und reisen nach zwei Wochen mit der Mode im Gepäck wieder ab. Manche lassen sich sogar die Kollektionen in ihren Appartements vorführen und entscheiden an Ort und Stelle, während sie an einer Zigarre herumkauen, über die Art der Kleidung, die sie den eleganten Leuten ihres Landes vorschlagen werden.

Der Direktor des Scribe, Monsieur Albert, einer der jüngsten Innungsmeister, der schon Vizepräsident der Association des Directeurs d'Hôtels Français und einer der Männer ist, die fähig sind auf der Stelle alles selber zu machen, Mechanik, Küche, Fahrstuhlreparaturen, einen Empfang improvisieren. Stolz auf sein Unternehmen, ist er es auch auf jene beiden hauptsächlichen Mitarbeiter, die »zur Gründung« gehören, um einen Fachausdruck zu gebrauchen: den Barmixer Pierre, vor dessen Augen man speist, nachdem man Kontrakte unterzeichnet hat, und den Chef Gourbaut, der Händedrücke empfangen hat, Glückwünsche, Komplimente der größten Genießer und der bedeutendsten Feinschmecker des ›Alten Kontinents‹.

Die Ferien eines Originals

Als Hotel, das gleichzeitig klassisch, heiter und auf den Kunden spezialisiert ist, der wirkliche Geschäfte macht, ist das Scribe kein Hotel für Abenteuer. Ein seriöses Haus, »von einem Parisianismus, der sich in Grenzen hielt«, sagte ein Botschafter; von Wiegand, der bei uns die Hearstpresse vertrat, hatte es zum Absteigequartier erkoren, was wenig besagen will, und Lady Drummond-Hay, die erste Frau, die den ersten Flug um die Welt gewagt hatte. Hier ist es wo der Film gleichfalls Zuflucht sucht, wenn er seriös ist und sogar ernst: das Souper des Films der Roten Robe von Brieux fand im Scribe statt, ebenso das Frühstück, das Sir Robert Cahile, Botschaftsrat von England, zur Feier des Jubiläums gab. Letzte Auswirkungen des respektvollen, traditionellen Geistes des Boulevards, der die Werte bestimmte.
Jedes Pariser Hotel hat besondere Merkmale, die seine Personalbeschreibung verdeutlichen und abrunden. In ei-

nem anderen Arrondissement war ein Hotel berühmt durch seine Selbstmorde: es gab davon in vierzehn Tagen drei, einen ersten in einer Badewanne, einen anderen durch Gift, einen dritten durch den Revolver und so dicht hintereinander, daß der Empfangschef nicht mehr wagte in ein Zimmer hinaufzugehen, wo durch das Telephon keine Antwort kam...

So wird ein anderes heimtückisch vom Fiskus belauert, vom Dieb, vom ›Geheimdienst‹ und dem gewerbsmäßigen Pumpgenie, weil sein Boy sich jährlich fünfhunderttausend Francs Einnahmen macht. Nichts dergleichen im Scribe, das die Koketterie besitzt sich durch nichts weiter zu unterscheiden als durch seine Bar, eine der bequemsten von Paris, und durch seine gazo-jodhaltigen Schaumbäder, deren Wirkungen von der Berliner Universität als denen der natürlichen Mineralquellen der ganzen Welt überlegen anerkannt worden sind, sprudelnd, warm oder kalt...

Aus allen diesen Gründen hat einer meiner Freunde, der zugleich Anhänger des Hotellebens, beleibt, rheumatisch, trinkfreudig, bürgerlich, Boulevardpariser ist, empfänglich für Erinnerungen und nach Fortschritt hungernd, ein für alle Mal das Scribe gewählt, um hier seine Ferien zu verbringen. Eines Tages als er auf der Straße ganz laut träumte, nachdem er von einer Reihe Cocktails gekostet hatte, sprach er davon, auf der Reise in einem Güterwagen alle die Errungenschaften des Hauses mitzunehmen. Unerschütterlich blieb der Nachtwächter derjenige, der nicht tadelte aber auch zu nichts ermutigte und dem Spaßmacher sehr feierlich seinen Schlüssel übergab. Wie La Rochefoucauld hätte er sagen können: »Der wahre Hotelangestellte ist der, der sich über nichts ärgert.«

Boulevard Saint-Germain

Ich selbst wohne auch im Hotel, ganz wie ein Maharadscha, ein Seidenfabrikant aus Lyon oder ein Diplomat und mein Hotel nennt sich Palace: es bildet die Ecke des Boulevard Saint-Germain und der Rue du Four, einen der am meisten mit Bedeutung und Kultur überhäuften Plätze von Paris. Ich habe als unmittelbare Nachbarn die Encyclopédie Française von Monzie, von Febyre und Abraham und einige Straßenbahnen, die alle Tage Fußball spielen, indem sie ihre Klingel ertönen lassen. Vor der Tür spielt mir die Métro-Station Mabillon immer wieder den Streich ein Park zu sein. Ich trete hinaus und sogleich folgen die Cafés den Buchhandlungen und die Buchhandlungen den Cafés. Links erhebt Saint-Germain-des-Prés seinen Turm der Kutte und des Schwertes, seinen grauen, sentimentalen Panzer so durchaus beruhigend in einen klaren Himmel. Nach rechts führt der Boulevard bis zu den Universitäten. Das ist eine der schönsten Aussichten, die ich auf meinen Reisen gekannt habe.

1926 gegründet öffnen sich die Pforten des Palace-Hôtel für eine Kundschaft, die sich das Quartier Saint-Germain-des-Prés aus bestimmten Gründen ausgesucht hat und außerstande ist woanders abzusteigen: der begüterte Bürger, dessen Leben vom sechsten Arrondissement bis zu irgendeiner Stadt in der Provinz oder im Ausland reicht, Intellektuelle, die nach dieser besonderen Stille begehren, die durch die Nachbarschaft der Verlagshäuser, der Fakultäten und der Literaturcafés entsteht. Ärzte aus dem Berry, aus Burgund oder Holland, die ein Kongreß nach Paris ruft, oder zu einem der großen Kranken der Universität ruft, der seine Gewohnheiten nicht zu ändern versteht, Studenten von allen Punkten des Erdballs, an ihre Kurse gebunden, Offiziere auf Urlaub, Frauen von einer gescheiten

Eleganz. Auch Schriftsteller haben eine gewissermaßen instinktive Vorliebe für dieses Quartier, in dem der Beruf zu schreiben unendlich viele verborgene Annehmlichkeiten erwirkt.

Ich habe hier Brecht, den Autor der Dreigroschenoper getroffen, den Dichter Mélot du Dy, Waldo Frank und viele andere. Zur Zeit des Kongresses für die Verteidigung der Kultur kehren die Redner, Berichterstatter und Vorkämpfer in geschlossenen Gruppen oder länderweise nach den Solidaritätsversammlungen in das Palace zurück: Tolstoi, Boris Pasternak, Autor von Liebesgedichten, wie sie kaum noch verfaßt werden, Luppol, Ivanov, Tikhonov, Madame Karavec, Gold, Carrangue, de Rios, die in der Nacht, weil sie die Welt neu erschufen, Gide, Malraux, Aragon, Chamson, Bloch begleiteten . . .

Der Franzose, ein guter Kunde

Zwischen einem großen Etablissement der Rue de Rivoli oder der Champs-Elysées und einem Hotel wie dem meinen gibt es von Natur keinen Unterschied: das gleiche Prinzip des Zeremoniells beim Kommen und Gehen, Mahlzeiten, Gewohnheiten der Gäste. Es ist sogar möglich, daß ich bei mir besser alle die Fazetten und Nuancen, alle die Kombinationen und Chemikalien des Hotellebens beobachte: es ist, als ob ich sie durch ein Mikroskop betrachte. Im Palace ist es auch, daß ich mich allmählich mit dem besonderen Vokabular dieses Geschäftszweiges vertraut gemacht habe, und daß ich schließlich zwischen dem französischen Gast und den fremden Gast einen Unterschied machen konnte. Im Gegensatz zu dem, was man denken könnte, ist der französische Gast schon lange dem fremden Gast vorzuziehen, obwohl er wenig reist und

weniger an das Hotelleben angepaßt ist, wie beispiels-
weise die Engländer, für die das Hotel eine zweite Familie ist. Eine der Ursachen der Hotelkrise rührt von dem
Irrtum her, in dem man eine ganze Reihe von ausländischen Gästen läßt, indem man ihnen erzählt, daß die in
Frankreich üblichen Preise lächerlich niedrig sind. Sie nehmen einen Dampfer oder den D-Zug, steigen irgendwo
ab, studieren die Rechnung, wundern sich darüber, daß sie
sich getäuscht haben, und reisen unzufrieden wieder ab.
Weshalb ist unsere Werbung, wenn es sie gibt, verloren?*
Das Palace ist nicht immer ein Hotel gewesen. Der Bau,
der vor kurzem von Amerikanern errichtet wurde, war
von dem Kardinal Ferrari gekauft worden, der daraus
eine Pension für katholische Studenten machte. Drei
Zimmer der ersten Etage wurden in eine Kapelle umge-
wandelt. Aber das Institut verfehlte den Start, bevor es
in Gang kam. Heute scheint das Haus für die geistige Arbeit gedacht zu sein. Ist es die nahe Gegenwart des Maison du Livre? Würde man mir eines Abends mitteilen,
daß alle Zimmer des Palace für eine Gruppe von Bibliophilen reserviert seien, würde ich darüber nicht anders
erstaunt sein. Wenn ich bei Nacht irgendwo sehr hoch oben
ein erleuchtetes Fenster entdecke, in einem der zahlreichen
Hotels, die dem Quartier die Würze verleihen, stelle ich
mir faulenzende Studenten vor, die ihre Zeit mit dem *Paris-Sport* oder der *Revue de Monte-Carlo* vertrödeln. Bei
mir läßt mich das nächtliche Licht, ein feierliches, regungs-
loses Meßgewand, über eine nachdenkliche Stirn sinnen,
über den *Philosophen in Meditation* von Rembrandt, über
die Menschen die denken, schreiben oder lesen und nicht,
um sich irgendeinen Wettbewerb vom Halse zu schaffen.

* Dieses Kapitel ist 1935 geschrieben worden ...

Das Hotel, in dem man wohnt und in das man sein ganzes
Leben hineinträgt, in dem man Möbel und Concierge ver-
gißt, wird schnell genug nicht nur zum Mittelpunkt des
Arrondissements, in dem es sich befindet, sondern zu dem
der ganzen Stadt. Die Appartements haben diese Fähig-
keit nicht: sie sind immer, welchen Komfort sie auch haben,
wie ihre Gestalt auch sei, in einem begrenzten Quartier.
Das Hotel beherrscht die Umgegend und herrscht: es ist
ein Kreml.

So auch das meine. Ich schätze hier so sehr die Atmosphäre eines Gefechtsstands, daß ich gern so weit ginge zu
behaupten, daß das Telephon hier ebenso gut funktioniert,
wie bei den Privatleuten... Es scheint, daß das Hotel
eine Zentrale des Lebens ist, geschaffen, um einen mit dem
Leben in Kontakt zu bringen. Wer sich im Hotel einquar-
tiert, der sieht sofort, wie bei Ebbe, das ganze Meer der
Probleme, das die bürgerliche Existenz in einer Wohnung
darstellt, zurückfließen.

Die Beleuchtung, Heizung, Wäsche, die Färberin, das
»Pressing«, die Steuern, die Neujahrsgaben an die Con-
cierge, den Gasmann: alle diese Phantome, die um ihre
Mietergestalt herumirren, verschwinden. Die Elektrizität
ist nicht mehr ein Teil des Komforts, dessen man sich mit
Hilfe von Abonnements und Quittungen versichert; die
Elektrizität wird hier unvermittelt, wie der Regen oder
der Blätterfall verteilt. Sie ist eine Wohltat der Götter.
Jene Überlegenheit, die wir auf diese Weise anderen
Sterblichen voraus haben, verbindet uns, uns andere Bürger der Republik der Hotels, durch eine Art Freimaurerei.

Meine Freundin Madame Langlois, die Witwe des Gelehrten, die ich in der Halle des als Patio hergerichteten

Luxushotels treffe, der Comte de Kerveguen, die das Haus seit Jahren bewohnen, irgendein kubanischer Student; ein Provinzaugenarzt, der in das sechste Arrondissement gekommen ist, um seine Kenntnisse des Auges zu erweitern; der Portier, der Chef, die Kusine von 64, der Kellermeister, Lahoutie, von der sowjetischen Delegation, sind für mich mehr als Nachbarn: Kollegen. Sind wir nicht alle in einer geheimen Gesellschaft aufgenommen worden, die es sich zur Aufgabe gemacht hat eine gewisse Anzahl von Rätseln zu lösen: der Morgenkaffee, das Schlüsselbund, das Bohnern, das Viertel Vichy, die Uhrzeit...

Auf dem Bett meines Zimmers ausgestreckt, fühle ich mich sicher durch die konfuse Gegenwart einer Menge von Gebäuden, Geschäften mit Pfeifen, Schuhen, dem Maison de l'Agriculture, den Buchhandlungen, den Anwälten, dem Institut Historique des Sciences Techniques; weiter entfernt die Cafés, die aus der Place Saint-Germain-des-Prés eines der Vorzimmer des Parlaments, der Universität, des Instituts machen, ich kann alles das wechseln, indem ich auf den Knopf meiner Klingel drücke, und werden, ohne komplizierte Übergänge, Reise oder Überfahrt. Das Hotel ist ein Instrument der Entscheidung.

Die Pariser Hotelflotte und ihre Kapitäne

Am Abend, wenn ich in das Palace als Zeitschriftenträger, Zeitungsträger, mit einer ganzen Fracht von ›Ideen im literarischen Paris‹ zurückkehre, finde ich Monsieur X..., den Direktor und seine Frau, die ihr Haus in der Nacht steuern. Das Gleiten des Fahrstuhls, der Rhythmus des Lichtes, die den Atem des Gebäudes anzeigen, das Eindringen des Telephons, das Tropfen für Tropfen ferne Stimmen einsickern läßt, bringen mich zum Nachdenken über die fünfzehnhundert Hotels, die in Paris verankert sind. Das Palace, seine Direktoren und ich gehören zu dieser Nachtzeit, wo es zu wachen, vorauszuplanen, zu rechnen gilt, alle drei zu dieser Flotte. Während wir am Bug unseres weißen Schiffes, das in den Gewässern der Stelle Buci kreuzt, schwatzen, kehren die Gäste einer nach dem anderen heim, nehmen ihren Schlüssel, planen den Verlauf des morgigen Tages oder erzählen, wie sie ihren Abend verbracht haben: dieser hat beim Pokerspiel alles was er besaß verloren: man schießt ihm ein paar Scheine vor, denn jeder gute Direktor ist ein bißchen Bankier. Jener, der Chopin nicht kannte, denn er kommt frisch aus Turkestan, hat »einen ungarischen Pianisten gehört, den *Der Figaro* überschwänglich lobt«, wie Laurent Tailhade berichtete. Dieser andere fand ein Telegramm in seinem Fach, ein paar Worte, die ihn nötigten seine Koffer zu packen und diesen Hafen von Saint-Germain-des-Prés zu verlassen, wo sich die Massen der Intellektuellen und die Massen der Handwerker mischen, jene, die zur Universität gehen und jene, die zum Markt gehen, die einzelnen Boote, die Fischer im trüben Wasser, die alten Pötte der Hotelflotte, wo man den Gast »mit einer Spritze« bedient, wie man im Fach sagt, die Sardinenfischer, die Schoner, die U-Boote ...

Wenn ich in mein Zimmer zurückkehre habe ich den Eindruck in eine Kabine zu schlüpfen. Ich laufe zum Bullauge. Palace-Hotel legt seine zwanzig Knoten in der Nacht des ›sechsten‹ zurück. Morgen früh werden wir Paris wiederfinden, sein sanft gefiedertes Licht, die Verdrießlichkeiten, die es ausgebrütet hat, seine fünfzehnhundert Hotels ...

Phantome

Hier bin ich am Ziel meiner empfindsamen und romantischen Reise in einem Paris, das nicht mehr ist, in einem Paris, dessen Fortsetzungen uns schon nur noch durch täglich blassere Erinnerungen erreichen oder durch betrübliche Nachrichten: den Tod eines sehr lieben Freundes, das Ende einer vor kurzem noch glanzvollen Familie, den Abbruch irgendeines Hauses, das früher für eine geschmackvolle Veranstaltung gewählt wurde. Man würde nicht imstande sein zu leugnen, daß die Rue de la Paix, das Café de Paris, der Rennplatz von Longchamp, die Hotels der Rue de Varenne, die Botschaften, die Zirkel des Faubourg-Saint-Honoré länger als dreißig Jahre die Krümmungen eines Richtungspunktes gewesen sind, wie es ihn nicht mehr geben wird. Es fällt mir ein, daß ich vor ungefähr zwei Jahren einen Artikel zu Ehren von Paris geschrieben habe, wo ich im wesentlichen sagte, daß die feindlichen Flugzeuge im Falle des Krieges ganz gewiß durch das Raunen der Geschichte betroffen sein würden, durch die Eleganz und die Liebe, die Paris ausstrahlt, die Anwesenheit eines Schutzengels, daß eine Art Charme ihnen befehlen würde umzukehren, um auf dem Relief der Welt eine Pflanze der Bezauberungen und Entzückungen unversehrt zu lassen, die nicht so bald wieder Wurzel fassen würde.

Einige Tage nach der Veröffentlichung dieses Textes erhielt ich eine mit dem Namen eines ehemals berühmten Comte unterschriebene Einladung, dessen Familie den Königen von Frankreich Minister gegeben hatte, dem Klerus

Bischöfe und unserer staatlichen Marine Admirale. Kurz, eine hervorragende Persönlichkeit, die mich in gewählten Worten bat, sie doch freundlicherweise einmal zu besuchen, um von der Vergangenheit zu sprechen, den Parisern, die wir gekannt hatten, den Frauen, für die unsere Herzen zur Zeit, als sie noch voller Lebensfrische waren, hüpften ...

Der Comte de F ... bewohnte ein winziges Haus des siebzehnten Arrondissements, das die Nachkriegszeit mit einer Darmhandlung und einem Verkaufsbazar für Farben geziert hatte, worauf die beiden Nachbarhäuser stolz waren. Er hatte vor Kummer darüber alle Tage geweint.

»Uns das anzutun, Monsieur, rief er, nachdem er mich in einen Salon führte, wo ich sogleich das besondere Fluidum der Vorkriegsjahre wiedererkannte und jenes gewisse lässige Etwas, das über die Möbel hinstrich. Bedenken Sie, fuhr er fort, daß zur Zeit dieses Montesquiou, der im September 1915 als Lieutenant der Légion sterben sollte; von Boni de Castellane, der unser letzter Fürst jener geschmackvollen, gehobenen Gesellschaftsschichten war, zu denen niemand mehr Zutritt hat; zur Zeit von Fanny Read, die über das letzte Stammeln Barbey d'Aurevilly's wachte, zur Zeit von Madame Nerissaie de Lalande, die ihr kleines Privattheater hatte, von Francis Magnard, von Lesseps, der Comtesse de Sireuille, von Mademoiselle de Crémont, von allen jenen, die Paris in einem herrlichen Gewand aus Prunk und Liebenswürdigkeit zu erhalten wußten, derartige Abscheulichkeiten niemals erlaubt gewesen wären! Ich sehe mich gezwungen umzuziehen, dieses Haus zu verlassen, wo ich Guy de Maupassant freundschaftlich bewirtete, ein etwas schwieriger Pariser, jener, der die Angewohnheit hatte, seine Mätressen bei mir zu vergessen.

– Maupassant?

– Ja, ja das dauerte sechs Monate. Ah! aber was es damit auf sich hatte! Es gab eine Zeit, wo er sie jede Woche wechselte. Er kannte sie nicht mehr. Ich hatte die Gewohnheit hier am Donnerstag nach 12 Uhr einige Freunde zu empfangen und oft blieben diese Herren zum Essen. Maupassant, der sich offen dazu bekannte, daß man sich von einer Mätresse am besten befreit, indem man sie einem Freund überläßt, dem gerade eine fehlt, trat hier in Begleitung einer charmanten Frau ein und ging sofort wieder weg, nachdem er ihr gesagt hatte, daß er sie in einer knappen halben Stunde abholen würde. Natürlich entschuldigte er sich wegen dieser Ungeniertheit und, ebenso natürlich, erschien er niemals wieder. In dem Augenblick trat einer meiner Freunde ein, der sich am Schluß des Abends bereit erklärte, die verlassene junge Person nach Hause zu begleiten, in die er sich schließlich verliebte. Die letzte dieser Damen starb als Marquise in einem Thermalbad. Sie war von einem mehr als würdigen Alter.«

Dieser charmante Comte hatte schon den Anlaß seines Zornausbruches vergessen und bewirtete mich an einer entzückenden Hausbar, die er von einem Großherzog bekommen hatte. Wenn ich sage entzückend, so meine ich es hinsichtlich der Epoche. Sie war in Wirklichkeit vom reinsten modern style und erinnerte an diese Dekoration aus Languste, Winde und verschlungenen Bändern, die das Glück der Klubräume um 1900 war. Als er mir in einem kleinen Kristallglas zu trinken gab, dessen Ursprung er keineswegs lobend zu erwähnen vergaß, bemerkte ich den Saum seiner Hose, die Höhe seines Stehkragens, die Enden seiner Krawatte und die Spitze seiner Schuhe. Die Zusammenstellung wäre vor zwanzig Jahren von großer, wundervoller Eleganz gewesen, ich übertreibe nicht, aber heute schien die Gestalt in vornehme Lumpen gehüllt zu sein, in königliche Klamotten. Klug genug, um zu bemerken, daß er beobachtet und durchschaut wurde, erhob der Comte de F... stolz sein Haupt und sagte zu mir:

»Ich bin neunundsiebzig Jahre alt, junger Mann, erlauben Sie mir, Sie so zu nennen, aber ich bin weit davon entfernt täglich neunundsiebzig Francs zum leben zu haben. Wenn ich Ihnen sagen würde, über wieviel ich verfüge und womit ich auskommen muß, würden Sie glaube ich an die Decke springen. Ich muß in diesem so wenig zugänglichen Paris der Nachkriegszeit die Prinzipien des Vetter Pons für mich in Anspruch nehmen, wenn ich bestehen will und über die Angriffe des Todes siegen will. Ich habe einen kleinen Kalender, auf dem alle Namen der Verwandten, die ich hier habe, notiert sind. Alle öffnen mir einmal im Monat ihre Tür und auf diese Weise halte ich mich auf meinen alten Beinen. Aber von meinen Trophäen wollte ich mich nicht trennen. Folgen Sie mir.«

Der Comte de F... führte mich in ein verstecktes Zimmerchen, das die absonderlichste Sammlung von Zylinderhüten, Fracks, Westen, Stiefeln und Jaketts enthielt, die ich je in meinem Leben gesehen habe.

»Ich habe nichts weggeworfen, murmelte er, nichts den Händlern überlassen. Ich habe in diesem geheimen Museum alle die Überreste meiner bewegten, unbeschwerten Jugend aufbewahrt. Hier der Anzug, den ich während des Besuches des russischen Herrscherpaares trug; hier meine sogenannten Russischen-Ballett-Westen. Ah! dieser Diaghilew! diese Rubinstein! Wenn ich bedenke, daß wir es sind, arme Menschen ohne einen Sou, denen die Pariser von weniger reiner Abstammung, die Ästheten ohne Wäsche und die Politiker mit dem Juckreiz des Snobismus, uns diese Jahre der Feste und der mondänen Geselligkeit verdanken! Ja, Monsieur, das gehört uns.«

Wir gingen als Kameraden den Weg zum kleinen Salon zurück. Plötzlich wurde der Comte nervös, aufgeregt, ungeduldig. Sogar noch ehe ich Zeit hatte mich zu entschuldigen, kam er auf mich zu: »Hören Sie, sagte er zu mir, heute ist Dienstag; es ist einhalb acht Uhr, ich werde bei dem Baron Herbert de T . . ., einem ebenso typischen und grinsenden Engländer, wie der berühmte Blowitz sein soll, der frühere Korrespondent der *Times* in Paris, zum Essen erwartet. Aber das ist ein liebenswürdiger Mensch, der mich gern als seinen Verwandten betrachten möchte und mich am Dienstag zum Dîner empfängt. Begleiten Sie mich bis zu ihm, er wird entzückt sein, Sie kennenzulernen und wird Sie dabehalten.«

Ich wollte gerade einen höflichen Satz riskieren, um loszukommen, aber die Neugier den Freund des Comte de F . . . zu sehen, war stärker. Jener war übrigens schon verschwunden. Er kam bald zurück, gewissermaßen verkleidet und den Parisern der Epoche ähnlich, die Max Dearley oder Robert Darthez nachahmten:

> Coeur de tzigane est un volcan brûlant . . .
> C'est un vrai coeur d'amant . . .

Er hatte sogar ein Stückchen von einer Gardenia, wer weiß wo her, in ein riesiges Knopfloch gleiten lassen und wir verließen das kleine Haus. Als wir draußen waren, rief ich ein Taxi und mein Gastgeber sagte mit anerkennender, verhaltener Stimme zu mir:

»Mein Freund wohnt Rue Rossini. Ich gehe immer zu Fuß dorthin, aber da sie die außerordentliche Güte haben eine Taxe zu bestellen, werden wir früher da sein als gewöhnlich.«

Auf der Straße zeigte mir der Comte de F . . . mit seiner reizend behandschuhten Hand das Haus, in dem er Pedro Gailhard gekannt hatte, einen berühmten Direktor; das Haus der Prinzessin G . . ., wo er beinahe geheiratet hätte; das Haus der berühmten Padilla, wo man sich während zehn guten Jahren amüsierte; ein kleines Café, in das er sehr spät abends mit Freunden vom *Figaro* hinging, wenn sie von einem Opernball kamen. Das waren nur Erinnerungen an eine rosige Zeit . . .

Endlich kamen wir in der Rue Rossini an. Der Eindruck der Verzweiflung den das Heim, oder vielmehr die elende Behausung des Briten auf mich machte, war derart, daß ich ein Essen vorschützte, das ich selber vergessen hätte, um so schnell wie möglich zu entfliehen. Auf dem Tisch thronten zwei gekochte Eier, wie Objekte der Kunst. Ein Katakombenschatten fiel von der niedrigen Decke herab. Das winzige und kalte Appartement war vollgestopft mit Tellern, mit alten Möbeln und Kleidungsstücken, die nach Färberei rochen. Im Hintergrund befand sich, gleich einem Kreuzfahrer in seinem Schuppenpanzer, der Engländer, der uns höflich begrüßte. Alle beide wollten in höchst gewähltem Ton eine Art Totenkult zelebrieren und auf das Wohl der teueren Dahingegangenen das Wasser aus der Wasserleitung trinken. Der Comte de F . . . begleitete mich bis zur Eingangstür, bat mich, ihn wieder zu besuchen und fragte mich:

»Weshalb sprechen Sie niemals von den Frauen unserer guten alten Zeit? Es gab doch so erstaunliche . . .

– Weil man, sagte ich, manchmal ihre Namen nennen müßte.

– Oh! wie recht Sie haben, rief er. Also, pst! . . . pst! . . . pst! . . . Keine Indiskretionen . . .«

Inhalt

Paris liegt an der Seine
Literarische Entdeckungsreisen

»Schlaraffenland und gelobtes Land, Kult-
stätte der Intelligenz, Metropole der Lebens-
lust und Quelle aller Kultur«, schwärmte der
Kubaner Alejo Carpentier, und Gertrude
Stein räumte ein: »Amerika ist meine Heimat, aber Paris ist mein Zuhause.« Sie und
viele andere, die als Reisende kamen und als
Liebende blieben, sind dem Zauber dieser
einzigartigen Stadt erlegen. »Reißt mir mein
Herz heraus, und ihr werdet Paris sehen«,
prophezeite der Pariser Louis Aragon. Frankreichs Hauptstadt war und bleibt der literarische Mittelpunkt der Welt. Elf Bände mit
Romanen, Erzählungen, Erinnerungen und
Aufzeichnungen laden zu einer literarischen
Entdeckungsreise in »Paris an der Seine« ein
und erzählen von Diplomaten und Kurtisa-
nen, Pressereferenten und kleinen Gören,
Künstlerinnen und Künstlern, Tagedieben
und Flaneuren, Widerstand und Kollabora-
tion, Intrigen und Verbrechen, Liebesleid und
Liebesglück.

Paris liegt an der Seine
Bilder einer Stadt
Herausgegeben von Susanne Gretter
st 2994. 359 Seiten

Paris ist die Stadt der Künstlerinnen und Künstler. Für Schriftstellerinnen und Schriftsteller war der literarische Mittelpunkt Europas schon immer ein Ort der Zuflucht und der Verlockung, so zum Beispiel für Djuna Barnes, Walter Benjamin, Rainer Maria Rilke und Gertrude Stein. Maler und Fotografen fanden im südlichen Licht ideale Arbeitsbedingungen, Picasso und Giacometti zum Beispiel. In der Weltstadt der Mode und Kultur fanden sie unvergleichliche Lebens- und Arbeitsbedingungen und in Zirkeln, in Cafés und Restaurants ihre Pariser Kolleginnen und Kollegen. Das Lesebuch *Paris liegt an der Seine* macht Ihnen Vorschläge für eine literarische Stadtbesichtigung.

Etel Adnan
Paris, Paris
Erstausgabe. st 2984. 113 Seiten

Etel Adnan, Malerin und Schriftstellerin mit Wohnsitz in Beirut, San Francisco und Paris, beschreibt ihr Paris, das sie liebt wie keine andere Stadt. Ihr Paris ist auch das Paris von Baudelaire und Delacroix, Mallarmé und Picasso, Sartre und Djuna Barnes, das Paris der vietnamesischen und afrikanischen Einwanderer, der Revolutionäre und Bohemiens. Die gebildete und belesene Kosmopolitin nimmt uns mit zu einem Rundgang durch die Stadt, zeigt uns die schönsten Plätze, Parks, Cafés und Restaurants und klärt uns ganz en passant und mit einem sehr weiblichen Blick über Geschichte, Literatur, Kunst und politisches Geschehen in dieser Stadt auf.

Honoré de Balzac
Die Frau von dreißig Jahren
st 2985. 234 Seiten

In jenem schönen Alter von dreißig Jahren, »jenem poetischen Gipfel im Leben einer Frau«, lernt die unglücklich verheiratete Pariserin Julie D'Aiglement einen Diplomaten kennen, dessen Leidenschaft sie nicht widerstehen kann. Bitter muß sie für ihren Fehltritt büßen.«

Emmanuel Bove
Die Falle
Roman
st 2986. 194 Seiten

Während der Jahre der Besetzung und des Vichy-Regimes in Frankreich gerät der Gaullist und Widerständler Joseph Bridet, ein wenig erfolgreicher Journalist, der mit Hilfe seiner Freunde in Vichy zu de Gaulle nach London gelangen will, aus ungeklärten Gründen in die Fänge der Kollaborationsbürokratie. Auch die fluchtartige Rückkehr nach Paris rettet ihn nicht, er wird verhaftet und in ein Internierungslager eingewiesen, aus dem heraus die Deutschen Geiseln für ihre »Vergeltungsmaßnahmen« abtransportierten. Die Falle schnappt zu.

Alexandre Dumas
Die Kameliendame
st 2987. 266 Seiten

Die Pariser Kurtisane Marguérite Gautier verliebt sich in Armand Duval, einen jungen Mann aus gutem Hause, und will ein neues Leben beginnen. Aber ihre selbstlose romantische Liebe scheitert an der bürgerlichen Moral.

Léon-Paul Fargue
Der Wanderer durch Paris
st 2988. 224 Seiten

Léon-Paul Fargue (1878-1947), Schüler von Mallarmé und Verlaine, ist der »Dichter von Paris« genannt worden. Schon immer träumte er davon, einen »Plan von Paris« zu schreiben »für Spaziergänger, die Zeit zu verlieren haben und die Paris lieben«. Sein Buch ist eine Einladung, ihn auf der Wanderung durch seine Stadt zu begleiten.

Peter Handke
Die Stunde der wahren Empfindung
st 2989. 168 Seiten

»Wer hat schon einmal geträumt, ein Mörder geworden zu sein und sein gewohntes Leben nur der Form nach weiterzuführen?« Gregor Keuschnig lebt als Pressereferent der österreichischen Botschaft mit seiner Frau und der vierjährigen Tochter Agnes in einem dunklen Appartement im sechzehnten Arrondissement. Sein Traum katapultiert ihn aus einer Wirklichkeit, in der alle Menschen »auswendig gelernt hatten, wie man Leben vortäuschte«.

Marcel Proust
Eine Liebe Swanns
st 2989. 306 Seiten

Erzählt wird eine Episode aus dem Leben Swanns: die Geschichte seiner großen Liebe zu Odette, einer Dame der Pariser Halbwelt.
»Was Proust hier bietet, ist die subtilste, die genaueste Beschreibung und Analyse der Liebe, welche wir aus der neueren Literatur kennen.« *Rudolf Hartung*

Raymond Queneau
Zazie in der Metro
st 2990. 158 Seiten

Zazie in der Metro ist kein Buch über die Pariser Metro, nur nebenbei ein Buch über die Göre Zazie, vielmehr ist es ein Buch über Paris, ein Buch über die Sprache des Alltags, ein Buch, das alles auf den Kopf stellt.

Misia Sert
Pariser Erinnerungen
st 2992. 316 Seiten

Misia Sert, Freundin aller Künstler, die nach der Jahrhundertwende Paris ihren Glanz verliehen, erzählt in diesem Buch ihre romantische Lebens- und Liebesgeschichte.

Emile Zola
Thérèse Raquin
st 2993. 276 Seiten

Die verschlossene, doch leidenschaftliche Thérèse Raquin hat auf Wunsch ihrer Tante, die in Paris einen Kurzwarenhandel betreibt, ihren kränklichen Vetter Camille geheiratet. Zu dritt bewohnen sie die bescheidenen Räume über dem Laden. Eines Tages bringt Camille Laurent mit nach Hause, einen Freund aus Kindertagen. Thérèse und Laurent verlieben sich, und skrupellos schaffen sie Camille aus dem Weg.

Französische Literatur
in der edition suhrkamp und in den
suhrkamp taschenbüchern

Alain: Die Pflicht, glücklich zu sein. Aus dem Französischen übertragen und mit einem Nachwort versehen von Albrecht Fabri. st 859

Yann Andréa: M. D. Aus dem Französischen von Renate Hörisch-Helligrath. es 1364

Eugen Bavčar: Das absolute Sehen. Aus dem Französischen von Sybille Kershner. Mit Fotografien. es 1909

Samuel Beckett: Gesammelte Werke in Einzelbänden. Elf Bände in Kassette. st 2401-2411

– Endspiel. Fin de Partie. Französisch und deutsch. Deutsch von Elmar Tophoven. es 96

– Endspiel. Fin de partie. Endgame. Deutsche Übertragung von Elmar Tophoven. Französische Originalfassung. Englische Übertragung von Samuel Beckett. st 171

– Flötentöne. Französisch und deutsch. Aus dem Französischen von Elmar Tophoven und Karl Krolow. es 1098

– Glückliche Tage. Happy Days. Oh les beaux jours. Deutsche Übertragung von Erika und Elmar Tophoven. Englische Originalfassung. Französische Übertragung von Samuel Beckett. st 248

– Das letzte Band. La dernière bande. Krapp's Last Tape. Deutsche Übertragung von Erika und Elmar Tophoven. Englische Originalfassung. Französische Übertragung von Samuel Beckett. Mit Szenenphotos. st 200

– Malone stirbt. Roman. Aus dem Französischen von Elmar Tophoven. st 2407

– Mercier und Camier. Aus dem Französischen von Elmar Tophoven. st 943 und st 2405

– Molloy. Roman. Aus dem Französischen von Erich Franzen. st 229 und st 2406

– Der Namenlose. Roman. Übertragen von Elmar Tophoven, Erika Tophoven und Erich Franzen. st 536 und st 2408

– Warten auf Godot. En attendant Godot. Waiting for Godot. Deutsche Übertragung von Elmar Tophoven. Vorwort von Joachim Kaiser. st 1

– Wie es ist. Deutsch von Elmar Tophoven. st 1262 und st 2409

Samuel Beckett. Glückliche Tage. Probenprotokoll der Inszenierung von Samuel Beckett in der ›Werkstatt‹ des Berliner Schiller-Theaters. Aufgezeichnet von Alfred Hübner. Fotos von Horst Güldemeister. es 849

Emmanuel Bove: Armand. Roman. Aus dem Französischen von Peter Handke. st 2167

Französische Literatur
in der edition suhrkamp und in den
suhrkamp taschenbüchern

Leonora Carrington: Unten. Aus dem Französischen von Edmund Jacoby. st 2343

E. M. Cioran: Die verfehlte Schöpfung. Übersetzt von François Bondy. Das Kapitel »Die neuen Götter« wurde von Elmar Tophoven übersetzt. st 550

– Vom Nachteil, geboren zu sein. Übersetzt von François Bondy. st 549

Colette: Diese Freuden. Aus dem Französischen von Maria Dessauer. st 2154

Marguerite Duras: Blaue Augen, schwarzes Haar. Aus dem Französischen von Maria Dessauer. st 1681

– Eden Cinéma. Aus dem Französischen von Ruth Henry. es 1443

– Emily L. Roman. Aus dem Französischen von Maria Dessauer. st 1808

– Ganze Tage in den Bäumen. Erzählung. Deutsch von Elisabeth Schneider. st 1157

– Heiße Küste. Roman. Aus dem Französischen von Georg Goyert. st 1581

– Hiroshima mon amour. Filmnovelle. Deutsch von Walter Maria Guggenheimer. st 112 und st 2522

– Im Park. Roman. Aus dem Französischen von Andrea Spingler. st 1938

– Im Sommer abends um halb elf. Roman. Aus dem Französischen von Ilma Rakusa. st 2201

– La Musica Zwei. Theaterstück. Aus dem Französischen von Simon Werle. es 1408

– Liebe. Aus dem Französischen von Barbara Henninges. st 2460

– Der Liebhaber. Aus dem Französischen von Ilma Rakusa. st 1629

– Der Liebhaber aus Nordchina. Roman. Aus dem Französischen von Andrea Spingler. st 2384

– Der Matrose von Gibraltar. Roman. Aus dem Französischen von Maria Dessauer. st 1847

– Moderato cantabile. Roman. Aus dem Französischen von Leonharda Gescher und W. M. Guggenheimer. st 1178

– Das Pferdchen von Tarquinia. Roman. In der Übersetzung von Walter M. Guggenheimer. st 1269

– Ein ruhiges Leben. Roman. Deutsch von W. M. Guggenheimer. st 1210

– Sommer 1980. Aus dem Französischen von Ilma Rakusa. es 1205

– Sommerregen. Aus dem Französischen von Andrea Spingler. st 2284

Französische Literatur
in der edition suhrkamp und in den
suhrkamp taschenbüchern

109/3/7.95

Französische Literatur
in der edition suhrkamp und in den
suhrkamp taschenbüchern

Marcel Proust: Briefe zum Leben. 2 Bde. Ausgewählt und aus dem Französischen übersetzt von Uwe Daube. st 464

– Freuden und Tage. Übertragen und herausgegeben von Luzius Keller. st 2172

– Der Gleichgültige. Erzählung in zwei Sprachen. Mit einem Vorwort von Philip Kolb. In der Übersetzung von Elisabeth Borchers. st 1004

Yann Queffélec: Barbarische Hochzeit. Roman. Aus dem Französischen von Andrea Spingler. st 1682

– Der Geisterbeschwörer. Roman. Aus dem Französischen von Hinrich Schmidt-Henkel. st 2413

– Tita. Roman. Aus dem Französischen von Sylvia Antz. st 1924

Raymond Queneau: Zazie in der Metro. Aus dem Französischen von Eugen Helmlé. st 1598

Christiane Rochefort: Frühling für Anfänger. Roman. Aus dem Französischen von Eugen Helmlé. st 532

– Kinder unserer Zeit. Roman. Aus dem Französischen von Walter Maria Guggenheimer. st 487

– Das Ruhekissen. Roman. Aus dem Französischen von Ernst Sander. st 379

– Die Tür dahinten. Roman. Aus dem Französischen von Eugen Helmlé. st 2160

– Zum Glück gehts dem Sommer entgegen. Roman. Aus dem Französischen von Eugen Helmlé. st 523

George Sand: Geschichte meines Lebens. Aus ihrem autobiographischen Werk ausgewählt und mit einer Einleitung versehen von Renate Wiggershaus. st 2345

Jorge Semprun: Algarabía oder Die neuen Geheimnisse von Paris. Roman. Aus dem Französischen von Traugott König und Christine Delory-Momberger. st 1669

– Europas Linke ohne Utopien. Essays. Aus dem Französischen von Wolfram Bayer. es 1915

– Die große Reise. Roman. Aus dem Französischen von Abelle Christaller nach der Originalausgabe. st 744

– Was für ein schöner Sonntag. Aus dem Französischen von Johannes Piron. st 972

– Der weiße Berg. Roman. Aus dem Französischen von Eva Moldenhauer. st 1768

– Yves Montand: Das Leben geht weiter. Aus dem Französischen von Uli Aumüller. st 1279

109/4/7.95

Französische Literatur
in der edition suhrkamp und in den
suhrkamp taschenbüchern

109/5/7.95